Esta coleção tem por objetivo debater os dilemas do cotidiano escolar presentes na atividade educacional contemporânea. Busca-se um conjunto de leituras possíveis em torno de uma mesma temática, visando reunir diversos referenciais teóricos e soluções alternativas para os problemas em foco. Atinge-se assim um panorama atualizado e abrangente, tanto das questões relevantes à prática escolar atual quanto das novas perspectivas para o seu enfrentamento.

Dados Internacionais de Catalogação na Publicação (CIP)
(Câmara Brasileira do Livro, SP, Brasil)

Autoridade e autonomia na escola : alternativas teóricas e práticas / Julio Groppa Aquino (org.). São Paulo: Summus, 1999

Vários autores.
Bibliografia.
ISBN 978-85-323-0679-1

1. Autonomia escolar 2. Autoridade I. Aquino, Julio Groppa

99-4117   CDD-370.158

Índices para catálogo sistemático:
1. Autonomia na escola : Psicopedagogia : Educação 370.158
2. Autoridade na ecola : Psicopedagogia : Educação 370.158

www.summus.com.br

Compre em lugar de fotocopiar.
Cada real que você dá por um livro recompensa seus autores
e os convida a produzir mais sobre o tema;
incentiva seus editores a encomendar, traduzir e publicar
outras obras sobre o assunto;
e paga aos livreiros por estocar e levar até você livros
para a sua informação e o seu entretenimento.
Cada real que você dá pela fotocópia não autorizada de um livro
financia o crime
e ajuda a matar a produção intelectual de seu país.

Autoridade e autonomia na escola

JULIO GROPPA AQUINO
(Organizador)

summus
editorial

AUTORIDADE E AUTONOMIA NA ESCOLA
Alternativas teóricas e práticas

Copyright © 1999 by Yves de La Taille, Ulisses F. de Araújo, José Sérgio
F. de Carvalho, Maria da Graça J. Setton, Maria Cristina M. Kupfer,
Maria de Fátima S. Francisco, Denise Trento de Souza, Julio Groppa
Aquino, Sonia A. Moreira França, Áurea A. Guimarães, Celia M.
Benedicto Giglio, Laurizete Fargut Passos, Claudemir Belintane

Direitos desta edição reservados por Summus Editorial

Projeto gráfico de capa: **Yvoty Macambira**
Capa: **Raghy**
Editoração eletrônica: **Join Bureau**
Impressão: **Sumago Gráfica Editorial**

Summus Editorial
Departamento editorial
Rua Itapicuru, 613 –7º andar
05006-000 – São Paulo – SP
Fone: (11) 3872-3322
Fax: (11) 3872-7476
http://www.summus.com.br
e-mail:summus@summus.com.br

Atendimento ao consumidor
Summus Editorial
Fone: (11) 3865-9890

Vendas por atacado
Fone: (11) 3872-7476
Fax: (11) 3873-7085
e-mail: vendas@summus.com.br

Impresso no Brasil

SUMÁRIO

Apresentação 7

1 **Autoridade na escola**
   Yves de La Taille. 9

2 **Respeito e autoridade na escola**
   Ulisses F. de Araújo 31

3 **Autonomia e autoridade no construtivismo: uma crítica às concepções de Piaget**
   José Sérgio F. de Carvalho 49

4 **As transformações do final do século: resignificando os conceitos autoridade e autonomia**
   Maria da Graça J. Setton 71

5 **Por uma vara de vidoeiro simbólica**
   Maria Cristina M. Kupfer 85

6 **Autoridade e contrato pedagógico em Rousseau**
   Maria de Fátima S. Francisco 101

7 **Entendendo um pouco mais sobre o sucesso (e fracasso) escolar: ou sobre os acordos de trabalho entre professores e alunos**
   Denise Trento de Souza. 115

8 **Autoridade docente, autonomia discente: uma equação possível e necessária**
   Julio Groppa Aquino 131

9 **Autoridade e autonomia: fundamentos do mundo dos homens**
   Sonia A. Moreira França. 155

10 **Autoridade e tradição: as imagens do velho e do novo nas relações educativas**

Áurea M. Guimarães 169

11 **A violência escolar e o lugar da autoridade: encontrando soluções partilhadas**

Celia M. Benedicto Giglio 183

12 **O sentido dos desafios no cotidiano escolar: da autonomia decretada à autonomia construída**

Laurizete Ferragut Passos 201

13 **Língua-da-mãe *versus* "língua-mãe": autonomia e autoridades**

Claudemir Belintane 215

APRESENTAÇÃO

A partir da democratização do país nas duas últimas décadas, a sociedade brasileira tem assistido um intenso e extenso processo de reestruturação interna, processo este materializado nas transformações das instituições que compõem concretamente a vida social.

Às vezes perplexos, às vezes reconfortados, temos testemunhado e protagonizado uma ambiência social em plena efervescência; o que não significa necessariamente "progresso", mas, sem dúvida, uma maior "complexidade" das relações civis que contornam e dão suporte à convivência social.

Certamente, é daí que deriva a idéia recorrente de "crise" da autoridade — e seus reflexos na autonomia — dos agentes das instituições (mormente os pais e os educadores).

De modo análogo aos outros protagonistas da vida social envolvidos com a tarefa educativa, os agentes escolares têm-se confrontado cotidianamente com a necessidade de ressignificação de seus papéis, suas funções, suas práticas.

Nesses novos tempos, torna-se praticamente impossível evadir-se de questões como estas: na lida diária, o que é necessário conservar e o que é possível transformar? Nas encruzilhadas do cotidiano, quais os novos limites e exigências do trabalho escolar?

Na trilha de tais indagações, esta coletânea foi organizada objetivando um panorama das contribuições oriundas de diferentes campos conceituais. Trata-se, assim, de um conjunto abrangente (treze textos ao todo) de reflexões fundamentais sobre as múltiplas possibilidades de compreensão e manejo das inflexões em torno da díade autoridade/autonomia no cotidiano escolar. E essa pluralidade de abordagens marca o diferencial desta publicação em relação às poucas outras existentes sobre o tema, acrescentando densidade conceitual e responsabilidade social à compreensão e possível atuação sobre os problemas em foco.

O organizador

Autoridade na escola

Yves de La Taille*

O tema da autoridade é complexo e, de certa forma, perigoso. Complexo porque diz respeito às relações de poder, relações estas derivadas das esferas política, econômica e cultural, sobre as quais tantos bons pensadores se debruçaram e se debruçam sem que se possa dizer, ainda hoje, que luzes definitivas tenham sido projetadas sobre elas. Perigoso porque, justamente por se tratar de relações de poder, as ciladas do despotismo e da hipocrisia estão em todo lugar. Fundar a autoridade sobre bases ilegítimas leva ao autoritarismo e à injustiça. Porém, negar a autoridade em nome de igualdades forçadas leva à hipocrisia nas relações humanas. Os dois perigos encontram-se no campo da educação. Por exemplo, se a escola negar toda e qualquer capacidade de discernimento e singularidade intelectuais aos alunos, ela se arvora o direito de arbitrar indiscriminadamente sobre cada uma de suas condutas — eis o autoritarismo — e, em caso de fracasso por parte deles, longe de questionar suas pretensões e seus métodos, ela incrimina aqueles que "fogem da norma": são indisciplinados, preguiçosos, retardados — eis a injustiça. Todavia, se a escola negar que a relação professor/aluno é, por definição, assimétrica, uma vez que o primeiro sabe coisas que o segundo deseja ou precisa conhecer,

---

* Mestre e doutor em Psicologia Escolar pelo Instituto de Psicologia da USP, onde é professor da graduação e da pós-graduação. Autor de *Ensaio sobre o lugar do computador na educação* (Iglu, 1990) e *Limites: três dimensões educacionais* (Ática, 1998) e co-autor de *Piaget, Vigostky e Wallon: teorias psicogenéticas em discussão* (Summus, 1992), *Cinco estudos de educação moral* (Casa do Psicólogo, 1996), *Indisciplina na escola: alternativas teóricas e práticas* (Summus, 1996) e *Erro e fracasso na escola: alternativas teóricas e práticas* (Summus, 1998).

ela, em nome de um igualitarismo de bom tom, paralisa-se e, por conseguinte, paralisa os jovens que a freqüentam. Em nossos tempos de "politicamente correto" — essa moral infantilizada — os dois perigos são grandes. Por um lado, ao confundir moral com discurso adequado, logo ao confundir o espírito da lei com sua formulação ao pé da letra, o "politicamente correto" reduz as conquistas da autonomia (respeito mútuo, liberdade e igualdade) à heteronomia (somente é julgado o ato e não a intenção). E, por outro, ao temer qualquer forma de hierarquia, reduz a cultura a seu mínimo denominador comum, apagando referenciais, notadamente os da excelência.

Assim, consciente da complexidade e da "temperatura" do tema em tela, proponho ao leitor algumas reflexões sobre a questão da autoridade no contexto educacional, notadamente procurando pensar sobre três de suas fontes que me parecem essenciais: a delegação de autoridade dos pais para as instituições educacionais; a formação para o exercício da cidadania; e o valor do saber.

Mas comecemos por procurar definir o que é uma relação de autoridade, baseando-nos em algumas idéias de Hannah Arendt.[1]

a) autoridade e autonomia

Diz-se de alguém que ele tem autoridade quando seus enunciados e suas ordens são considerados legítimos por parte de quem ouve e obedece. Por exemplo, se ouvimos o diagnóstico de um médico a respeito de nossa saúde e, sem maiores análises, acreditamos nele, este médico é, para nós, uma autoridade, claro que no campo delimitado da medicina. E se ele nos mandar tomar tal ou tal remédio e o tomamos, portanto se o obedecemos, novamente estaremos considerando-o uma autoridade. Nos dois casos, o do acreditar e o do obedecer, na verdade complementares, consideramos seus enunciados e suas ordens legítimos. Ou seja, legitimamos uma *relação hierárquica* na qual nos colocamos na base. De seu lado, é claro que o médico legitima a mesma hierarquia, situando-se na parte superior.

Algumas precisões se fazem, aqui, necessárias.

A primeira diz respeito à obediência. Há atos de obediência que não são derivados de relações de autoridade, mas de simples correla-

---

1. Arendt, Hannah. *La crise de la culture*. Paris, Folio, 1972.

ção de forças. Por exemplo, se, num regime ditatorial, calamos nossas convicções políticas porque, do contrário, a polícia nos colocará na cadeia (ou coisa pior, como em geral acontece), na prática obedecemos, mas sem por isso dar legitimidade ao governo que nos coage. Obedecemos porque não temos escolha, assim como levantamos as mãos se um ladrão nos ameaça com sua arma: *obedecemos, mas não respeitamos*. Tanto é verdade que, no dia em que o referido governo ditatorial perder sua força repressiva, voltaremos a expressar nossas opiniões. Em resumo, nas relações baseadas no exercício da força, há hierarquia, certamente legitimada por parte de quem detém o poder, mas não legitimada por parte de quem é obrigado a obedecer: tais relações não são, portanto, relações de autoridade (cabe a palavra autoritarismo: uso abusivo do poder).

A segunda precisão refere-se justamente à situação contrária: há legitimidade de quem possui influência sobre outrem, mas não há hierarquia. É o caso da persuasão. Por exemplo, se, nas eleições, votamos em determinado candidato porque um militante de seu partido nos convenceu sobre suas qualidades, agimos, de fato, como esse militante queria, mas ele somente teve influência sobre nós porque nos rendemos, não a seu mero conselho, mas a seus argumentos, os quais passamos pelos nossos crivos pessoais. Tivéssemos discordado deles, não teríamos votado no candidato apontado. Nesse caso, portanto, atribuímos legitimidade aos enunciados do militante em questão, mas não o colocamos num lugar hierarquicamente superior ao nosso: ao termos, antes de votar, analisado seus argumentos, colocamo-nos numa situação de igualdade.

A terceira precisão a ser feita concerne à autonomia. Vê-se imediatamente que quem se submete a uma autoridade não tem, ou pensa não ter, no momento e no campo desta submissão, autonomia (veremos uma exceção mais adiante). Voltemos ao exemplo do médico. Se ele precisar nos persuadir, com argumentos científicos (imaginando que tenhamos bagagem científica para tanto), de que precisamos seguir este ou aquele tratamento, está pressuposto que temos ou acreditamos ter autonomia, uma vez que podemos discordar racionalmente de seu diagnóstico e prescrições e, portanto, tomar outros remédios ou não tomar nenhum. Porém, como vimos, esse caso não configura uma relação de autoridade, pois não há hierarquia. Todavia, se, *a priori*, damos crédito a seu diagnóstico e a suas prescrições, é porque não temos, ou pensamos não ter autonomia para, com nossos próprios conhecimentos, decidirmos como agir para manter ou recuperar a saúde. Em suma, compreende-se que, em geral, quem se submete a uma autoridade não tem ou acredita não ter, no campo dessa submissão, autonomia para usufruir de liberdade de ação. E, reciprocamente, a relação de autoridade legitima-se pela falta de autonomia, real ou pressuposta, daqueles que se submetem a ela.

O leitor terá notado que sempre tomei o cuidado de escrever que a falta de autonomia da pessoa submetida à autoridade pode ser *real* ou *pressuposta* por ela mesma. Essa dupla alternativa merece ser destacada porque todo o mistério psicológico da relação de autoridade está nos motivos que levam alguém a ela se submeter, abrindo assim mão de sua liberdade (é mais fácil entender a motivação para mandar). Ora, se a falta objetiva de autonomia fosse a única razão para tal submissão — como no caso em que obedecemos às ordens do piloto que nos leva em seu avião — o fenômeno seria muito claro. Mas, em várias áreas, tal falta objetiva não se verifica automaticamente. Por exemplo, uma pessoa pode ser dotada de boa capacidade de discernimento moral e, mesmo assim, sempre adotar o ponto de vista de alguma autoridade religiosa para julgar o bem e o mal por acreditar-se inferior a ela nessa matéria. Aliás, uma forma de dominação é justamente levar as pessoas a *crer* que não têm competência para agir com autonomia (dizem-lhes que se julgassem a si mesmas autônomas, cometeriam o pecado do orgulho) e, assim, garantir a obediência voluntária necessária à relação de autoridade.

O leitor também terá notado que, em linhas anteriores, empreguei a expressão "em geral" para tornar um pouco relativa a equação que apresentei a respeito da falta de autonomia de quem se submete à autoridade. O emprego dessa expressão se justifica, porque as coisas não são sempre tão claras assim, e, sobretudo, porque há uma importante exceção: a autoridade instituída democraticamente. Se somos democratas vivendo num regime autenticamente democrático (um ideal do qual alguns países se aproximam mais do que outros), reconheceremos na figura do presidente da República uma autoridade, mesmo que não tenhamos votado nele e não concordemos com suas leis: conseqüentemente, acatamos suas decisões, não porque tomaríamos as mesmas, mas porque *legitimamos o processo pelo qual foram impostas*. O emprego do verbo "impor" pode parecer estranho aqui, mas não nos enganemos: mesmo numa democracia, várias ações nos são impostas (no sentido de que agiríamos diferentemente se não estivessem sob a égide da lei) em nome da vontade da maioria. Nesse sentido, obedecemos não porque nos acreditamos incapazes de discordar, não porque atribuímos ao presidente ou ao Congresso qualidades superiores às nossas. Obedecemos porque legitimamos o lugar de onde vêm as leis que nos obrigam. Todavia, com exceção da autoridade instituída democraticamente, a grande maioria das relações de autoridade provém da falta, real ou pressuposta, de autonomia por parte de quem a ela se submete.

Isso posto, falemos de educação, cujo processo é garantido por várias instituições, da família às universidades, passando pelas creches, escolas, colégios etc. Com exceção da família, cuja existência e organização são bem mais complexas, notadamente porque possui uma forte dimensão afetiva, parece-me óbvio que a assimetria está na base dessas instituições: elas são formadas por pessoas que sabem algumas coisas — os professores — e por outras que estão lá justamente porque não sabem essas mesmas coisas — os alunos. Tais instituições não são, portanto, laboratórios que criam conhecimentos, mas essencialmente lugares onde aqueles já constituídos são transmitidos.[2] E, naturalmente, o grande papel dessas instituições é, ou deveria ser, o de se tornarem paulatinamente "inúteis" para seus alunos: de posse dos saberes, eles não precisam mais daqueles que, antes, eram os únicos a possuí-los. É por isso que se diz que o grande objetivo de cada professor deve ser o de deixar de sê-lo em relação a seus alunos. A relação professor/aluno é, por definição, provisória porque, se bem-sucedida, a assimetria inicial dá lugar à igualdade; e a dependência dá lugar à gratidão. Em termos de autonomia, o que define a posição de aluno é essencialmente o fato de ele não a possuir em relação a determinadas áreas do saber. As instituições educacionais não são tanto o lugar do exercício da autonomia, mas sim de sua *conquista*. Mas isso sempre num contexto preciso de uma área de saber. Quero dizer com isso que a heteronomia dos alunos não se refere ao completo leque de seus conhecimentos e condutas. Podemos pensar num exemplo banal. Um aluno de oito anos de idade pode muito bem decidir por si só

---

2. Tal transmissão pode acontecer de forma crítica, com pesquisas por parte dos alunos, com discussão etc., portanto, de forma não-dogmática, mas isso em nada contradiz o fato de que o conhecimento será transmitido.

— portanto de maneira autônoma — se vai preferir ficar sozinho num recreio ou se vai brincar com seus colegas. Obrigá-lo a interagir incessantemente com outras crianças seria uma violência injustificada. Em compensação, obrigá-lo a ler um bom texto com o objetivo de aprimorar seu domínio da língua portuguesa é plenamente justificado, uma vez que não se vê bem como o aluno em questão teria a capacidade de decidir se tal exercício é rico ou pobre, em termos de aprendizagem.

Acabo de empregar o verbo "obrigar", que tanto assusta hoje em dia. Mas esse emprego é justificado, porque a relação professor/aluno somente pode ser uma relação hierárquica, uma relação de autoridade na qual o primeiro precisa poder dar ordens referentes ao bom andamento da aprendizagem, e o segundo precisa segui-las, contanto, é claro, que sejam justas e se mostrem, ao longo do tempo, eficazes. Se isso não acontecer, das duas uma: ou a referida relação é vista como relação entre dois iguais (sempre no campo de um determinado saber) e, então, não se vê por que chamar um de professor e outro de aluno; ou a relação simplesmente não existe e, como já disseram, o professor faz de conta que ensina e o aluno faz de conta que aprende.

Todavia, vimos que a obediência nem sempre provém de uma relação de autoridade: pode ser pura coação. Se o professor apenas consegue ser obedecido pelo uso de recursos punitivos, entre os quais a reprovação é o mais forte e inapelável, ele não está exercendo o papel de uma autoridade. Claro, não sejamos românticos: notadamente na escola, o exercício de pura autoridade é muito raro e tem quase sempre, na retaguarda, punições de vários tipos. Porém, essas devem ser a exceção, o último recurso, e não o primeiro. Devem aparecer quando a relação de autoridade falha, mas não substituí-la.

E, aqui, chegamos ao centro da questão da autoridade nas instituições educacionais, sobretudo naquelas que trabalham com crianças: qual ou quais as fontes de legitimação de que os professores dependem para serem vistos como pessoas cujos enunciados merecem crédito e cujas ordens devem ser obedecidas? Dito de outra forma: em nome do que os alunos vão se dispor a, voluntariamente, acreditar no que dizem seus professores e a fazer o que pedem? E isso, lembrando que, no caso da escola, os alunos não a freqüentam porque querem, mas porque são obrigados...

b) delegação de poder

Este último ponto não pode ser esquecido: o início da escolarização das crianças se dá sob a forma do "dever estudar".[3] Vale dizer que se coloca uma dupla heteronomia. A primeira em relação ao saber (as crianças não sabem ou pouco sabem ler, escrever, contar etc.). A segunda em relação à aquisição deste saber: não são elas que decidiram estudar tais matérias ou outras, mas são os pais que tomaram essa decisão por elas (na verdade, é a sociedade como um todo, uma vez que a obrigatoriedade do ensino é constitucional). Digo que esse ponto não deve ser esquecido por uma razão bem simples. Um estudante de terceiro grau escolhe determinado curso com a finalidade, espera-se, de concretizar minimamente uma vocação.[4] *Grosso modo*, é de seu interesse submeter-se à autoridade de seus professores. Veremos mais adiante que, até no terceiro grau, a relação de autoridade tende a se perder, sendo os professores cada vez mais vistos como "empregados" dos alunos do que como guias. Mas o fato é que a autonomia de escolha — estudar ou não, e em que área — pode fornecer bases sólidas às relações de autoridade: o desejo de obedecer provém do desejo de saber (a não ser que a conquista burocrática do diploma seja a única motivação). Ora, tal desejo de saber não está necessariamente presente no início da escolarização.

Aqui logo paro porque imagino ouvir vozes acusando-me de heresia e perguntando-me indignadas: então você não pensa que a fome de conhecimentos, que a vontade de aprender é natural nas crianças? A essa pergunta respondo o que segue. Sim, de fato, penso

---

3. Essa obrigação inicial, penso, costuma marcar a relação dos alunos e estudantes com as instituições de ensino durante praticamente todo o seu percurso acadêmico. Vêem-se muitos alunos de terceiro grau — portanto, que estão na faculdade (que escolheram) porque querem — permanecerem se comportando como se estivessem na sala de aula à revelia, e se relacionando com os professores como se fossem uma espécie de "ditador" ao poder do qual procuram fugir com mil e uma artimanhas. É verdade também que existem professores de terceiro grau que lidam com seus alunos como se fossem crianças pequenas, provocando neles reações de defesa bem compreensíveis.

4. Hoje em dia, devemos lembrar que a crescente escolha de profissão por causa exclusivamente do dinheiro e da glória que ela promete. Deixar a vocação de lado é o caminho mais curto para uma vida profissional maçante e, em geral, malsucedida.

(e a psicologia me ajuda a pensar dessa forma) que a motivação básica do desenvolvimento infantil é o desejo de deixar de ser criança e, portanto, de aprender e crescer. Aliás, em outro lugar, fiz críticas à educação moderna: ela infantiliza a cultura para torná-la, sem maiores esforços, assimilável pela criança, e assim deixa de estimular a criança a caminhar psicologicamente em direção à idade adulta.[5] Porém, tal vontade de aprender e crescer não implica que o processo de aprendizagem seja linear e tranqüilo: por mais interessada que esteja a criança, haverá momentos em que terá mais ou menos vontade de estudar, sobretudo em relação à disciplina acadêmica necessária à sistematização dos conhecimentos, mas deverá fazê-lo porque está na escola e deve cumprir um programa (se a curiosidade pelo mundo pode ser considerada como inata, a procura da sistematização dos saberes certamente não o é). E também, tal vontade de aprender não necessariamente coincide com as disciplinas escolares: por mais amplo que seja o currículo do ensino fundamental, as áreas possíveis de interesse da criança nunca poderão ser garantidas — e haverá matérias que não a interessarão. É nesse sentido que estou escrevendo que a dimensão do "dever estudar" não pode e nem deve ser esquecida, sob pena de cair, seja numa ilusão (a escola corresponderia aos sonhos cognitivos das crianças), seja numa má aplicação da psicologia (o aluno que não "deseja" aprender matemática ou geografia tem "problemas"), seja ainda numa espécie de totalitarismo (a criança precisa desejar o que, na verdade, lhe é imposto). Em resumo, por mais motivada para o estudo escolar que esteja a criança, sua entrada na escola, e permanência durante vários anos, se dá em decorrência de uma imposição. E mais ainda: dever ir à escola não é apenas dever estudar! É dever seguir um horário, um calendário, um trajeto. E, sobretudo, ir à escola implica dever *obedecer* às pessoas responsáveis pelo ensino, portanto submeter-se à sua autoridade.

Obedecer! Imaginando uma família razoável, obedecer já faz parte do repertório de uma criança de seis ou sete anos de idade: ela escova os dentes porque recebeu ordem para tal, dorme cedo porque mandam-na deitar e apagar as luzes, come um pouco de tudo porque essa é a regra, dá mostras de polidez porque essa é a norma, e assim por diante. Obedecer ela sabe e aceita e aprendeu a fazê-lo em relação aos pais. São eles que ensinaram e impuseram escovar os dentes,

---

5. La Taille, Yves de. *Limites: três dimensões educacionais*. São Paulo: Ática, 1998.

ensinaram e impuseram um ritmo de sono, ensinaram e impuseram uma alimentação saudável, ensinaram e impuseram primeiras regras de sociabilidade. Digo que ensinaram à criança porque espera-se que esses itens e tantos outros fazem e farão parte de sua maneira de viver. E digo que impuseram porque, verdade seja dita, não se trata de conselhos ou vagas indicações facultativas, mas de imperativos. Em uma palavra, a criança não teve e não tem escolha. E, por mais penosas que tais ordens possam às vezes ser, a criança acaba por segui-las, acaba por obedecer. Ora, sua ida à escola, longe de representar um tempo longe dessa vivência hierárquica, é, na verdade, uma extensão desta, eu diria até uma exacerbação: na escola, há mais regras, mais controles e a hierarquia é mais complexa, com várias instâncias. Porém, como vimos, obedecer não é (ou não deveria ser) uma novidade para a criança que começa sua escolarização. A novidade não está no obedecer, mas sim *a quem* obedecer.

Na escola, deverá seguir as ordens de pessoas estranhas ao seu círculo familiar. Ora, sabe-se que a obediência aos pais é um fenômeno normal — contanto, é claro, que eles exerçam sua autoridade — que se explica por três fatores básicos: a criança os vê como pessoas poderosas (em comparação com ela), admiráveis e de quem ela gosta. Essa aliança de poder, prestígio e amor faz com que ela, mesmo que às vezes de forma relutante, acabe por se subordinar a seus genitores. Mas, na escola, a situação é outra. Os professores são adultos, sim, mas que poder a criança lhes atribuiria *a priori*? Que prestígio? Que simpatia eles despertariam? Quando dos seus primeiros contatos com seus professores, as respostas a essas perguntas estão em aberto pois não se vê por que, misteriosamente, a criança se disporia sem mais nem menos a acatar suas ordens, a vê-los como autoridade. Como veremos mais adiante, paulatinamente a escola poderá, por suas próprias características e qualidades, ser vista por seus alunos como um lugar de exercício da autoridade. Porém, de início, a obediência das crianças a seus professores depende essencialmente de um fator básico: *a delegação de autoridade dos pais para a escola*. Quero dizer com isso que, no começo da escolarização — e, na verdade, talvez durante toda ela — a criança tenderá a obedecer a seus professores porque *os pais lhe dizem que deve fazê-lo*. Tanto é verdade aliás, que uma forma clássica de punição escolar é a advertência, que nada mais é do que assinalar aos pais que seu filho ou sua filha se comporta mal e que eles devem tomar uma providência: é um apelo à autoridade dos pais, na esperança de que ela reafirme a obediência aos professores. Em resumo, para que, de início, os professores possam ter alguma autoridade sobre seus alunos é necessário que se vejam dela investidos pelos pais e que a criança esteja consciente dessa "troca de guardas".

Ora, parece-me que, hoje em dia, e cada vez mais, *pais atribuem responsabilidade à escola mas não lhe delegam autoridade*! E a escola, por seu lado, esquece, ou tem medo, de exigir tal delegação! Ou seja, ela não deixa bem claro que se os professores não tiverem autoridade em relação a seus alunos, eles não terão condições de assumir suas responsabilidades. De fato, o que pensar de pais que, por exemplo, justificam ausências de seus filhos mandando bilhetes em que se lê: "Meu filho faltou à aula porque não conseguiu acordar a tempo" (não por mal-estar, mas talvez por ter assistido televisão até tarde)? E o que pensar de escolas que aceitam esta "explicação"? Ou, ainda, o que pensar de pais que procuram negociar dias de prova em virtude de uma viagem dos filhos a Disneyworld, e de escolas que aceitam tal negociação?[6] Talvez esses pais não dêem valor ao estudo de seus filhos. Mas creio que a melhor explicação é outra: não somente não atribuem à escola autoridade para decidir o bom andamento do estudo de seus filhos (dever ir às aulas, fazer as provas etc.), como concebem a escola como *subordinada a eles*. Daí não é de se espantar quando, um dia, acontece de um aluno se sentir plenamente justificado ao assinalar a seus professores que "*eles não mandam nele porque os pais pagam a escola*". A referência permanece sendo os pais, mas não mais como pessoas que delegam autoridade, mas como *consumidores*, como *clientes*. Ora, como se diz, "o cliente é rei", e os "pequenos príncipes" têm consciência do fato...

Esse ponto nos leva ao próximo item relacionado à fonte da autoridade possível dos professores: a formação para o exercício da cidadania.

c) formação para a cidadania

A delegação de autoridade dos pais para a escola é essencial para uma primeira aceitação, por parte da criança, da hierarquia pro-

---

6. Pedidos como estes não se encontram apenas nas escolas particulares. Na França, onde o ensino público é hegemônico, situações como essas acontecem cada vez mais.

fessor/aluno, e, creio, permanecerá importante durante todo o ensino fundamental e até no ensino médio. Porém, espera-se que, pouco a pouco, a escola consiga impor-se como lugar de autoridade, em razão de sua função social e de suas próprias qualidades. Quero dizer com isso que, ao crescer, a criança, tornando-se capaz de desprender-se dos critérios paternos e maternos e adotar outros mais amplos, poderá encontrar outras fontes de legitimação da autoridade dos professores. Duas destas fontes são clássicas e complementares: a escola vista como instituição a serviço dos indivíduos (os alunos) e da sociedade, e a escola vista como possuidora de algo valioso, a cultura. Vamos começar por falar um pouco da primeira dessas duas fontes.

Ir à escola é, naturalmente, preparar-se para a vida, instrumentalizar-se para levar a bom termo variados projetos. Se o ensino é obrigatório, portanto um *direito* para as crianças e um *dever* para os pais e a sociedade como um todo (notadamente para o Estado), é porque ela é vista como uma coisa boa para as novas gerações que chegam ao mundo. Todavia, a obrigatoriedade do ensino não se resume a contemplar um direito individual, mas também se justifica por outro imperativo: a formação para o exercício da cidadania (como, aliás, explicitado na Constituição brasileira). Assim, o duplo objetivo da educação é, por um lado, garantir a conquista da autonomia e da liberdade, por seus alunos e, por outro, ensiná-los que essa autonomia e essa liberdade não os subtraem a certas exigências do convívio social.

Ora, um aluno que justifica sua desobediência a um professor "lembrando-lhe" que seus pais pagam a escola (discurso que provavelmente ouviu em casa) está, no mínimo, desconsiderando totalmente sua preparação para a cidadania, pois está apenas considerando a escola como uma agência de serviços que deve levá-lo, sem muitas turbulências, até os diplomas necessários à sua inserção no mercado de trabalho. Ele se vê, como já apontado, como um cliente, como um consumidor. A rigor, ele não somente não tem obrigação de obedecer, como tem legitimidade para mandar.

Tal assimilação da relação família/escola a uma relação de consumo tem sido verificada em vários lugares, e não somente nas escolas ditas particulares. Na França, por exemplo, onde os liceus são públicos e gratuitos, e atendem a quase totalidade dos alunos, a situação é *grosso modo* a mesma ("meus pais pagam impostos", ouvir-se-á).[7] A explicação para o fenômeno certamente encontra-se em parte neste outro fenômeno avassalador chamado "consumismo", que não se resume à compra pragmática de produtos necessários, mas que abrange a própria dimensão da identidade dos indivíduos e o valor sacrossanto do dinheiro.

Pobre escola, portanto, que não somente se vê privada de atribuição de autoridade mas também se vê tragada pelas exigências simbólicas do mercado? Eu não assinaria embaixo desse diagnóstico que vê a escola como vítima, sobretudo a particular, que goza de maior liberdade. Em primeiro lugar porque, como assinalado, ela freqüentemente "esquece" de exigir dos pais que lhe deleguem autoridade. E em segundo, porque muitas delas colocam-se francamente como uma empresa em concorrência com outras, e adotam o linguajar de marketing para se pensar. Dois termos desse linguajar são particularmente significativos para nossas reflexões: *produto* e *cliente*.

É claro que empresas que fabricam e vendem carros, chocolates, papel etc., possuem um produto. Porém, qual o "produto" da escola? Certamente não é o saber, o conteúdo do que é ensinado! Pois trata-se de um patrimônio de toda a sociedade, para não dizer de toda a humanidade. Se "produto" houver, ele deve ser buscado do lado da pedagogia e da didática. Não é o fato de Pedro Álvares Cabral ter chegado ao Brasil, nem o fato de ensinar esse fato histórico que confere singularidade a cada escola, mas, sim, a eficácia e o sentido com que esse conhecimento está sendo socializado. Veremos mais adiante que a associação da identidade da escola com a pedagogia também enfraquece sua autoridade. Por enquanto, compreendemos que a palavra "produto", ao limitar-se de direito à didática — que os pais "clientes", em geral, não sabem avaliar — é um conceito pouco adequado ao que fornece a escola. Quanto ao conceito de "cliente", ele é mais problemático ainda. É claro que, do ponto de vista estritamente econômico, o cliente é o aluno, ou mais exatamente, os pais. Porém, sendo a educação não apenas um serviço destinado a instrumentalizar destinos pessoais, mas também, e sobretudo, um serviço que tem como objetivo favorecer a sociedade como um todo, somos

---

7. Que os pais estejam atentos ao trabalho da escola, que ajudem e reclamem quando seus serviços deixam a desejar é totalmente normal e desejável. Porém, tal atenção não se confunde com pensar que a escola deve atender às necessidades singulares de X e Y.

forçados a reconhecer que tal sociedade é também "cliente". Assim, à tentativa de negar legitimidade da autoridade do professor pela equação econômica (quem paga), poder-se-ia responder: "Sim, é verdade, seus pais pagam a escola e, logo, pagam parte de meu salário; mas se estou aqui a ensiná-los X ou Y, é porque tenho um mandato social para tanto, e por mais privada que seja esta escola, no sentido econômico da palavra, o principal sentido de meu trabalho é público; e esse é também o principal sentido da presença dos alunos em sala de aula. Vocês estão aqui, entre outras coisas, para se prepararem para o convívio social, o que não representa uma exigência minha, nem de seus pais, mas da sociedade como um todo".

Porém, esse discurso pode soar um pouco vazio se, na prática, a própria escola não preparar *explicitamente* seus alunos para o exercício da cidadania, para o civismo. Ora, quantas escolas, privadas ou públicas, fazem isso hoje? Insisto na palavra "explicitamente" porque uma coisa é uma escola dizer que seu objetivo maior é a formação dos cidadãos (no fundo, todas dizem isso) mas sem deixar claro como tal formação é feita, outra é poder mostrar como, objetivamente, essa formação se traduz em termos curriculares e pedagógicos, e como é avaliada. E insisto na pergunta: quantas escolas têm, hoje, uma política curricular e pedagógica clara e explícita (notadamente para os próprios pais e alunos) para a formação da cidadania? Acredito que poucas. Isso se explica em parte pela desastrosa experiência da disciplina Moral e Cívica, e também pelos efeitos da onda libertária das décadas de 1960 e 70 que, com razão, criticou o moralismo e o dogmatismo da educação tradicional. Porém, hoje se percebe que, se foi um acerto retirar da escola pretextos para ensinar o conformismo, foi um erro esquecer a questão do civismo e da ética. Tanto é que, atualmente, em vários países, esses conteúdos estão voltando para a sala de aula. No caso do Brasil, sabe-se que o Ministério da Educação (MEC) propôs, em 1997, os Parâmetros Curriculares Nacionais que prevêem Ética como "tema transversal", ou seja, como tema para ser trabalhado de forma articulada com as outras disciplinas. Em nome da cidadania, esperemos que esses Parâmetros — cuja adoção não é obrigatória — possam inspirar pedagogias claramente voltadas para a formação e para o exercício da cidadania.

E eu diria o mesmo em nome do exercício da autoridade por parte dos professores! Se a escola quiser manter ou reencontrar aquela necessária ao cumprimento de seu papel, é necessário que, ela mesma, fuja desse lugar de "prestadora de serviços", no qual ela mesma tende a se colocar e a se limitar, e lembre, para si e para toda a comunidade, que uma de suas missões essenciais é servir aos interesses comuns. Como vimos, não basta querer ter autoridade para tê-la de fato. É ainda preciso que aqueles de quem se pede a obediência legitimem a hierarquia. Ora, se o professor for visto como "empregado", a hierarquia se inverte. Mas se for visto como representante de algo que transcende a própria relação com seus alunos, como representante de valores aos quais todos devem aderir, a legitimidade necessária pode existir. Escrevo que "pode" porque não basta a escola, sozinha, dar ênfase à cidadania. É a sociedade como um todo que deve se libertar das fantasias simbólicas do consumo, da tirania do dinheiro e das miragens do mercado. Mas, como a escola, embora questionada sob todos os ângulos, permanece usufruindo de certo prestígio social, faz-se necessário que ela "dê o tom". Diga-se que o mesmo vale para as faculdades e universidades.

d) o saber

Após ler as páginas que antecedem, o leitor talvez esteja pensando que estou complicando inutilmente o tema das fontes da autoridade, e se perguntando: a autoridade do professor não provém simplesmente do fato de ele ter conhecimentos que o aluno ignora e quer saber? Assim como obedecemos ao médico por não possuirmos os saberes que ele tem e dos quais dependemos, será que o aluno não obedece ao professor pela mesma razão?

Pensar assim, de fato, é razoável: a pessoa consciente de sua desigualdade em relação à outra num determinado campo, e motivada para chegar à igualdade, segue as orientações daquele que, justamente, se dispõe a emancipá-la: assim, o jovem tenista segue à risca as ordens de seu treinador, o jovem violoncelista, as ordens de seu mestre etc. Tal obediência voluntária, típica da relação de autoridade, encontra-se em geral em situações nas quais o aprendiz optou, livre e motivado, por iniciar-se em alguma área da cultura. Porém, como vimos, freqüentar os bancos da escola não depende de uma opção livre e motivada, mas sim de uma obrigação. Mas o leitor poderá insistir: obrigação sim, mas cujos benefícios são facilmente explicáveis para o aluno — ele deve estudar para seu próprio bem, para conquistar a autonomia, conquistar seu "lugar ao sol" etc. Concordo, mas pergunto: por que, então, hoje há tanta queixa a respeito da falta de legitimação da autoridade dos professores por parte de seus alunos? Por que não é suficiente o professor dizer a seus alunos (e ele costuma dizê-lo) que tudo o que ele faz é para o bem deles para conseguir que, espontaneamente, estes sigam os ditames de seu precioso guia? A essa inquietação contemporânea, eu responderia com as seguintes ponderações.

A primeira: os homens não são tão racionais assim. A humanidade seria totalmente outra se bastasse apontar a cada um de seus membros o caminho razoável a ser seguido para que fosse tomada a direção indicada.

A segunda: os benefícios resultantes dos estudos (admitindo que sempre existam, o que, sabe-se, está longe de ser realidade) aparecem, para os alunos, sobretudo até a faculdade, demasiadamente abstratos, longínquos. Alguns anos atrás, realizei uma pesquisa sobre o tema perguntando a alunos de sete a catorze anos (de escolas privada e pública) a interpretação deles a respeito do "dever estudar".[8] Em linhas gerais, o que encontrei foi que as crianças das duas primeiras séries não associam o "dever estudar" a um fim exterior a ele. Para elas, o raciocínio é circular: deve-se estudar porque mandaram fazê-lo e para passar de ano e continuar estudando. Nas séries seguintes, os alunos já explicitam que se deve estudar para se preparar para o futuro, mas o fazem de maneira bastante vaga e estereotipada, empregando expressões prontas como "ser alguém na vida", "não ser lixeiro", "ganhar dinheiro" etc. Note-se que quase nenhum sujeito associou o estudo ao exercício da cidadania ou a um projeto que incluísse os interesses de outras pessoas. Praticamente só aparecem projetos individuais, mas com um tal grau de indefinição que podemos deduzir que ainda não estão realmente concebidos. Portanto, somos levados a pensar que, durante longos anos, o estudo aparece mais como uma imposição do que como parte de um projeto claro de emancipação pessoal.

Terceiro: por mais que um aluno compreenda os benefícios do estudo, ele ainda pode ater-se à parte legal desse processo, a saber, a obtenção de diplomas. Ora, querer um diploma e querer aprender

---

8. La Taille, Yves de, Flor, Cristiane M. e Fevorini, Luciana B. A obrigatoriedade do ensino segundo alunos de 7 a 14 anos: dever hipotético e dever moral. *Cadernos de Pesquisa*, São Paulo, Fundação Carlos Chagas, 1991, pp.27-40.

podem ser coisas distintas. Um aprendiz de judô, por exemplo, certamente está motivado para galgar níveis, mudando a cor de sua faixa. Mas certamente também quer, de fato, merecer essas faixas, quer aprender essa luta. Nesse caso, a relação professor/aluno sustenta-se claramente na autoridade do primeiro sobre o segundo. Mas, se o aluno quer apenas do professor que o leve burocraticamente até o próximo nível, a autoridade deste último fica seriamente comprometida, para não dizer ausente. E isso nos remete à quarta e mais importante ponderação: pensar o lugar e o valor do saber no ensino.

Não é raro um aluno perguntar na sala de aula: "para que serve o que o senhor ou a senhora está procurando me ensinar?". O sentido dessa pergunta costuma ser pragmático: o aluno quer saber se o que lhe obrigam a saber tem alguma utilidade prática para o seu dia-a-dia e, no futuro, para sua virtual profissão. Se o professor conseguir persuadir seu aluno da relevância prática e concreta de sua disciplina, terá alguma chance de ver seu aluno estudar. Mas a verdade é que grande parte — para não dizer a maior parte — do que se estuda na escola tem pouca ou nenhuma utilidade diretamente aplicável ao cotidiano, sobretudo nas séries mais adiantadas. Se, ao aprender a contar, ler, escrever e alguns rudimentos de ciências, as crianças menores podem, logo após as aulas, usufruir imediatamente desses novos conhecimentos (entender preços e trocos, ler histórias, deixar recados, compreender alguns fenômenos que as rodeiam), o mesmo não pode ser dito a respeito de conhecimentos como a álgebra, a história da arte ou as sistematizações da gramática. Grande parte dos saberes escolares tem uma dupla função. A primeira: permitir aproximar-se paulatinamente do saber científico e filosófico. Por exemplo, a álgebra é um conhecimento essencial para quem vai se dedicar à área de exatas, a história para quem vai optar pela área de humanas. Mas, como nem todos os alunos — longe disso, infelizmente — levarão a cabo o programa completo do ensino, que, a rigor, somente se completa no terceiro grau, a segunda função dos saberes escolares acaba sendo a mais universal e importante: dar aos jovens o que se convencionou chamar de "cultura geral". É claro que muitos itens desta cultura geral podem ser importantes para o dia-a-dia: por exemplo, noções de história podem permitir a cada um compreender melhor o mundo em que vive. Porém, devemos admitir que a finalidade primordial do saber escolar é o *enriquecimento pessoal*. Estudar história é importante para abrirmos nossos horizontes temporais, estudar geografia para dilatar nossos horizontes espaciais, estudar literatura para abrir o leque de nossos prazeres estéticos, e assim por diante. Não há disciplina que não possa trazer esse benefício humano. Portanto, ao aluno que pergunta "para que serve ler Machado de Assis?" ou "para que serve saber que existiram os incas?", penso que devemos responder francamente: "Para as exigências concretas do dia-a-dia, nada! Em compensação, para podermos fugir desse cotidiano cujo peso acaba por asfixiar a todos, é ótimo ler uma boa literatura, expandir nosso senso estético, termos prazer em manipular idéias. Além do mais, se, sob pretexto de que não tem utilidade prática imediata deixarmos de conhecer as tantas coisas que a humanidade criou laboriosamente, a própria humanidade tornar-se-á amnésica, ilhada no presente, sem passado e, portanto, sem rumos para o futuro". Em resumo, penso que devemos mostrar ao aluno que o saber é um valor em si. Ora, o saber assim concebido pode ser uma fonte de autoridade para quem o possui. Visto apenas como instrumentalizador da vida cotidiana, o professor não somente tem muitos concorrentes (a mídia em geral) como fica atrelado às exigências práticas de seus alunos que, percebendo que ele pouco as contempla, viram-lhe as costas e não o ouvem. Mas, se visto como depositário de um valor que o transcende, se visto como detentor de algo prestigioso, a legitimidade de sua função torna-se maior e o exercício de sua autoridade possível.

Infelizmente, embora o século xx tenha dado saltos impressionantes na área dos conhecimentos, tem-se a impressão de que o saber perdeu muito de seu prestígio. O que penetra o dia-a-dia das pessoas é a *informação*, não o conhecimento. Diz-se freqüentemente que os jovens de hoje são muito mais informados que os de outrora. É verdade, notadamente graças à televisão que nos permite saber, às vezes até ao vivo, que estourou uma guerra na Europa, que o homem pisou na Lua, que uma nova epidemia está matando pessoas, e também que uma *pop-star* teve um filho, que outra descasou e uma terceira não gosta de homem. As crianças e os jovens de hoje estão, de fato, muito bem informados (abstração feita da manipulação da informação, é claro). Mas isso não significa dizer que tenham mais conhecimentos. Penso até que são menos cultos que os de ontem, refiro-me àqueles que freqüentavam as escolas. A diferença que faço entre informação e conhecimento é a seguinte. Uma informação é um dado isolado, enquanto conhecimento refere-se a vários dados integrados e, por conseguinte, com sentido. Por exemplo, saber que há conflitos sangrentos nos Bálcãs (uma informação) não leva, por si só, a compreender as razões desses conflitos nem a associar o fato a outras informações relevantes para dar sentido a esse evento histórico (conhecimento), como a existência do islamismo, a derrocada do mundo comunista, a Primeira Guerra Mundial, o fascismo etc. Vale dizer que mesmo um número alto de informações não garante o conhecimento. Empregando uma metáfora informática, eu diria que se contentar com informações é como colocar "na cabeça" numerosos arquivos, mas sem nenhuma organização entre eles (que seria o conhecimento), o que faz com que, na prática, tais informações fiquem praticamente inúteis, e, pior ainda, com o tempo, irrecuperáveis para a memória.[9]

Se for correto o diagnóstico segundo o qual, hoje, os jovens escolarizados têm menos conhecimentos do que aqueles de décadas passadas,[10] de quem é a responsabilidade? Ela está, em parte, na mídia, notadamente em certos canais de televisão que não somente privilegiam notícias sensacionais (mesmo que não tenham relevância histórica ou nem até humana), mas também dissecam os acontecimentos em pequenas doses rapidamente deglutíveis. Mas a escola também parece-me em parte responsável. Como vimos, raciocinando em termo de "produto" e "cliente", ela se identifica essencialmente ao pedagógico, ao didático, e não mais ao lugar em que estão depositadas os valiosos saberes da humanidade. Tanto é verdade que muitos professores explicam o declínio de sua autoridade pelo fato de os alunos poderem ter acesso aos saberes em fontes externas à escola. De fato, se a escola se limitar a passar informações, enciclopédias e

---

9. Dou um exemplo. Conheço um adolescente de dezessete anos, fanático por futebol que, portanto, assiste a jogos e mais jogos, brasileiros e estrangeiros (notadamente os times em que jogam os "craques" comprados pelos times europeus) e, apesar dessa "chuva" de informações, absolutamente não sabe nomear times italianos, espanhóis etc. Certamente não é por falta de ouvir falar neles, mas sim porque, privado de conhecimento geográfico, tais informações não fazem sentido e se perdem.

10. Alguns de meus colegas professores universitários também verificam tal baixa de cultura geral. Na França, o novo escândalo educacional é a constatação de que os jovens lêem cada vez menos e, sobretudo, cada vez pior (o chamado analfabetismo funcional: a pessoa identifica as palavras, mas não consegue abstrair o sentido do texto).

a Internet fazem-lhe grande concorrência. Porém, se ela se preocupar em dar sentido a essas informações, ainda não conheço instituição alguma que possa substituí-la à altura! Ora, o "dar sentido" é justamente prover o aluno de uma cultura geral que o enriquece. É essa a singularidade da escola, do papel do professor. Ele não deve ser visto apenas como alguém que ensina, mas também, e sobretudo, como alguém que *sabe*, que possui o *conhecimento*. Aliás, os próprios alunos costumam admirar e conferir autoridade àqueles que se mostram empolgados com suas matérias, àqueles que os "puxam" e conseguem fazê-lo porque passam-lhes a idéia de que possuem algo rico a dar.

e) conclusões

Posso, talvez, ser acusado de saudosismo, quem sabe até de conservadorismo. Com efeito, as três fontes de autoridade na escola que mencionei costumavam ser encontradas num passado não muito distante: os pais conferiam, de "olhos fechados" autoridade aos professores (até para ministrarem castigos físicos), a escola era vista como legítima representante de valores compartilhados por todos os membros da sociedade e aos quais todos deviam se conformar, e a escola também era, de fato, praticamente o único lugar onde se encontrava o patrimônio cultural. O vento da democratização, que soprou no mundo ocidental no século XX, também passou pela escola. Deu-se aos alunos voz e espaço para que não se limitassem a copiar, mas também criassem, para que não somente obedecessem, mas também tomassem parte nas decisões da gestão da escola, reconheceu-se que a sociedade, longe de ser um todo homogêneo, é composta de várias singularidades, de diversidade, e no que se refere ao saber, o acesso a ele também se democratizou.

Visto dessa forma, estamos melhor hoje do que ontem: respeitamos mais os alunos, assimilamos melhor a diversidade e distribuímos melhor o saber. E, parece claro, tais ventos democráticos também erodiram a autoridade, antes abrangente, inconteste, para não dizer despótica, dos professores. E isso foi bom. Sim, estamos em situação melhor hoje do que ontem. Mas, então, por que cenas como a que segue, retirada de um romance, parecem verossímeis? Vamos a ela: *Na maioria das vezes, interrogar uma turma equivalia, para mim, a pedir esmolas no metrô. Eu me deparava com olhares perdidos ao léu, distantes, indecifráveis, às vezes hostis. Não eram alunos que estavam diante de mim, mas usuários. Tudo o que desejavam era serem levados, sem atropelos, à aula seguinte — no caso ao fim da linha: "seis da tarde, desembarque obrigatório!". — e, eu, eu os incomodava com mendicâncias do gênero: "Bom dia, senhoras e senhores, vou me apresentar: meu nome é André Jefferson, tenho quarenta anos, sou professor de francês, tenho os diplomas necessários para o exercício desta profissão. Preferiria não incomodá-los, estejam certos. Se dependesse só de mim, os deixaria dormir no fundo da sala. Mas desejo ser honesto com meus patrões. É por isto que lhes ensino a fazer dissertações em três partes. Vou passar entre vocês com perguntas. Se alguém puder responder, fazer uma observações sobre como apresentar o tema, introduzir uma problemática, passar de um parágrafo a outro, ou ainda sobre como fazer a transição entre duas idéias, ficaria muito agradecido. Qualquer intervenção, acertada ou não, será bem-vinda. Antecipadamente agradeço, senhoras e senhores.*[11]

O que houve? Submeti ao leitor algumas idéias pessoais, e caberá a ele dizer o que pensa que valem. O essencial de minhas reflexões se resume no que segue. Os ventos democráticos — muito bem-vindos — que sopraram sobre a escola não vieram sozinhos! Outros, como a invasão da esfera pública pela esfera privada, o consumismo, o mundo da informação, a tirania do dinheiro, o individualismo egoísta vieram juntos e, acredito, aproveitaram o espaço de liberdade aberto pela democracia para instalar novas condutas e mentalidades que nada têm de democráticas. Se a escola, se sua relação com as famílias e a sociedade fosse realmente democrática, a autoridade dos professores permaneceria existindo, mais justa, mais respeitosa e mais esclarecida do que antes, mas mesmo assim presente. Creio não pecar por conservadorismo dizendo que pais devem delegar autoridade, que a escola deve ver-se como a serviço da comunidade, e que o saber é um dos mais preciosos de nossos patrimônios. E, sobretudo, creio não ser conservador quando digo que a escola deve ser o lugar da conquista da autonomia e não de sua pantomina. Portanto, penso que devemos encontrar a justa medida entre uma rigidez dogmática da escola e sua total dependência de exigências individuais externas, entre uma recusa da escuta das necessidades dos jovens e a tirania

---

11. Gattégno, Jean-Pierre. *A noite do professor*. São Paulo: Companhia das Letras, 1995, pp.54-5.

dos desejos destes, enfim, entre o autoritário "decora ou te reprovo" que muitos professores de ontem diziam friamente, e o não menos autoritário "motiva-me ou te devoro" que muitos alunos de hoje parecem querer dizer a seus professores. Sem essa justa medida, o autoritarismo prevalecerá, ontem o dos professores, hoje o dos alunos.

Mas será que os próprios alunos estão felizes com essa situação? Com professores que se sentem mendigando atenção? Com a escola sob o fogo constante das críticas de toda a sociedade? Penso que não, e chama-me a atenção o fato de a escola ser, freqüentemente, alvo de hostilidade dos próprios jovens. Pensemos nesses dois adolescentes americanos que, em 1999, metralharam colegas e professores. Eles queriam, por algum motivo, matar, matar e matar. Mas, por que não escolheram um supermercado, a rua, um bar, onde há até mais gente? Eles escolheram a escola. Por quê?

Talvez porque ela não esteja mais dando a seus alunos algo que eles querem, mas que não sabem formular. Ora, o papel dos adultos é ajudar as novas gerações a formularem seus desejos e projetos. E para isso não basta dizer-lhes "falem", como se fosse a coisa mais simples do mundo, como se as idéias brotassem, sem maiores esforços, no íntimo de cada um. É preciso ensiná-los a pensar, a refletir, dar-lhes conhecimentos variados para, assim, poderem aprender a falar.

Respeito e autoridade na escola

Ulisses F. de Araújo*

O ano era 1980. A escola de ensino médio, privada e somente para alunos do sexo masculino, era tradicional, fundada no século XIX e localizada na região dos Berkshires no estado norte-americano de Connecticut. Na hora do almoço eu e todos os demais trezentos alunos da escola encontrávamo-nos em pé diante dos lugares que nos era determinado nas mesas, aguardando o diretor da escola. Passado um tempo ele cruzou o salão até sua mesa, sob o olhar atento de todos, e, após orar em voz alta, fez um sinal com as mãos nos autorizando a sentar e começar a refeição. Esse procedimento, ou ritual, era comum também nas salas de aula e se reproduzia há mais de um século na escola. O argumento era de que a tradição e o respeito à hierarquia ajudavam na formação do nosso caráter.

O ano era 1998. A escola era pública, de uma cidade no interior do estado de São Paulo e eu estava coordenando um debate com o grupo de professores e professoras sobre as dificuldades que vinham enfrentando em suas salas de aula. Uma professora mais antiga da escola pede a palavra e afirma que o maior problema da educação hoje, na sua opinião, era que os estudantes não mais respeitavam seus professores. Suas palavras receberam apoio da maioria de seus colegas e, nesse momento, eu lhe questionei sobre o que a levava a

---

* Professor do Departamento de Psicologia Educacional e coordenador da área de Ensino, Avaliação e Formação de Professores da Faculdade de Educação da Unicamp — Universidade Estadual de Campinas. Autor do livro *Conto de escola: a vergonha como um regulador moral* (Moderna, 1999), e co-autor dos livros *Indisciplina na escola* (Summus, 1996); *Cinco estudos de educação moral* (Casa do Psicólogo, 1996); e *Diferenças e preconceito na escola* (Summus, 1998).

pensar dessa maneira. Sua resposta foi de que no passado, ela se lembrava, alunos e alunas ouviam seus mestres, obedeciam a suas ordens e, como exemplo, falou que era regra aguardarem em pé, diante de seus lugares, a entrada da professora. Somente após sua autorização eles se sentavam. Ela considerava que esse tipo de comportamento era sinal de respeito, que esse tipo de respeito pela professora desapareceu das relações escolares nos dias atuais e daí decorreria a falta de limites dos estudantes e os problemas de indisciplina que hoje comprometiam seu trabalho.

Foi quando lembrei de minhas experiências como aluno da escola norte-americana em que estudei, e sobre os sentimentos que rondavam minha cabeça durante os rituais hierárquicos que experienciava diariamente naquela instituição. Era respeito o que me fazia cumprir a tradição secular daquela escola? Se respeito, este se relacionava a que ou a quem? Minha conclusão imediata foi a de que, na verdade, eu e meus colegas adolescentes não respeitávamos aquela escola e esse sentimento não era o que nos fazia receber em pé aos nossos mestres. Ao contrário, eram comuns ações de vandalismo contra as instalações escolares e até mesmo contra alguns mestres. Existia uma guerra instalada nos bastidores. Boa parte dos alunos gastava seu tempo elaborando estratégias de vingança contra o autoritarismo a que eram submetidos e a direção se mobilizava para prevenir os delitos e para aplicar punições exemplares ao corpo de estudantes, quando não podiam descobrir quem eram os autores. Era comum, inclusive, a escola não permitir a matrícula de alguns alunos no ano seguinte, como exemplo e para não permitir a *contaminação* do grupo pelos "maus elementos" que desafiavam as autoridades constituídas.

Naquele momento não respondi à professora e nem lhe contei meus sentimentos e reflexões sobre o que pensava estar ocorrendo em suas aulas. Decidi que precisava refletir mais e estudar sobre o que leva alunos e alunas a respeitarem seus mestres. Saí, porém, com a hipótese clara de que havia um conflito instalado e, enquanto alguns professores e professoras imaginavam que o respeito era o sentimento que seus alunos e alunas nutriam para com eles, o que muitos desses estudantes sentiam era medo e raiva.

Em minha prática educacional, como aluno e como professor, vivenciei relações em que alunos e alunas "respeitavam" os mestres por medo das punições, dos gritos, das ameaças, das avaliações; e também, em muitos casos, porque gostavam das aulas e da forma com que eram tratados. Ah! Experienciei também situações em que não havia respeito nas relações interpessoais e a autoridade docente não se constituía. Essas foram as piores experiências escolares que tive.

* * *

Por que falar e escrever sobre sentimentos em um capítulo que pretende discutir o que é e como se estabelecem as relações com a autoridade no mundo escolar? Porque o tema nos remete ao universo das relações interpessoais e estas não ocorrem desconectadas dos sentimentos que nutrem entre si os sujeitos que convivem nas instituições escolares. A construção e constituição da autoridade não é fruto exclusivo do funcionamento da razão humana (ao menos da forma como o projeto iluminista concebeu a razão). Discutir possíveis papéis da afetividade nesse processo é um dos objetivos deste ensaio.

O sentimento de respeito nas relações escolares

O que é o respeito? Partimos da idéia básica de que é um sentimento e, como tal, experienciado nas relações interpessoais e a partir de reflexões intrapessoais. Ou seja, pode-se sentir respeito por outras pessoas, por seus valores e atitudes (por exemplo), mas também pode-se senti-lo por si próprio, como é o caso do auto-respeito.

Um autor que desenvolveu estudos sobre o tema no início do século e, inclusive, influenciou bastante os trabalhos de Piaget sobre a moralidade infantil, foi o psicólogo suíço Pierre Bovet.

Em seu livro *Le sentiment religieux et la psychologie de l'enfant* (1925), Bovet introduz um elemento central para a discussão sobre o que obriga a consciência humana a agir objetivando o *bem*: o respeito. Ele afirma que essa obrigação da consciência tem duas condições: que o indivíduo receba ordens; e respeite a fonte das ordens, porque se não houver respeito a ordem não será aceita. Prosseguindo, para ele o respeito é fruto da coordenação entre dois sentimentos: o amor e o temor. Da coordenação dialética entre esses dois sentimentos nas relações interindividuais é que surgirá, por exemplo, a obediência da criança aos pais e aos mais velhos. Uma criança respeita seus pais porque ao mesmo tempo que gosta deles teme perder seu amor, ou mesmo sofrer punições. Portanto, para Bovet, para que o respeito à regra e à autoridade se tornem uma obrigação na consciência da criança esses dois sentimentos devem estar presentes na mesma relação.

Piaget, em seu livro *O juízo moral na criança* (1932) concorda parcialmente com Bovet. Para Piaget esse sentimento de respeito baseado no afeto e no medo explica apenas um dos dois tipos de respeito existentes: o respeito unilateral. Como a própria palavra diz, o respeito unilateral tem sentido único, daquele que respeita para aquele que é respeitado. Não existe a reciprocidade na relação e aquele que é respeitado não se obriga a respeitar o outro. É a relação típica entre adultos e crianças, entre docentes e estudantes, entre quem detém o poder e seus subordinados. Seria esse o tipo de respeito explicitado pela professora a que me referi anteriormente, e caracterizava as relações na escola norte-americana citada? Parece-me que sim.

Dessa discussão podemos pensar que quando se estabelecem relações de respeito unilateral, da relação entre o amor e o medo o sentimento que prevalece é o medo. A criança respeita sua mãe e, por que não dizer também, sua professora, porque tem medo da punição. Entendemos, porém, que se não houver um mínimo de afetividade na relação não haverá o respeito. Pode haver obediência, que só funcionará enquanto o mais velho tiver instrumentos de coação à sua disposição, para cobrá-la.

A impressão que tenho é de que boa parte dos problemas disciplinares que as escolas vêm enfrentando ultimamente decorre do fato de que as relações ali estabelecidas, contrariando a visão da maioria dos docentes, não é de respeito e sim de obediência. À medida que a sociedade se democratiza e os instrumentos autoritários colocados por ela a serviço da escola vão sendo eliminados, a relação de obediência transparece, porque as relações de fato não estão baseadas no respeito e os sujeitos não se sentem mais obrigados a cumprir as regras.

De acordo com Piaget, existe um outro tipo de respeito, que pode ser estabelecido a partir da cooperação e da reciprocidade que estabelecem entre si as pessoas: o respeito mútuo. Para ele o respeito mútuo é precedido psicogeneticamente pelo respeito unilateral, e todo indivíduo tende a estabelecer esse tipo de relação quando coopera com seus iguais ou quando seus superiores tendem a tornar-se seus iguais. Ele afirma então que: "(...) *o elemento quase material do medo, que intervém no respeito unilateral, desaparece então progressivamente em favor do medo totalmente moral de decair aos olhos do indivíduo respeitado: a necessidade de ser respeitado equilibra, por conseguinte, a de respeitar, e a reciprocidade que resulta dessa nova relação basta para aniquilar qualquer elemento de coação* (1932, p.284).

A leitura que faço das idéias de Piaget, retomando o princípio de Bovet de que o respeito é resultado da coordenação entre o amor e o temor, é que, no caso do respeito mútuo, na relação entre esses dois sentimentos o que prevalece é o amor. É a afetividade ou o amor nas relações entre as pessoas que permite que o medo presente na relação não seja o da punição, e sim o de *decair perante os olhos do indivíduo respeitado*. Esse medo é totalmente diferente do medo da punição, característico dos sujeitos heterônomos. O medo de decair perante os olhos de quem a gente gosta é característico do sujeito autônomo, que regula suas relações na reciprocidade e na consideração pelas outras pessoas.

Se a discussão vai para o âmbito escolar podemos compreender que esse é o tipo de respeito estabelecido entre os docentes que não necessitam utilizar punições e ameaças autoritárias nas relações com alunos e alunas. Acredito que o respeito mútuo, ou recíproco, que se estabelece garante a harmonia das relações interpessoais na escola. Em minhas experiências escolares conheci numerosos profissionais que eram ouvidos pelos estudantes, professoras que não tinham problemas com indisciplina em sala de aula, diretoras que conseguiam o respeito de toda a comunidade. Enfim, a escola não é só um ambiente conturbado como às vezes transparece. Existe um outro lado da instituição escolar que, em minha opinião, pode ser compreendido a partir das relações de respeito mútuo que desarmam os espíritos mais agressivos.

Por fim, existe um elemento comum que une os diferentes tipos de respeito e que, de acordo com Bovet (1925, p.158), está na origem do amor e do temor sentidos pelo sujeito que respeita os outros: a admiração. O sentimento de admiração é condição para o respeito e podemos admirar tanto quem amamos quanto quem nos oprime. Creio que é a admiração que permite o vínculo dialético entre o amor e o temor presentes no sentimento de respeito. Para respeitarmos alguém é necessária uma identificação com essa pessoa, via admiração. Se a relação é de respeito unilateral, baseada prioritariamente no temor, ou se é de respeito mútuo, baseada prioritariamente no amor, a admiração pelo outro é que garantirá que eu o respeite. O que leva à admiração? Aqui nos aproximamos da discussão sobre valores, que ocorrerá mais adiante.

O sentimento de respeito e a complexidade das relações humanas

Do que vimos discutindo até o momento, em suma, o respeito pode ter uma vinculação com o tema da moralidade, com o funcionamento psíquico humano e com a regulação das relações interpessoais e intrapessoais.

Para esclarecer melhor esse papel do sentimento de respeito retomarei algumas idéias já publicadas anteriormente (Araújo, 1998 e 1999). Em primeiro lugar, estarei referindo-me à concepção que assumo sobre quem é e como funciona psiquicamente o sujeito psicológico, o sujeito de "carne e osso" que é cada ser humano. Segundo, o papel desse sentimento como um possível regulador das relações interpessoais. Por fim, sua vinculação com a moralidade humana.

Uma visão sistêmica do ser humano

Para iniciar a discussão é importante situar que nossa maneira de ser, de agir, de pensar, de sentir, de valorar, é resultante da coordenação de vários sistemas (ou partes), que, na verdade, são subsistemas de um sistema mais complexo que define nossa individualidade. Cada sujeito é muito mais do que um aparelho cognitivo, ou afetivo, ou biológico, ou sociocultural. O sujeito psicológico é um ser que sente emoções, tem fome, vive imerso em relações com um universo objetivo e subjetivo, e possui uma capacidade intelectual e afetiva que lhe permite organizar e interpretar essas relações com o mundo interno e externo.

Estamos falando, pois, de um ser que é biológico, afetivo, social e cognitivo ao mesmo tempo, sem que um desses aspectos possa ser considerado mais importante do que o outro, já que qualquer perturbação ou alteração no funcionamento de algum desses subsistemas afeta o funcionamento da totalidade do sistema. Não se deve, porém, perder sua perspectiva de totalidade e de coordenação interna e externa, porque as diferenças que encontramos nas ações e nos juízos dos sujeitos psicológicos são resultantes de determinadas coordenações desses sistemas, que se manifestam no momento da experiência com o mundo externo e interno.

Ter essa visão de totalidade nos ajuda a melhor compreender a realidade dos comportamentos humanos e das relações interpessoais estabelecidas nas escolas e, mais adiante, nos ajudará a compreender como se constitui a autoridade na relação professor-aluno.

O papel regulador do sentimento de respeito

Partindo desse modelo, a hipótese que venho pesquisando nos últimos anos é que, a interação entre os diferentes subsistemas é mediada por reguladores, que são elementos pertencentes a um dos subsistemas mas que se relacionam com os demais (ver Araújo, 1999, p.75).

Dessa maneira, no modelo com que trabalhamos, o sistema biológico possui seus reguladores, que interferem no funcionamento afetivo, cognitivo e social do sujeito. Exemplo? Os neurotransmissores. Da mesma forma, o sistema sociocultural possui seus reguladores, como pode ser entendido o papel da linguagem. Os esquemas de ação descritos pela teoria piagetiana também podem ser entendidos como reguladores, pertencentes ao sistema cognitivo. E o sistema afetivo? Também possui seus reguladores, como é o caso dos valores e dos sentimentos.

Como vimos até aqui, os reguladores psíquicos apresentados são apenas exemplos de elementos que, pertencendo a um dos subsistemas constituintes do sujeito psicológico, existem em relação de interdependência com todos os demais sistemas, internos e externos. Fica difícil, portanto, classificá-los como cognitivos, ou biológicos, ou socioculturais. Eles se "posicionam" na interface entre os diversos sistemas internos, ao mesmo tempo que regulam a relação do sujeito com o mundo externo.

É esse papel que acredito que o sentimento de respeito exerce no funcionamento psíquico humano. O papel de um regulador nas relações intra e interpessoais. Sentimentos como o respeito, a culpa e a vergonha; e alguns valores como a honestidade, a generosidade e a coragem, podem influenciar o funcionamento psíquico interferindo na cognição, na construção da linguagem e na própria constituição física do sujeito. Sua presença também influencia o juízo e a ação, dependendo das relações intrapsíquicas e interpsíquicas com os mundos físico, interpessoal e sociocultural com que o sujeito interage.

A partir de esquemas publicados em outras duas oportunidades (Araújo, 1998 e 1999) apresento, a seguir, uma representação gráfica de quem é e de como funciona psiquicamente o sujeito psicológico de que estamos falando e qual é o universo (ou o meio) com que ele interage. A idéia presente é de um ser que nem é prioritariamente individual e nem sociocultural. Para isso é necessário romper visões estáticas ou mecanicistas do ser humano e suas relações interpessoais e intrapessoais; e considerar o caráter dinâmico dessas relações (não visíveis perceptivamente em uma representação gráfica), composto por interações contínuas e dialéticas entre os diferentes sistemas presentes na imagem, representados por setas bidirecionais que inter-relacionam e coordenam esses sistemas com o mundo interno e o externo. Na figura a seguir também "posicionamos" os reguladores de nosso exemplo na parte externa do subsistema a que pertencem, tentando representar seu caráter de interdependência com os demais.

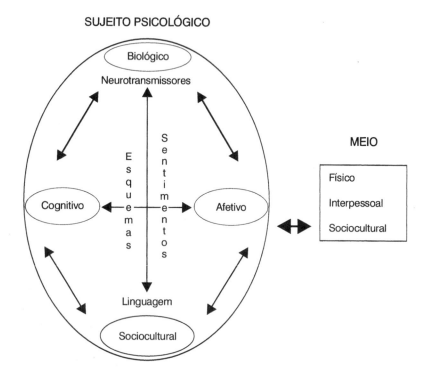

O respeito e seu vínculo com a moralidade humana

De acordo com Piaget (1954), a *energética* das relações entre as pessoas são os sentimentos interpessoais e sua vinculação com a escala de valores do sujeito levará à construção de "sentimentos morais". Dessa maneira, o respeito sendo um sentimento também de natureza interpessoal, quando estiver relacionado à regulação intra e interpessoal estabelecida sobre conteúdos de natureza moral, constituir-se-á em um "sentimento moral".

Para exemplificar essas idéias, vamos falar de uma personagem fictícia, Carlos. Ele se encontra na sala de aula diante de uma situação em que um colega é humilhado por outro. A professora intervém defendendo um princípio moral de justiça e de respeito aos colegas. Esses valores são caros a Carlos, integrados em sua personalidade. Nessa situação poderá surgir o sentimento de respeito de Carlos por sua professora que, nesse caso, se constituirá em um sentimento moral e poderá regular de maneira diferente suas futuras relações com ela, pela admiração que lhe devotará.

De acordo com Blasi (1995), Damon (1995), De La Taille (1996b) e Araújo (1999), é necessário que os valores morais não sejam periféricos e sim integrados à personalidade do sujeito, à sua identidade, para que ele tenha a motivação de agir moralmente. No caso de sua escala de valores ter sido construída com base em conteúdos de caráter não-moral, voltando ao exemplo, Carlos poderá sentir mais respeito e admiração por um colega que humilha os outros constantemente do que por alguém que se comporta baseado em princípios de justiça e igualdade.

Defendo a idéia de que no processo de construção da escala de valores, a partir da interação de cada sujeito com o mundo interno e externo, seus valores ao serem construídos se "posicionam" de maneira mais central ou periférica na identidade e isso influencia muito o tipo de pensamentos, ações e relações que realiza. Se o sujeito possui o valor moral da honestidade integrado no núcleo de sua identidade, por exemplo, ao se relacionar com outras pessoas o sentimento de respeito poderá levá-lo a admirar e, conseqüentemente, respeitar pessoas que ele considera possuírem essa virtude. Pode ser diferente no caso de outro sujeito que construiu como valor central em sua identidade o uso da violência para resolver conflitos, um valor não-moral. Nesse caso, o sentimento de respeito poderá levá-lo a admirar e a se identificar com pessoas que adotam o mesmo tipo de valor como base de seu comportamento. Ele poderá respeitar mais o colega agressivo do que seus professores.

É necessário relembrar, entretanto, o modelo sistêmico que adotamos para não dar a impressão de que as relações exemplificadas anteriormente sejam compreendidas de maneira mecânica, ou de que a escala de valores dos sujeitos seja vista de forma estática. O modelo das relações humanas é complexo, dinâmico e contextualizado em cada situação experienciada. Os valores, também, não são estáticos e variam de acordo com os diferentes conteúdos com que o sujeito interage. A escala de valores das pessoas está em constante processo de construção e reorganização e isso faz com que o modelo de funcionamento proposto não possa ser analisado de forma determinista.

Em suma, pelo que vimos até aqui, o sentimento de respeito pode ter uma natureza moral quando for elicitado em situações que envolvam conteúdos morais e, também, pode exercer um papel regulador nas relações intra e interpessoais. Minhas pesquisas vêm mostrando que, pertencendo ao sistema afetivo dos sujeitos psicológicos, a intensidade desse regulador variará de acordo com o valor presente nas situações de relação interpessoal do cotidiano escolar. Dependerá do "posicionamento" do valor, se mais central ou periférico na identidade dos sujeitos.

Respeito, admiração e a autoridade docente

O que significa ter autoridade? Como se constitui a figura da autoridade? Evidente que respostas conclusivas a perguntas complexas como essa não serão encontradas nesse capítulo, mas minha contribuição para a discussão está no papel que desempenha o sentimento de respeito. Isso porque creio que a figura da autoridade está intimamente relacionada com o sentimento de respeito construído nas relações interpessoais.

Em primeiro lugar, é preciso compreender que existem múltiplos sentidos para o termo *autoridade*. No *Dicionário Escolar da Língua Portuguesa*, o verbete autoridade traz "*forma de superioridade constituída por uma investidura; direito de fazer obedecer; domínio; influência; prestígio; magistrado que exerce poder; agente ou delegado do poder público; pessoa que tem grande competência num assunto*".

A partir desses significados, podemos entender que a autoridade se constitui de duas maneiras distintas: por uma investidura propiciada pela hierarquização nas relações sociais, como é o caso dos agentes, delegados e magistrados do poder público, e — por que não dizer também — dos professores e professoras; por uma investidura propiciada pelo prestígio e pela competência. O exercício da autoridade, também me parece, pode ocorrer de duas maneiras: pelo domínio, pelo direito de fazer obedecer e pelo poder institucionalizado; e, por outro lado, pela influência e/ou prestígio da pessoa que demonstra competência em determinado assunto.

Se buscamos no mesmo dicionário o verbete *autoritário,* confundido com autoridade por muita gente, encontramos que é um adjetivo de *"quem tem o caráter de dominação; impositivo; violento, arrogante"*. Se relacionarmos o adjetivo autoritário com as duas maneiras distintas de definição do que é autoridade, fica claro que sua vinculação é com a primeira forma de autoridade. Ou seja, o autoritário é arrogante, violento, impositivo, dominador e se relaciona com a pessoa que age buscando domínio, que se sente no direito, por sua superioridade hierárquica, de cobrar obediência dos subordinados. A segunda forma de autoridade, constituída pelo prestígio e competência, creio, não necessita impor-se pela violência buscando dominação. Ela se constitui pela admiração.

Concluindo a discussão sobre os significados do termo autoridade gostaria de distinguir a existência de dois tipos: a *autoridade autoritária*; e a *autoridade por competência.* Enquanto a primeira vincula-se ao uso da força e da violência, a segunda vincula-se à admiração nutrida nas relações com seus subordinados, a partir do prestígio e da competência.

Quanto à segunda pergunta, como se constitui a figura da autoridade? Podemos entender que a partir do tipo de respeito construído nas relações interpessoais: se unilateral ou mútuo. A autoridade autoritária funda-se nas relações de respeito unilateral, enquanto a autoridade por competência funda-se nas relações de respeito mútuo.

Para que uma pessoa se constitua como autoridade em alguma relação é necessário que tenha uma imagem reconhecida de superioridade perante os demais membros do grupo. O reconhecimento dessa superioridade pode ser compreendido como admiração sentida pela figura da autoridade. Assim, a autoridade é constituída a partir da admiração que por ela sente um determinado grupo de pessoas.

Como vimos anteriormente, a admiração está na origem do amor e do temor sentidos pelo sujeito que respeita o outro, é o sentimento que promove a identificação entre a pessoa respeitada e a que respeita. Nesse sentido, podemos compreender que a constituição da autoridade em um grupo está mediada pelo sentimento de respeito que por ela nutrem os demais membros do grupo, a partir da admiração.

Se a autoridade foi constituída com base exclusiva na hierarquia social ou institucionalizada pela sociedade, é grande a possibilidade de que o respeito estabelecido na relação seja unilateral e que a autoridade lance mão de sua superioridade hierárquica para impor sua vontade, seus valores e cobrar obediência dos subordinados. Insisto apenas que, de qualquer maneira, o temor que levará as pessoas a seguirem ou obedecerem esse tipo de autoridade, que denominamos autoritária, estará mediado também pela admiração e por algum tipo de afetividade. Se não houver a presença desses sentimentos, e a relação for baseada somente no medo da punição, o sujeito subordinado poderá até obedecer ao superior hierárquico, mas não o legitimará como uma autoridade que deve ser respeitada.

Com esse quadro podemos fazer relações novamente com a escola. Os professores e professoras são investidos pela sociedade de uma superioridade hierárquica. Creio que imbuídos dos instrumentos de poder que lhes são disponibilizados, alguns tentam constituir-se como autoridade cobrando obediência de seus alunos e alunas e impondo sua vontade e seus valores. O máximo que esses docentes· conseguem é constituir-se como autoridades autoritárias. Se perderem o amor e a admiração do alunado, não existirá mais respeito e poderão tornar-se alvo de violências e das mais variadas formas de agressões, desde a indisciplina até a apatia.

Outros professores e professoras, no entanto, apesar da superioridade hierárquica de que são investidos pela sociedade, obtêm o respeito e a admiração de seus alunos e alunas pelo prestígio e pela competência de seus conhecimentos. Se conseguem, além disso, estabelecer com os estudantes relações baseadas no respeito mútuo, sua autoridade será constituída de forma diferente. A autoridade fundada em relações de respeito mútuo e no prestígio obtido a partir da competência não necessita ser autoritária. Esse professor ou professora consegue estabelecer relações baseadas no diálogo, na confiança e nutrir uma afetividade que permite que os conflitos cotidianos da escola sejam solucionados de maneira democrática. A admiração que lhe é devotada pelos estudantes faz com que o medo presente na relação não seja o da punição, que passa a não fazer mais sentido, e sim na perda do respeito pela pessoa de quem gostam.

A construção da autoridade no cotidiano escolar

Para concluir esse texto, gostaria de apresentar algumas idéias baseadas em projetos de intervenção em escolas que venho desenvolvendo nos últimos três anos e que objetivam a construção de ambientes escolares democráticos. Uma escola democrática pressupõe relações em que os docentes se constituem como autoridade perante seus alunos e alunas mas, a partir do que foi discutido anteriormente, podemos entender que essa autoridade deve ser fundada no respeito mútuo, no prestígio e na competência profissional e não em relações autoritárias e de respeito unilateral.

Como construir esse tipo de autoridade nas relações entre docentes e estudantes? A proposta defendida nos projetos de que participo parte do princípio de que, para a construção de ambientes escolares democráticos, é urgente a transformação da realidade escolar e da forma com que se estruturam as relações interpessoais. A escola proposta não pode mais se limitar ao papel de transmissora dos conteúdos científicos e culturais acumulados pela humanidade. Ela deve se tornar mais interessante para os alunos e alunas que a freqüentam e os conteúdos precisam estar mais contextualizados em seu cotidiano e nas suas necessidades. Seu papel passa a ser mais amplo e pressupõe trabalhos que explorem e considerem a complexidade e a diversidade dos interesses da sociedade e de seus membros, com o objetivo não só de reprodução dos saberes acumulados mas também de transformação da realidade. A constituição da autoridade docente perante os estudantes de um mundo globalizado em rápida transformação solicita que essa escola seja diferente da que conhecemos.

Nesse sentido, a seguir, apresento alguns aspectos que considero relevantes para a constituição desse tipo de autoridade no ambiente escolar, consciente de que, por si só, eles não são suficientes para que a autoridade democrática se estabeleça. Por outro lado, tenho dados empíricos demonstrando que, se assumidos pela escola, auxiliam na transformação das relações entre seus membros e no reforço da autoridade docente:

• A construção de valores universalmente desejáveis

A concepção teórica de meu trabalho é o construtivismo. Assim, parto do princípio de que os valores morais não são nem ensinados e nem inatos no sujeito. Eles são construídos na experiência significativa que o sujeito estabelece com o mundo. Essa construção depende diretamente dos valores implícitos nos conteúdos com que o sujeito interage no dia-a-dia e da qualidade das relações interpessoais estabelecidas entre o sujeito e a fonte dos valores na sua vida.

A escola não pode trabalhar qualquer valor. Sua responsabilidade encontra-se em propiciar a oportunidade para que seus alunos e alunas interajam reflexivamente sobre valores e virtudes vinculados à justiça, ao altruísmo, à cidadania e à busca virtuosa da felicidade. Assim, valores calcados, por exemplo, na violência, no preconceito e na intolerância devem ser rechaçados. Se ela objetiva que seus alunos construam valores universalmente desejáveis, estes devem estar implícitos nos conteúdos abordados nas diversas disciplinas escolares e nas relações interpessoais que predominam na escola.

Para isso, é essencial a coerência dos docentes e da direção da instituição no sentido de respeitarem o princípio inerente aos próprios valores que estão sendo trabalhados. Essa coerência permite que ao mesmo tempo que construam seus valores e os integrem na sua personalidade, alunos e alunas estabeleçam identificação e admiração com sua fonte.

• Os conteúdos escolares

Um dos grandes problemas enfrentados pela escola nos dias de hoje é a inadequação dos conteúdos trabalhados nas diversas disciplinas da grade curricular. Uma visão mais crítica mostra que, de maneira geral, esses conteúdos estão dissociados da realidade e do cotidiano dos alunos. Isso, além de provocar a falta de interesse e comprometer o respeito dos estudantes pelos seus mestres, é uma das fontes para o grande problema de indisciplina que hoje assola as escolas. Um conteúdo em que o aluno não entende a função para o seu dia-a-dia, ou mesmo para sua vida, aumenta a probabilidade de apatia ou de manifestação das diversas formas de violência.

Creio que professores e professoras devem estar atentos para esse quadro e buscar trabalhar a partir de conteúdos que atendam de maneira mais significativa aos interesses dos alunos e das alunas. Nesse sentido, minha proposta é que incorporem em suas aulas os chamados "temas transversais" na educação, por meio da inserção de conteúdos mais voltados para o cotidiano dos alunos, como a saúde, a sexualidade, o meio ambiente, a afetividade e, principalmente, a ética.

Acredito que essa mudança terá influências nas relações interpessoais na escola. Sentindo-se atraídos por conteúdos mais interessantes, trazidos por seus professores e professoras, a escola será mais valorizada e respeitada.

• A metodologia das aulas

Incluir novos conteúdos na escola mas continuar preso a um modelo de transmissão do conhecimento, com aulas meramente expositivas, pressupondo um aluno passivo cujo papel na escola é o de mero receptor de conhecimentos que depois lhe serão cobrados nas avaliações, não contribui para a construção de sujeitos críticos e autônomos. A escola necessita trabalhar de maneira mais interessante os novos conteúdos descritos anteriormente.

A construção de uma nova realidade escolar pressupõe alunos ativos, que participam de maneira intensa e reflexiva das aulas. Sujeitos que constroem sua inteligência e sua personalidade pelo diálogo estabelecido com seus pares e com os professores e professoras. Esses objetivos podem ser atingidos incorporando metodologias mais dinâmicas para as aulas, promovendo discussões em grupo e solicitando reflexões críticas sobre os conteúdos abordados.

Em outras palavras, ao promover o diálogo e a reflexão, em aulas criativas e dinâmicas, professores e professoras poderão obter maior admiração por parte dos estudantes.

• O autoconhecimento

Entendo, como Puig (1998a), que a construção de consciências autônomas passa pela construção de processos de auto-regulação que permitam ao sujeito dirigir a própria conduta. Ao mesmo tempo, passa pela aquisição da sensibilidade necessária para perceber os próprios sentimentos e emoções morais. Nesse sentido, a tomada de consciência dos próprios sentimentos e emoções, assim como de seu papel no funcionamento psíquico, regulando juízos e ações, contribui para a construção de personalidades autônomas que tenham a capacidade de conviver dialógica e democraticamente com as diferenças de idéias e valores.

O professor ou professora pode promover trabalhos com esse objetivo em sala de aula. Além de fortalecer a auto-estima de seus alunos e alunas, contribuirá para que a escola atinja objetivos mais voltados para o cotidiano de seus alunos.

Caminhos para a autoridade democrática

Ao abordar a constituição da autoridade docente na instituição escolar decidi trabalhar com o sentimento de respeito e essa escolha não foi fortuita. O respeito, sendo um sentimento de natureza interpessoal, não pode ser considerado um sentimento privado. Mesmo quando sentido individualmente está referenciado externamente, em valores construídos na interação com a sociedade.

Isso é importante porque privilegiar esse sentimento não reforça a "tirania da intimidade", descrita por Richard Sennett (1988), que caracteriza o modelo cultural que predomina nas sociedades contemporâneas. Esse modelo valoriza as emoções privadas e o direito de os indivíduos não precisarem legitimar o domínio público. Assim, o importante nos dias atuais é a pessoa garantir sua liberdade íntima, satisfazer sua vida afetiva e desenvolver, por exemplo, suas "múltiplas inteligências". As conseqüências desse modelo? O reforço ao liberalismo e à anomia moral. De acordo com Costa (1999): *"Com as novas regras da livre concorrência, a insegurança da vida sentimental se estendeu à vida profissional. Qualquer parceria se tornou precária. A presença do outro não mais suscita apelo à colaboração, mas sim desejo de instrumentalização. Tornamo-nos uma multidão anônima, sem rosto, raízes ou futuro comum"*.

Para romper esse modelo cultural que a mídia vem *naturalizando* pode-se almejar a construção de modelos sociais mais cooperativos, que objetivam uma ética baseada em relações de respeito mútuo, solidariedade, justiça e respeito à diversidade. A identificação com esses valores, sua integração no núcleo central da personalidade de alunos e alunas e a admiração que podem construir por seus mestres, permitirão a constituição de autoridades mais democráticas, em contraposição às autoridades autoritárias tradicionais das instituições escolares.

Bibliografia

ARAÚJO, U. F. (1996a) Moralidade e indisciplina: uma leitura possível a partir do referencial piagetiano. In: AQUINO, J. G. (org.) *Indisciplina na escola: alternativas teóricas e práticas*. São Paulo: Summus.

_____. (1996b) O ambiente escolar e o desenvolvimento do juízo moral infantil. In: MACEDO, L. (org.) *Cinco estudos de educação moral*. São Paulo: Casa do Psicólogo.

_____. (1998) O déficit cognitivo e a realidade brasileira. In: AQUINO, J. G. (org.) *Diferenças e preconceito na escola: alternativas teóricas e práticas*. São Paulo: Summus.

_____. (1999) *Conto de escola: a vergonha como um regulador moral*. São Paulo: Moderna.

BLASI, A. (1995) Moral understanding and the moral personality: the process of moral integration. In: KURTINES, W. & GEWIRTZ, J. (eds.) *Moral Development: an introduction*. Needham Heights-MA: Allyn & Bacon.

BOVET, P. (1925) *Le sentiment religieux et la psychologie de l'enfant*. Neuchatel: Delachaux & Niestlé.

COSTA, J. F. (1999) Descaminhos do caráter. *Folha de S.Paulo*, 25/7/1999, 5:3.

DAMON, W. (1995) *Greater expectations*. San Francisco: The Free Press.

DE LA TAILLE, Y. (1996a) A indisciplina e o sentimento de vergonha. In: AQUINO, J. G. (org.) *Indisciplina na escola: alternativas teóricas e práticas*. São Paulo: Summus.

_____. (1996b) Moralidade e sentimento de vergonha. In: *Anais do IV Simpósio Internacional de Epistemologia Genética*, p.103-7, Águas de Lindóia-SP.

_____. (1998) *Limites: três dimensões educacionais*. São Paulo: Ática.

DOLLE, J. M. (1993) *Para além de Piaget e Freud*. Petrópolis: Vozes.

LEWIS, M. (1993) Self-conscious emotions: embarrassment, pride, shame and guilt. In: LEWIS, M. & HAVILAND, J. (eds.) *Handbook of Emotions*. Nova York: The Guilford Press.

PIAGET, J. (1954) *Intelligence and affectivity: their relationship during child development*. Annual Reviews, Palo Alto-CA (ed. USA, 1981).

_____. (1932) *O juízo moral na criança*. São Paulo: Summus.

PUIG, J. M. (1998a) *A construção da personalidade moral*. São Paulo: Ática.

_____. (1998b) *Ética e valores: métodos para um ensino transversal*. São Paulo: Casa do Psicólogo.

SENNETT, R. (1988) *O declínio do homem público:* as tiranias da intimidade. São Paulo: Companhia das Letras.

Autonomia e autoridade no construtivismo:
uma crítica às concepções de Piaget

José Sérgio F. de Carvalho*

O tema da autonomia, ligado ou não ao da autoridade do professor, parece ocupar um lugar bastante relevante na literatura educacional e nos discursos pedagógicos deste século. Sua presença é marcante, por exemplo, nos escritos de Anísio Teixeira, de Dewey e de Piaget, para citar alguns autores cujas obras tiveram bastante impacto nas teorias e discursos educacionais brasileiros. Em suas obras, a noção de autonomia aparece com pelo menos dois significados muito distintos, que exigiriam análises também elas bastante diferenciadas.

O primeiro desses significados, que ganhou ainda maior relevância depois da promulgação da nova LDB, diz respeito à autonomia da unidade escolar no planejamento e execução de suas tarefas. Os textos de A. Teixeira e Azanha, por exemplo, voltam-se exatamente para o esclarecimento do significado e para a discussão da pertinência de medidas que confiram à unidade escolar autonomia para o enfrentamento de seus problemas.

Um segundo uso educacional bastante corrente desse termo, mesmo que com escassa ou nenhuma ligação com o primeiro, diz respeito à autonomia como um ideal pedagógico de desenvolvimento de capacidades ou competências no aluno. Esse é o caso, por exemplo, de vários escritos educacionais de Piaget, bem como de outros autores identificados com o construtivismo. Neles não só o tema do desenvolvimento da autonomia aparece com freqüência, como se

---

* Filósofo e pedagogo. Mestre e doutorando pela Faculdade de Educação da USP, onde é professor de Filosofia da Educação. É também co-autor de *Indisciplina na escola:* alternativas teóricas e práticas (Summus, 1996) e *Erro e fracasso:* alternativas teóricas e práticas (Summus, 1998).

relaciona intimamente com o da autoridade do professor. E é exatamente neste último sentido, da autonomia concebida como um ideal de formação do aluno e suas relações com a autoridade do professor, que gostaria de concentrar minhas reflexões.

O fato de tomar como base as reflexões de Piaget sobre esses temas se deve a pelo menos duas razões. Em primeiro lugar, porque a repercussão de suas obras no Brasil tem sido bastante ampla. No meio acadêmico ela incentivou um enorme número de estudos que se propuseram a reformar as concepções e práticas vigentes entre os professores. No plano das políticas públicas de educação, os discursos construtivistas repercutiram até mesmo nas normas e programas oficiais, como os Parâmetros Curriculares Nacionais e as Diretrizes Curriculares aprovadas pelo Conselho Nacional de Educação, que fazem numerosas referências à sua obra e à perspectiva construtivista.

Por outro lado, é inegável que os discursos pedagógicos construtivistas não formam um conjunto homogêneo de concepções educacionais, mas antes se caracterizam justamente pela diversidade de perspectivas e aplicações escolares, embora alegadamente inspirados pela mesma teoria. Assim, ao recorrermos aos escritos pedagógicos do próprio Piaget, evitamos as infindáveis discussões sobre a legitimidade de algumas dessas aplicações pedagógicas, além de abordarmos concepções que, com maior ou menor ênfase, sempre parecem estar ligadas a algumas das principais tendências construtivistas.

Há pelo menos dois textos fundamentais de Piaget que abordam diretamente as possíveis relações entre sua teoria psicológica e os procedimentos didáticos para o desenvolvimento da autonomia moral: a conclusão da obra *O juízo moral na criança* e a conferência sobre *Os procedimentos da educação moral*.[1] Neles Piaget apresenta uma visão psicológica do desenvolvimento dos comportamentos e juízos morais na criança e, a partir dela, passa a discutir, criticar e sugerir métodos e procedimentos pedagógicos ligados aos problemas da autonomia e do papel do professor.

---

1. *Les Procédés de L'Éducation Morale*, conferência proferida em 1930, por ocasião do V Congresso Internacional de Educação Moral, em Paris, e publicada na obra *De La Pédagogie*. Paris, Odile Jacob, 1982, p.24-61. (Esta obra foi recentemente traduzida para o português e editada pela Casa do Psicólogo.)

Embora voltados para problemas específicos dessa área, suas críticas e sugestões ilustram de forma paradigmática os principais ideais didáticos veiculados pelo construtivismo e relativos aos problemas que gostaríamos de abordar. Nesse sentido, suas reflexões podem ser consideradas como modelos exemplares dos discursos construtivistas. A fim de comentar algumas dessas análises, críticas e sugestões de procedimentos educacionais, passaremos a apresentar um breve esboço de suas concepções acerca das relações entre o ensino escolar e a formação moral da criança.

Autonomia, heteronomia e os procedimentos da educação moral

Em sua conferência sobre os procedimentos da educação moral Piaget se propõe a analisar três tipos de problemas inter-relacionados:

- os objetivos da educação moral, que podem ser tanto o desenvolvimento de uma moral autônoma como o de uma moral da submissão;
- as técnicas e métodos pedagógicos empregados em instituições escolares, basicamente divididos entre "verbais" e "ativos"; e, por último,
- a extensão da aplicabilidade de suas conclusões e sugestões de procedimentos da educação moral, questionando em que medida elas se restringem simplesmente à formação do caráter ou são também extensivas a outras "virtudes intelectuais", como a autonomia de pensamento e a capacidade de descentração.

Em meio a todas essas variáveis, Piaget adota como princípio condutor de seu discurso a idéia de *"partir da própria criança e esclarecer a pedagogia moral através da psicologia moral"*, pois em sua visão *"sem uma psicologia precisa das relações morais das crianças entre si e da criança com o adulto, toda discussão sobre os procedimentos da educação moral permanece estéril[2]"*, daí a proclamada importância para a prática pedagógica de suas investigações empíricas acerca dos juízos infantis sobre temas relacionados à moral.

---

2. *Ibidem*, p.26.

Suas investigações a respeito da gênese e do desenvolvimento de comportamentos e juízos morais infantis foram realizadas a partir de entrevistas clínicas e de observações que incidiram sobre as relações entre crianças participando em jogos de regras, como os de bolinhas de gude, por exemplo. Nelas Piaget procura explicar a gênese e o desenvolvimento de vários aspectos da formação do comportamento e da consciência moral em função dos tipos de relações interindividuais que a criança constrói e mantém com seus pares e com os adultos ao seu redor.

Dentre a multiplicidade de tipos possíveis de relacionamento, seus textos apontam constantemente para a existência de dois padrões básicos de relações, que se combinam e coexistem nos adultos, mas que se sucedem nas etapas do desenvolvimento infantil e se instauram em diferentes contextos. São eles as relações de coação, fundadas no *respeito unilateral* e na *autoridade*; e as de cooperação, fundadas no *respeito mútuo* e na livre colaboração entre pares.[3] Como o próprio Piaget sintetiza em *O juízo moral na criança:* "*A sociedade é o conjunto de relações sociais. Ora, entre estas, dois tipos extremos podem ser distinguidos: as relações de coação, das quais o próprio é impor do exterior ao indivíduo um sistema de regras de conteúdo obrigatório, e as relações de cooperação, cuja essência é fazer nascer, no próprio interior dos espíritos, a consciência de normas ideais, dominando todas as regras. Oriundas dos elos de autoridade e de respeito unilateral, as relações de coação caracterizam, portanto, a maioria dos estados de fato de dada sociedade e, em particular, as relações entre a criança e seu ambiente adulto. Definidas pela igualdade e pelo respeito mútuo, as relações de cooperação constituem, pelo contrário, um equilíbrio limite, mais que um sistema estático*".[4]

O sentimento de dever advindo desse primeiro tipo de relação — definido como respeito unilateral — conduz a um tipo de moral qualificada como *heterônoma*, na qual as regras provêm do exterior e

---

3. Evidentemente trata-se de "tipos ideais", dos quais as relações podem estar mais ou menos próximas. Exemplos característicos desses dois tipos de relacionamento, segundo Piaget, seriam, respectivamente, as relações familiares, pautadas pela autoridade e pelo respeito unilateral, e as relações que as crianças constroem entre si nos jogos, pautadas pela reciprocidade e respeito mútuo.

4. Piaget. *O juízo moral na criança,* São Paulo, Summus, 1994, p.294.

são tidas como inquestionáveis. Por outro lado, o respeito mútuo presente nas relações de cooperação seria o responsável pelo aparecimento e desenvolvimento de uma moral *autônoma*, com regras interiorizadas e sujeitas ao debate e à eventual modificação. Em seus textos educacionais, contudo, Piaget ultrapassa o contexto original de suas investigações — a observação de jogos infantis e as entrevistas acerca de episódios envolvendo juízos morais — e passa a delas extrair uma teoria didático-pedagógica, especificamente voltada para a crítica e a prescrição de procedimentos de ensino em instituições escolares.

Ao abordar problemas escolares, seus textos freqüentemente partem de uma visão dicotômica das instituições escolares, classificando-as como "tradicionais" ou "ativas". Piaget considera as "escolas ativas" como as que melhor se ajustariam aos resultados de suas investigações em psicologia, já que seus procedimentos favoreceriam o desenvolvimento da autonomia moral e intelectual. Já as "escolas tradicionais", ao contrário, são descritas como aquelas cujos procedimentos, alegadamente fundados em práticas e concepções do senso comum, teriam como resultado mais comum o fortalecimento de uma atitude moral e intelectual heterônoma.

Essa dicotomia conceitual da qual Piaget lança mão para compreender as instituições escolares, bem como para expressar suas opiniões sobre as características e resultados de seus procedimentos correntes, acabou por se cristalizar também nos discursos educacionais brasileiros. Os Parâmetros Curriculares Nacionais, por exemplo, a ela fazem referência, utilizando os mesmos conceitos e "descrições", chegando, inclusive, a conclusões que são bastante semelhantes às de Piaget: "*A pedagogia tradicional é uma proposta de educação centrada no professor, cuja função se define como a de vigiar e aconselhar os alunos, corrigir e ensinar a matéria. A metodologia decorrente da tal concepção baseia-se na exposição oral dos conteúdos (...) A função primordial da escola, nesse modelo, é transmitir conhecimentos disciplinares para a formação geral do aluno (...) Os conteúdos do ensino correspondem aos conhecimentos e valores sociais acumulados pelas gerações passadas como verdades acabadas (...) e o professor é visto como a autoridade máxima, um organizador dos conteúdos e estratégias de ensino*".[5]

---

5. Brasil. Secretaria da Educação Fundamental. *Parâmetros curriculares nacionais: introdução*. Brasília, MEC/SEF, 1997, pp.39-40.

Assim, os discursos construtivistas parecem invariavelmente descrever a "escola tradicional" como centrada em um professor cuja aula se caracteriza pelo "verbalismo" e pela imposição de sua "autoridade". Por oposição a esses procedimentos e concepções, a "escola ativa" é descrita como centrada na criança, em seu desenvolvimento, interesses e perspectivas. Mas, não obstante a generalização do uso desses conceitos e dessa tipologia nos discursos educacionais, dificilmente poderíamos admitir que a noção por eles apresentada de uma "escola tradicional" corresponda a qualquer descrição relevante de práticas escolares concretas ou de concepções de ensino consideradas hegemônicas.

Na verdade, as pretensas "descrições" do que seriam a escola e as práticas tradicionais apresentam uma mera caricatura das instituições escolares. Elas são absolutamente incapazes, por exemplo, de distinguir entre os numerosos e diferentes recursos de que os professores, em suas ações concretas, lançam mão para expor, explicar, corrigir ou atribuir tarefas ao ensinar seus alunos. É pouco provável, por exemplo, que as práticas desses ditos "professores tradicionais", ao ensinar resolução de problemas matemáticos, regras de ortografia ou informações históricas, sejam sempre as mesmas e que a compreensão de seus atos e recursos possa ser lograda pela simples referência a conceitos vagos, como um pretenso "verbalismo" conjugado com a "autoridade de sua palavra".

Também parece-nos evidente que o grau de êxito alcançado por diversos tipos de professores igualmente qualificados como "tradicionais" tem sido muito variável, apresentando resultados bastante díspares. Atribuir tais variações às características pessoais e ao carisma dos professores exigiria uma investigação empírica, e não a sua simples enunciação, como bem o reconhece Piaget.[6] Dessa forma, ao unificar e rotular diferentes práticas como tradicionais, ao invés de criarmos certos parâmetros conceituais úteis para a compreensão de práticas e concepções de ensino, "apenas mascaramos aquilo que, de fato, é fundamental: o jogo das complexas relações sociais que ocorrem no processo institucional da educação. Muitas vezes, a descrição que fazemos desses objetos, em vez de revelar, obscurece o essencial. Não que por trás da realidade visível haja uma outra que

---

6. Cf. *Les procédés de l'éducation morale*, p.40.

não percebemos, mas porque somos incapazes de fazer incidir o esforço de descrição nos pontos de interesse".[7]

É interessante notar que Piaget, um autor cioso da observação empírica em psicologia, descreve práticas escolares que não correspondem a qualquer observação empírica minimamente sistemática que ele tenha feito, mas apenas refletem algumas impressões vagas e pouco consistentes. Suas descrições apresentam a sala de aula como se um professor se dirigisse simultaneamente a vários indivíduos, o que não resiste a uma breve análise. Um professor, mesmo quando recorre preponderantemente a uma exposição oral, dirige-se a uma classe, que com ele interage como grupo, ainda que eventualmente as práticas avaliativas da escola sejam individualizadas. Descrever a classe como uma somatória de indivíduos simplesmente porque a avaliação da aprendizagem tem como fonte a produção e o desempenho individual é, no mínimo, uma simplificação grosseira das relações institucionais, além de com freqüência resultar numa série de prescrições equivocadas e desorientadoras.

Um exemplo eloqüente desses equívocos resultantes da descontextualização dos problemas escolares e da simplificação conceitual dessa dicotomia são as visões do construtivismo piagetiano sobre o ensino moral, a autoridade do professor e as relações de respeito e dever no âmbito escolar. Partindo novamente desse contraste entre os "métodos orais tradicionais" e os "métodos ativos", Piaget chega a afirmar que *"todos os procedimentos orais aos quais fizemos alusão até aqui têm em comum o fato de suporem como única fonte de inspiração moral a autoridade do professor ou do adulto em geral: a lição é, em conseqüência, o lugar da divulgação da verdade pronta e a criança é coagida a recebê-la de fora. Queiramos ou não, os métodos orais repousam sempre sobre um fundo de respeito unilateral".*[8]

Assim, o ensino dos valores e condutas morais, pelo menos no âmbito das "práticas tradicionais" e verbais, é descrito como repousando fundamentalmente no *"respeito unilateral"* do aluno pelo professor, a exemplo das relações entre adultos e crianças em geral. Daí o fato de esse tipo de ensino ter como alguns de seus alegados resultados o cultivo e a persistência de uma moral heterônoma nos alunos:

---

7. Azanha, José Mário. *Educação: Temas Polêmicos*. São Paulo, M. Fontes, 1995, p.71.

8. *Ibidem*, p.42.

"Enquanto [no aluno da escola tradicional] *tudo reconduz à obediência e às virtudes a ela ligadas, isto é, à moral do respeito unilateral, naquele* [no aluno da escola ativa]*, ao contrário, a investigação escolar implica as mesmas qualidades pessoais e as mesmas condutas coletivas de ajuda recíproca, de respeito na discussão, de desinteresse e de objetividade que a pesquisa científica".*[9]

Assim, a escolha entre procedimentos "ativos" ou "tradicionais", estes sempre definidos como "verbalistas e centrados no professor", teria repercussões importantes na formação intelectual da criança. Enquanto os primeiros favoreceriam o exercício crítico e a fundamentação racional das escolhas dos alunos, os segundos levariam ou fortaleceriam uma formação moral e intelectual heterônoma. Por essa razão, Piaget sugere que os tipos de relações que as crianças e adolescentes estabelecem entre si por ocasião de seus jogos de regras, caracterizados pela autonomia e cooperação mútua, poderiam e deveriam progressivamente impregnar as relações escolares.

Seus ideais educacionais e didáticos parecem apontar, portanto, para a busca e o exercício da autonomia tal como esta se manifesta nessas relações não-hierarquizadas — como a dos jogos ou a pretensamente presente na comunidade científica[10] —, devendo esses modelos inspirar as ações de um professor nos vários âmbitos de seu ensino e da relação com seus alunos. A crença no valor educativo dessa forma de trabalho o leva, por exemplo, a prescrever diversas vezes o sistema de "autogoverno" (*self-government*) nas escolas, acompanhado por uma nova postura do professor em relação a seus alunos:

- *"A Segunda* [disciplina autônoma] *não deriva diretamente da primeira* [disciplina heterônoma]*. Ela supõe um conjunto de condições funcionais, toda uma atmosfera de atividade e interesse que só o "autogoverno" (self-government) pode realizar (...) Quem será o melhor cidadão ou o espírito mais racional e moralmente livre? Aquele que tenha ouvido falar, mesmo*

---

9. *Ibidem*, p.44.

10. É evidente que a visão que Piaget apresenta da comunidade científica é, na melhor das hipóteses, uma "ficção racional" e não uma descrição sociológica. De qualquer forma, mesmo que admitíssemos sua visão como correta a transposição dela — ou mesmo de sua idealização — continuaria padecendo dos mesmos problemas que apontaremos.

com entusiasmo, da pátria e das realidades espirituais ou aquele que tenha vivido numa república escolar o respeito à solidariedade e a necessidade da lei?"[11]

- *"Não acreditamos, com Durkheim, que caiba ao professor impor ou sequer 'revelar' a regra à criança. Abstenhamo-nos de fazer do professor um 'sacerdote': ele é um colaborador mais velho e, se tem envergadura para isso, deve ser simplesmente um companheiro para as crianças. Só então surge a verdadeira disciplina, consentida e desejada pela criança".*[12]

Assim, ao estender para o âmbito escolar as conclusões de suas investigações psicológicas acerca das relações interindividuais das crianças em situações de jogos de regras, Piaget acaba por sugerir procedimentos e relações que praticamente desconsideram as especificidades da educação em uma instituição escolar, que tem fundamentos hierárquicos e objetivos próprios, bastante distintos, aliás, dos contextos que o inspiraram. Nas instituições escolares a hierarquia não é fruto exclusivo ou preponderante das diferenças na faixa etária, como sugere o autor. Tanto é assim que a diferença hierárquica entre professores e alunos existe de forma bastante análoga em segmentos da escolaridade, como o ensino superior ou a educação de adultos, nos quais não necessariamente persiste uma diferença significativa de idade.

Uma das características peculiares dessa hierarquia própria às instituições educacionais, ignorada no construtivismo piagetiano, é o fato de que ela se funda na presumida posse, por parte dos professores, de certos conhecimentos, valores e práticas que integram o *"mundo escolar"*, assim como no presumido empenho destes em cultivá-los e transmiti-los às próximas gerações. Não se trata, portanto, de uma autoridade pessoal a coagir os alunos, nem tampouco de relações interindividuais abstraídas de um contexto singular. A autoridade do professor tem como fonte legitimadora não a sacralidade de sua palavra ou o fato de ele ser um adulto, mas deriva de sua responsabilidade social e pública por esse *"mundo escolar"*, do qual participa e no qual ele representa formas de conhecimento e critérios de

---

11. *Les procédés de l'éducation morale*, p.37.
12. In: *O Juízo Moral na Criança*, p.270.

valor publicamente estabelecidos: *"... o educador está em relação ao jovem como representante de um mundo pelo qual deve assumir responsabilidade, embora não o tenha feito e ainda que secreta ou abertamente possa querer que ele fosse diferente do que é. (...) Na educação, essa responsabilidade assume a forma de autoridade. (...) Embora certa qualificação seja indispensável para a autoridade, a qualificação, por maior que seja, nunca engendra por si só autoridade. A qualificação do professor consiste em conhecer o mundo e ser capaz de instruir os outros acerca deste, porém sua autoridade se assenta na responsabilidade que ele assume por este mundo"*.[13]

O reconhecimento dessas características específicas da hierarquia escolar não implica, contudo, que as relações nessas instituições se pautem necessária ou preponderantemente pela submissão dogmática à autoridade ou pelo *"respeito unilateral"*, tal como sugere Piaget. É evidente que, em certa medida, todo e qualquer processo educacional pressupõe algum grau de coação. Uma criança não escolhe ser ou não ser educada, assim como não escolhe qual será sua língua materna, até porque essa decisão já exigiria o domínio prévio de uma língua qualquer. Também a autonomia moral e o questionamento de certas perspectivas educacionais e valores nos quais fomos criados pressupõem uma capacidade crítica que, por sua vez, já é fruto de um tipo de educação à qual uma criança foi exposta sem uma escolha prévia.

Nesses casos, portanto, falamos sempre de um grau maior ou menor de autonomia de decisão, que não pode assim ser o ponto de partida, mas sim uma possível meta dos processos educacionais. Ainda assim, uma relação hierarquizada, como é a escolar, pode se pautar tanto pelo *respeito mútuo*, como pelo *respeito unilateral*, tanto pela *cooperação*, como pela *coação*, sempre em maior ou menor grau. Essa variabilidade nas formas e objetivos do ensino não decorre tampouco, tal como também sugere Piaget, da adoção de um conjunto específico e determinado de procedimentos didáticos e pedagógicos, mas reflete a diversidade de hábitos, atitudes e concepções educacionais de uma dada sociedade.

Assim, é perfeitamente possível que um professor empregue como principal recurso para a formação de seus alunos aulas exposi-

---

13. Arendt, Hannah. *Entre o passado e o futuro*. São Paulo, Perspectiva, 1978, p.239.

tivas e tenha com eles uma relação de respeito mútuo e de cooperação, sem que isso exija uma renuncia à autoridade institucional de que é investido. Aliás, embora seja possível que um professor ensine seus alunos sem que recorra ao respeito mútuo, não é possível que ele respeite seus alunos — pelo menos como *alunos* —, sem que os ensine e sem que seu ensino reflita as responsabilidades institucionais da instituição escolar, como o zelo pelos conhecimentos, pela hierarquia e pelos valores característicos dessa instituição social: *"O grande problema do professor, tal como nos sugere a estrutura triádica da noção de ensino, é reconciliar respeito pela criança e respeito pelo que está sendo ensinado. Felizmente não se trata de objetivos irreconciliáveis. Apresentar a uma sala de aula, por exemplo, uma imitação débil da ciência, querendo fazê-la passar por ciência, mas tendo como propósito real manter a classe entretida, significa não respeitar nem a ciência nem os alunos"*.[14]

O respeito de um professor por um aluno, portanto, não abole, mas incorpora as diferenças hierárquicas; não exige que ele renuncie à sua autoridade institucional, mas que ele a assuma em face do aluno e a derive dos valores que guiam as instituições que representa. As reflexões e sugestões de Piaget parecem, portanto, ignorar o caráter institucional dessa hierarquia, na qual professor e aluno ocupam lugares sociais distintos. Se não cabe ao professor ser um *sacerdote* a revelar verdades que dispensam sua justificativa racional, até porque tal atitude contraria os valores contidos na própria noção de "ensinar",[15] tampouco seu lugar deve ser o de um *colaborador mais velho* ou um *simples companheiro* a pactuar regras em um simulacro de

---

14. Passmore, John. *The philosophy of teaching*, Londres: Duckworth, 1982 p.24. O caráter triádico a que se refere o autor advém do fato de que sempre que usamos o verbo ensinar pressupomos que deve haver **alguém** que ensina **algo** a **outra pessoa**. É evidente que por vezes omitimos um desses elementos. No entanto, eles sempre estão presentes no contexto. Tanto é assim que seria absurdo alguém dizer que ensina crianças, mas não lhes ensina nada ou ainda que ensina matemática, mas que seu ensino não se dirige a ninguém.

15. Scheffler, por exemplo, pondera que o ensino, por oposição à doutrinação, implica que o professor apresente aos seus alunos as razões pelas quais ele crê que algo seja deste ou daquele modo. Assim, embora todo ensino busque modificar ou transmitir crenças, hábitos ou capacidades, nem todos os esforços nesse sentido podem ser classificados como ensino. Cf. *A linguagem da educação*. São Paulo, Saraiva/Edusp, 1974.

igualdade, como se as relações escolares fossem análogas aos jogos infantis que parecem ter inspirado Piaget em suas sugestões, ou ainda, que estas pudessem reproduzir suas idealizações sobre o funcionamento da comunidade científica e das instituições políticas democráticas.

Um claro exemplo do que seria a aplicação prática de suas concepções sobre essas relações é justamente sua sugestão de se fazer da escola uma instituição *"governada"* pelas crianças.[16] Esse tipo de procedimento, segundo alega o autor, seria o mais compatível com os ideais de uma progressiva autonomia moral e intelectual dos alunos, além de ser também a melhor forma de preparação para a cidadania, já que propiciaria às crianças a oportunidade de experimentar a gestão de uma instituição que lhes é comum, levando-as ao debate sobre toda sorte de decisões e procedimentos.

O ideal pedagógico do "autogoverno" dos alunos também teve uma repercussão considerável nos discursos educacionais brasileiros e foi, inclusive, fonte de algumas experiências práticas, como a dos ginásios vocacionais na década de 60. Não raramente aduziu-se a seu favor o mesmo argumento utilizado por Piaget, ressaltando-se que essa seria a forma mais efetiva de se formar cidadãos e de se democratizar a escola. Na verdade, a aceitação desse princípio tem sido com freqüência identificada automaticamente como uma visão educacional progressista e comprometida com a democracia, enquanto sua recusa como sinal de uma perspectiva educacional retrógrada.

Mas, em que pese a ampla aceitação desses princípios nos discursos pedagógicos, seus pressupostos parecem repousar sobre bases bastante questionáveis. Em primeiro lugar porque neles a noção de democratização da instituição escolar não é fruto de uma análise específica desse problema, mas funda-se no transporte mecânico e acrítico de certos procedimentos e conceitos típicos de outros tipos de instituição social. Uma escola pode ser, por exemplo, extremamente elitista em virtude de seus mecanismos seletivos de acesso e, ainda assim, recorrer a eleições e discussões que, na verdade, sim-

---

16. São várias as ocasiões nas quais Piaget se refere elogiosamente à idéia do *"self-government"* como um recurso pedagógico. Na coletânea de textos *De la Pédagogie* há, inclusive, um texto inteiramente dedicado a esse tema: Remarques psychologiques sur le self-government, de 1934.

plesmente simulam uma pretensa igualdade, como aliás sucedeu no caso dos ginásios vocacionais.

Por outro lado, esse simulacro de "gestão democrática" acaba tendo por efeito a simplificação da própria idéia de democracia, sugerindo que esta resulte não das condições sociais da vida pública, mas da reunião de personalidades democráticas, confundindo a noção da liberdade como condição política. Com a liberdade como atributo da vontade do indivíduo. Enfim, como destaca Azanha em um artigo bastante esclarecedor sobre essa polêmica: *"Imaginar que a vivência da liberdade no âmbito da escola capacite para o exercício da liberdade na vida pública é, de certo modo, deixar-se embair por um simulacro pedagógico da idéia de democracia. A liberdade na vida escolar, por ilimitada que seja, ocorre num contorno institucional que pela sua própria natureza e finalidade, é inapto para reproduzir as condições da vida política. A liberdade do aluno, ainda que subrepticiamente, é condicionada e dirigida por objetivos educacionais; no fundo é um* faz-de-conta *pedagógico, mesmo quando politicamente motivado"*.[17]

Mas a transformação das instituições educacionais em *"repúblicas escolares"*, como recomendam esses discursos, não só simplifica o problema da democratização da escola e a visão sobre a vida política, mas também descaracteriza a própria vida escolar. Na qualidade de membros de uma instituição escolar, assim como em uma família, os cidadãos têm papéis sociais distintos e ignorar a especificidade de cada contexto pode significar a abolição de procedimentos que presidem o funcionamento dessas instituições. A igualdade que pais e filhos eventualmente têm como cidadãos não pode ser transferida para o seio da instituição familiar, sob pena de os pais não cumprirem com suas responsabilidades. Analogamente, a igualdade do plano político democrático não pode ser transportada automaticamente para a escola, sob pena de esta se furtar a cumprir seus papéis fundamentais, inclusive com resultados eventualmente contrários aos ideais professados de construção da autonomia e cidadania. Como destaca Arendt, ao comentar os resultados desse tipo de conduta em algumas instituições escolares americanas, *"ao emancipar-se da autoridade*

---

17. Azanha, José Mário. Democratização do ensino: vicissitudes da idéia no ensino paulista. In: *Educação: Alguns Escritos*. São Paulo, Moderna, 1982, pp.39-40. (grifos do autor)

dos adultos, a criança não foi libertada, e sim sujeita a uma autoridade muito mais terrível e verdadeiramente tirânica, que é a tirania da maioria. (...) A reação das crianças a essa pressão tende a ser ou o conformismo ou a delinqüência juvenil, e freqüentemente é uma mistura de ambos". [18]

Assim, a eventual auto-regulação, mediante a cooperação e o respeito mútuo, observada por Piaget nas relações que as crianças estabelecem entre si nos seus jogos de regras, não se reproduz direta e automaticamente em outras relações, travadas em contextos bem mais complexos e abertos. Nelas a autoridade, inclusive da força física ou do prestígio social, de alguns alunos sobre outros pode mesmo converter-se em um exercício de poder despótico, ao invés de resultar na construção de relações de autonomia e reciprocidade. Ademais, a própria noção, subjacente a esse tipo de sugestão, de que a autonomia é um traço de personalidade constante, que se desenvolvido em um âmbito específico pode ser simplesmente aplicado a novos contextos bem mais complexos é, no mínimo, altamente questionável.

É absolutamente comum que uma pessoa demonstre autonomia em um determinado campo, mas não em outro. Uma pessoa autônoma em suas decisões no exercício profissional não necessariamente demonstra autonomia em outras esferas de sua vida, como a afetiva ou a política. Nesse sentido, é bastante questionável a noção de que a autonomia seja um traço psicológico individual, que possa ser estimulado em si e, em seguida, aplicado a novos contextos e relações. Na verdade, a autonomia que temos em um determinado campo não se separa do conhecimento que deles possuímos. O discurso pedagógico construtivista, contudo, parece insistir nessa idéia de construção de um "espírito autônomo", vendo-o como decorrente de certos procedimentos metodológicos fundados na ação e nas relações das crianças entre si: *"Os novos métodos, os métodos da atividade, insistem, ao contrário* [dos métodos tradicionais] *na relação das crianças entre si. O trabalho em grupos, a pesquisa conjunta, o self-government etc., implicam a cooperação em todos os domínios intelectuais e morais. Eis, portanto, onde está a solução. (...) O que devemos fornecer à criança é simplesmente um método, um instrumento psicológico fundado na reciprocidade e na cooperação. Mas apenas a*

---

18. Arendt, H. *Op. cit.*, pp.230-1.

educação nova que coloca em prática tais realidades e não se contenta em falar de fora está em condições de transformar assim a criança". [19]

A autonomia é, pois, apresentada como um instrumento ou traço psicológico do indivíduo, estimulada pelos "métodos ativos" e menosprezada nas práticas correntes das escolas. Por essa razão os discursos pedagógicos construtivistas têm-se proposto a reformar as práticas didáticas dos professores, sugerindo, por exemplo, que a eles não caberia "revelar" as regras constitutivas de uma área de conhecimento — seja ela qual for —, mas simplesmente propiciar às crianças oportunidades para que elas as descubram, por meio de suas próprias atividades e interesses. Postula-se, assim, que haveria uma certa incompatibilidade entre os procedimentos correntes de ensino de que se vale um professor, como as escolhas curriculares, exposições, exercícios, correções etc., e o desenvolvimento dessa autonomia intelectual nos alunos.

Ensino e autonomia intelectual

A análise do pressuposto construtivista de que o desenvolvimento da autonomia do aluno pode ser dificultado ou mesmo impedido pelos recursos correntes do ensino escolar esbarra na própria ambigüidade presente no uso que se faz desse termo nos discursos educacionais. Se recorrermos, por exemplo, à sua formulação mais corrente e clássica, desenvolvida na modernidade por Kant e aparentemente incorporada por Piaget,[20] a autonomia poderia ser definida como a capacidade de um indivíduo em orientar sua conduta de acordo com as leis e regras que ele dá a si mesmo, recorrendo para isso à vontade e à razão. É evidente, contudo, que assim formulada

---

19. L'évolution sociale et la pédagogie nouvelle. In: *De la pédagogie*, p.120. (grifos nossos)

20. Como destaca Dearden *"o uso corrente do termo autonomia na filosofia deve-se, sem dúvida a Kant. Segundo sua visão, um homem seria autônomo ao pautar suas ações pelas leis morais legisladas pela sua própria razão. Sem dúvida o emprego que Piaget faz do termo tem como fonte essa noção kantiana".* (Authonomy and Education, in: *Education and Reason*, Londres: Routledge & Kegan Paul, 1975, p.58.)

essa noção pouco esclarece o que poderia ser compreendido como o desenvolvimento da autonomia em alguns tipos específicos de conhecimento, competências ou capacidades que interessam à instituição escolar, como a autonomia no pensamento histórico ou nas capacidades de escrever, apreciar poesias ou resolver problemas aritméticos.

O que poderia significar, por exemplo, dizermos que um aluno desenvolveu satisfatoriamente sua autonomia no campo da expressão em linguagem escrita? Seguramente isso não significa que ele tenha desenvolvido "regras próprias" para a ortografia ou a sintaxe. Tampouco devemos entender a autonomia, neste caso, como a construção de conjunto de regras racionais cuja validade ou aplicação se dá em um campo estritamente individual. Ao contrário, as regras de ortografia, por exemplo, conformam-se a padrões bastante convencionais, cujos critérios de correção não podem ser formulados senão por referência a uma comunidade e a seus padrões de uso e valor.

Por outro lado, afirmar que um aluno tem autonomia nesse campo implica, de fato, que ele possua, pelo menos em termos práticos, a capacidade de usar de forma apropriada os recursos e padrões operativos da linguagem escrita. Reconhecer essa capacidade, no entanto, não implica afirmar que ele tenha plena consciência de regras, como as codificadas em uma gramática, por exemplo, que regem o padrão culto dessa linguagem. Tampouco significa que ele tenha informações teóricas acerca dos estilos e recursos de linguagem que usa. Usar competentemente uma metáfora não pressupõe o conhecimento do que vem a ser uma metáfora, nem a consciência de seu papel como uma figura de linguagem.[21]

---

21. Referimo-nos aqui à distinção, estabelecida por Ryle, entre os dois usos do verbo saber: *saber que* e *saber como*. Enquanto o primeiro indica a posse de uma informação, como *saber que* a metáfora é a atribuição de uma qualidade por analogia, o segundo uso refere-se à posse de uma capacidade, indicado por um verbo no infinitivo, como *saber utilizar uma metáfora*, que pode, mas não necessariamente decorre da posse de uma informação. Uma pessoa pode, por exemplo, *saber a fórmula de Báskhara*, mas não *saber resolver* equações ou o inverso. As relações entre esses dois tipos e usos do verbo *saber* são bastante complexas. O que nos interessa, no entanto, é que entre eles não há nem coincidência nem uma relação mecânica, no sentido que a posse de um implica a posse do outro. Cf. *El concepto de Mental*. Cap. 2, Buenos Aires, Paidós, 1962.

Assim, em uma primeira aproximação, poderíamos afirmar que o desenvolvimento em um aluno da autonomia no uso da linguagem escrita manifesta-se como uma capacidade, um *saber fazer*. Nesse caso, a autonomia significa a capacidade que um aluno pode vir a ter de se expressar relativamente bem dentro dos padrões lingüísticos de uma certa comunidade. Antes de analisarmos as relações que o desenvolvimento desse tipo de capacidade pode ter com o ensino, vale a pena fazer uma última observação acerca do tipo de capacidade envolvido na expressão em linguagem escrita. Trata-se do fato de que ela, assim como grande parte das capacidades desenvolvidas em disciplinas escolares, constitui um exemplo daquilo que Pasmore classifica como "capacidades abertas".[22]

Capacidades abertas, como escrever, falar uma língua estrangeira ou jogar xadrez caracterizam-se, dentre outros fatores, pela peculiaridade de que delas nunca podemos dizer que temos um domínio completo, pois sempre podem ser aperfeiçoadas ou melhoradas. Em se tratando de "capacidades fechadas", como a de contar, por exemplo, podemos dizer que uma pessoa tem ou não o domínio completo, enquanto no caso das "capacidades abertas", quando dizemos que alguém as possui, sempre temos em mente um determinado nível de excelência que permite comparações ou ainda um grau de domínio considerado adequado a um contexto ou expectativa.

Podemos dizer, por exemplo, que uma criança sabe ou não contar, mas não faz sentido dizermos que uma criança sabe contar "melhor do que outra". Por outro lado, quando dizemos que uma criança escreve muito bem, temos em mente a expectativa de um desempenho em relação a um certo contexto ou ainda o fazemos por comparação ao desempenho médio de seus colegas, afirmando, por exemplo, que ela escreve melhor do que eles.[23]

Assim, a autonomia de um aluno, no que diz respeito à sua capacidade de se expressar em linguagem escrita, parece significar

---

22. Cf. Pasmore, John. *Op. cit.*, capítulo 3.

23. É evidente que, nesses casos, o contexto é fundamental. Uma poesia muito bem escrita para um aluno da 5ª série não necessariamente será considerada uma boa poesia em um concurso literário. Um dos grandes problemas do ensino é justamente estabelecer o parâmetro do que é considerado como *saber escrever* ou *pensar historicamente*, no contexto e nas expectativas específicas do contexto particular de uma situação de ensino.

simplesmente que ele é capaz de operar com esse tipo de linguagem com um êxito relativo à sua escolaridade e às expectativas presentes em seu contexto. Eventualmente um professor pode inclusive considerar adequado que o aluno tenha consciência de algumas das regras que presidem a norma padrão culta dessa linguagem, até por considerar que esse conhecimento poderia talvez aumentar a sua autonomia. Contudo, é preciso ressaltar que, no caso do desempenho em capacidades abertas, as regras normatizadoras, como, por exemplo, as da gramática, jamais são suficientes para a excelência ou mesmo a autonomia no desempenho. E em vários casos, como no da capacidade de falar uma língua estrangeira, a consciência das regras normatizadoras nem sequer parece ser um requisito imprescindível para a posse de um desempenho autônomo. Tampouco nos parece que poderíamos dizer que a autonomia de um aluno seria seriamente prejudicada se a eventual consciência de algumas dessas regras fosse obtida pela sua apresentação por parte do professor e não por uma "descoberta pessoal".

Os discursos construtivistas alegam, no entanto, que a "descoberta" e formulação pelo próprio aluno das regras normativas que regem uma capacidade, como a de escrever, por exemplo, seriam a forma mais eficaz de ensino. É evidente que essa é uma questão empírica, à qual somente investigações sistemáticas e reiteradas poderiam lançar alguma luz. O mais provável, no entanto, é que, dada a diversidade daquilo que é ensinado, das formas pelas quais as pessoas aprendem e das formas pelas quais o ensino é ministrado com êxito, essa é uma questão que não parece permitir respostas que sejam simultaneamente úteis e generalizáveis. De qualquer forma, sua eventual veracidade não poderia ser "deduzida" das características do desenvolvimento psicológico, nem do conceito de autonomia aplicado ao contexto dos conhecimentos e capacidades escolares.

Em muitos sentidos esse exemplo parece ser válido também em outras capacidades ou conhecimentos em disciplinas alegadamente menos sujeitas a arbitrariedades convencionais. Afirmar que um aluno tem autonomia na resolução de problemas de física ou em seu raciocínio histórico, não significa necessariamente afirmar que ele recorra a dados ou conceitos que inventou ou mesmo descobriu por si só — ainda que eventualmente esse possa ser o caso —, mas apenas que ele é capaz de utilizar a linguagem e os procedimentos canonizados por essas áreas do saber, aplicando-os de forma adequada a problemas que lhes são propostos, por outros ou por si mesmo. Nesse sentido, portanto, a autonomia de um aluno, no âmbito das capacidades e conhecimentos escolares, parece significar sua crescente capacidade de assimilar informações, procedimentos e de desenvolver o discernimento e a escolha na sua utilização para a resolução de novos problemas ou a concretização de novas tarefas.

Se o que se pretende, pois, veicular com a noção de desenvolvimento da autonomia como um ideal pedagógico é que o ensino deva levar o aluno a ser capaz de criar soluções próprias para novos problemas, parece-nos que não há razão para se afirmar uma pretensa incompatibilidade entre procedimentos correntes de ensino e a busca de desenvolvimento da autonomia. Ao contrário, mesmo que nem sempre com êxito, boa parte das práticas escolares tem como objetivo exatamente esse tipo de possibilidade. Nenhum professor alfabetizador, incluindo aqueles que se valem do uso de cartilhas ou outros "métodos tradicionais", espera que seus alunos só sejam capazes de escrever as palavras que lhe foram ensinadas. Aliás, um professor só considera que, de fato, ensinou seu aluno a ler e escrever se ele é capaz de, por si só, ler e escrever palavras, frases e textos que nunca lhe foram ensinados, ou seja, se ele demonstrar autonomia em sua escrita.

Ainda que menos óbvio, e talvez por isso nem sempre tão claro nas concepções e práticas docentes, o mesmo poderia ser dito, por exemplo, da resolução de problemas matemáticos ou da capacidade de raciocinar filosoficamente. Só descrevemos um aluno como capaz de elaborar uma interpretação ou um raciocínio filosófico quando ele aplica em um novo contexto a capacidade que aprendeu a partir dos exemplos e exercícios anteriores, provavelmente apresentados e ministrados por professores. Um aluno que só seja capaz de repetir as operações matemáticas que lhe foram ensinadas ou descritas por um professor simplesmente não sabe resolver problemas matemáticos, embora provavelmente saiba repetir as informações que lhe foram fornecidas.

Nesse sentido, podemos concluir que, de fato, a autonomia nesses diversos campos de conhecimento exige que o aluno, por iniciativa própria ou por demanda escolar, procure imprimir a novos problemas ou desafios suas tentativas próprias de solução e procedimentos. Daí não se deriva, contudo, que o ensino guiado por um professor se constitua em um impedimento ou obstáculo para a realização desse objetivo, pois ao fornecer ao aluno certas regras ou procedimentos de uma disciplina não o impedimos de desenvolver sua autonomia, mas o ajudamos exatamente nesse sentido. Aliás, como destaca Ryle com muita lucidez: *"Existe uma idéia romântica um tanto generalizada de que ensinar às crianças a maneira de fazer coisas é travá-las, como se as atássemos em cordas. Não obstante, ter do ensino uma visão correta, é compreendê-lo como o treinamento pelo qual os alunos aprendem a evitar e reconhecer determinadas confusões, certos bloqueios, desvios e terrenos perigosos e movediços. Capacitá-los para que evitem dificuldades, desastres, incômodos e desperdício de esforços é* ajudá-los a mover-se em direção ao que desejam. *Os sinais de trânsito, em sua maioria, não impedem a corrente do tráfego; previnem os obstáculos que poderiam impedi-la. Certamente, ninguém ignora a existência de algumas maneiras disparatadas de fazer coisas, que os adultos transmitem às crianças, e às quais eles mesmos aderem. (...) Mas o pequeno incômodo de acatar* [certas regras ou métodos ensinados] *é irrelevante se comparado com a desvantagem que representaria para uma criança o absoluto desconhecimento de procedimentos de composição ou construção de orações, por exemplo"*.[24]

Assim, a alegada e relativa incompatibilidade entre o ensino ministrado pelo professor e o desenvolvimento de uma aprendizagem autônoma de conhecimentos, capacidades e competências de um aluno parece se sustentar em bases bastante frágeis e nem sempre refletidas. É muito possível que, uma vez mais, a própria descrição, apresentada pelo construtivismo, por ser extremamente simplificadora na compreensão dos recursos correntes de ensino de que se vale um professor, tenha tido uma influência decisiva nesse tipo de concepção educacional e de prescrição metodológica. Os discursos construtivistas descrevem uma aula expositiva consistindo eminentemente na simples transmissão de informações, o que parece estar bastante longe de uma descrição confiável das ações de um professor.

Ao dar uma aula, mesmo que preponderantemente expositiva, um professor faz muito mais do que transmitir informações. Ele demonstra, por exemplo, a seus alunos os procedimentos que utiliza ao resolver um problema, enfatizando com gestos, com sua voz, com a

---

24. Ryle, Gilbert. Teaching and Training. In: Peters (org.) *The concept of Education.* Londres: Routledge, 1967, pp.115-6.

escrita, certos aspectos por ele considerados relevantes. Ele corrige procedimentos ou informações equivocadas; chama atenção por atos ou palavras para, por exemplo, o gesto de sua mão ao escrever uma letra ou número; ele adverte seus alunos para certas armadilhas; enfim, os chamados "procedimentos verbais" de um professor fornecem ao aluno não somente informações, mas uma série de elementos constitutivos do conhecimento, capacidade ou habilidade que tenciona transmitir aos alunos.

Não estamos, com essas observações, sugerindo que os procedimentos didáticos correntes dos professores sejam suficientemente adequados a seus propósitos de ensino, que seus resultados sejam suficientemente bons, nem tampouco que não sejam passíveis de eventuais melhorias. Apenas gostaríamos de ressaltar que, se temos como objetivo reformá-los e a eles imprimir maior eficácia, o caminho que nos parece mais adequado é o de buscar compreendê-los em suas manifestações concretas, ou seja, a partir de estudos que incidam sobre as práticas correntes de ensino e suas relações e resultados na aprendizagem.

Nesse sentido, é preciso que levemos em consideração não um quadro caricatural das aulas, mas a complexidade dessas relações em uma instituição escolar, que nos fundamentemos não prioritariamente nas pretensas características psicológicas de um dos elementos envolvidos nessa relação, mas na própria dinâmica da cultura escolar gerada ao longo de nossas experiências históricas. Em síntese, o que urge salientar é que somente a partir de reflexões e investigações que tenham por objeto as instituições e práticas escolares poderemos obter alguma clareza sobre aspectos relevantes envolvidos nas relações entre o ensino, a autoridade do professor e o desenvolvimento da autonomia em um contexto escolar, livrando-nos, assim, de modelos transplantados e simplificados, que acabam por inibir a compreensão intelectual desses processos bem como sua eventual melhoria.

Bibliografia

ARENDT, H. (1978) *Entre o passado e o futuro*. São Paulo: Perspectiva.

AZANHA, J. M. (1995) *Educação: temas polêmicos*. São Paulo: Martins Fontes.

_____. (1982) *Educação: alguns escritos*. São Paulo: Moderna.

BRASIL. Secretaria da Educação Fundamental. *(*1997*) Parâmetros curriculares nacionais: introdução*. Brasília: MEC/SEF.

DEARDEN, R. F. (1975) Authonomy and Education. In: *Education and Reason*, Londres: Routledge & Kegan Paul.

PASSMORE, J. (1982) *The philosophy of teaching*. Londres: Duckworth.

PIAGET, J. (1994) *O juízo moral na criança*. São Paulo: Summus.

_____. (1982) *De La Pédagogie*. Paris: Odile Jacob.

_____. (1985) *Psicologia e pedagogia*. Rio de Janeiro: Forense.

RYLE, G. (1962). *El concepto de mental*. Buenos Aires: Paidós.

_____. (1967) Teaching and training. In: PETERS R. (org.) *The Concept of Education*. Londres: Routledge.

As transformações do final do século:
resignificando os conceitos autoridade e autonomia

Maria da Graça J. Setton*

Introdução

Esse artigo tem a intenção de refletir sobre os conceitos *autoridade* e *autonomia* tendo como paradigma a obra de Emile Durkheim, mais especificamente as lições sobre educação moral, escritas entre os anos de 1887 e 1902. Para desenvolvermos a discussão centraremos a análise, a partir do tema socialização, no perfil dos agentes institucionais que garantem a transmissão e a obediência a um conjunto de valores e normas de comportamento. Nesse sentido, destacaremos, mesmo que de forma breve, dois espaços de socialização tradicionalmente vistos como produtores de valores morais que sedimentam e estruturam as relações sociais: a família e a escola.

Para iniciar nosso debate seria oportuno perguntar qual a função primordial da socialização? Qual seu caráter e propósito? A resposta mais simples poderia ser sintetizada na afirmação: a socialização busca a construção de um ser social. Seu caráter é contratual, revestido de um forte conteúdo moral e ético pois implica a orientação segundo padrões de comportamentos definidos e legitimados *a priori*.

Entretanto, a socialização pode ser pensada sob dois pontos de vista. Ora, como imposição de padrões à conduta individual, sendo muitas vezes definida como processo de condicionamento e controle

---

* Professora, doutora da Faculdade de Educação — USP. Pesquisadora Naeg — Núcleo de Apoio aos Estudos da Graduação. Mestrado em Sociologia pela PUC-SP e doutora em Sociologia pela FFLCH-USP. Autora de "Os projetos de profissionalização dos estudantes da FFLCH-USP: algumas considerações". In: *Revista Avaliação*, Unicamp — 1999.

da sociedade sobre os indivíduos, ora como um processo de aquisição de conhecimento e aprendizado, interiorização de padrões de conduta que nos tornam mais humanos e civilizados. Dessa reflexão apreende-se a ambigüidade do processo de socialização, o caráter político e ideológico da formação das identidades sociais.

Embora saibamos que a socialização é um processo de modelagem dos sujeitos segundo as necessidades do ambiente a que pertencem, os agentes sociais não são passivos. A troca contínua de estímulos e mensagens entre os envolvidos, imprime ao convívio social uma relação de interdependência entre eles. Ainda que os mais velhos tenham uma certa autoridade moral em relação aos mais novos o processo de aprendizado se realiza a partir da reciprocidade entre os agentes. A troca constante, o estabelecimento de um pacto e o necessário respeito a seu funcionamento constituem-se em elementos determinantes da ordem social. É a partir da troca que os indivíduos objetivamente interagem com seus semelhantes realizando e concretizando uma vivência ao mesmo tempo construindo e realizando o mundo que os envolve.

Nas sociedades menos complexas a família e/ou a própria sociedade como um todo são responsáveis pela adaptação e pelo aprendizado. Cada qual à sua maneira vai em um processo contínuo transmitindo os valores e símbolos identitários. Desde os primeiros momentos da existência a relação de dependência do indivíduo com o grupo que o rodeia é fundamental. As sensações de ordem física bem como as de ordem emocional revestem-se, desde o início, de um caráter social. As primeiras experiências do indivíduo são intermediadas por um "outro significativo", o responsável pela sua introdução à ordem do mundo. Se o espaço de atuação dessas relações de dependência se dá inicialmente em um circuito microscópico, é sabido que mesmo essa pequena célula possui relações interativas, e determina-se a partir de uma sociedade mais ampla, o macrocosmo.

Sabe-se que a família é a primeira instância responsável pela socialização dos indivíduos. Sua estrutura triádica — pai, mãe e filho — possibilita o acesso da criança ao mundo social, bem como garante o sucesso desse empreendimento. É na família que aprendemos a nos identificar com o mundo exterior, querendo fazer parte dele, e assim participar ativamente de sua continuidade. É no espaço familiar que deparamos com as primeiras interdições e o respeito a uma autoridade. No entanto, paradoxalmente, é nela também que se desenvolvem os limites de nossa autonomia e liberdade.

A família é a primeira instituição que marca a passagem de ingresso ao primeiro pacto cultural que alicerçará os futuros pactos com outras instâncias sociais. A proibição do incesto corresponde à criação da lei da cultura. Ou seja, o indivíduo tem de renunciar à onipotência de seu desejo e ao princípio do prazer, adequando-se ao princípio da realidade. A obediência à primeira lei da cultura implica um pacto, uma aliança com seus representantes. De um lado, a criança e, de outro, na figura do pai, a sociedade. O pacto da lei da cultura implica uma mão dupla, um toma lá, dá cá. No mesmo instante em que o indivíduo renuncia, abdicando do seu desejo, ganha acesso à ordem da civilização. Ganha o direito de participar dela e das vantagens daí decorrentes. É nessa troca — indivíduo e sociedade — que o sujeito encontra os meios para respeitar o pacto estabelecido e sentir-se responsável por sua continuidade. Mais que isso, é na obediência que ele encontra a condição de sua autonomia e a conquista de sua liberdade. Os laços familiares, se bem atados, vão permitir a construção da autoridade fundada no pacto da cultura e a identificação do sujeito com a ordem social. A função paterna[1] é sinônimo de limite. A obediência é o começo da liberdade no sentido em que ela lança as bases para a participação do sujeito na vida social.

No entanto, ainda que a família ocupe um lugar fundamental na formação das disposições mentais e práticas dos indivíduos, a escola, como instituição específica da época moderna, aprofunda e consolida as determinações estruturais de herança familiar. É a instância responsável pela manutenção e reprodução da ordem social dando continuidade ao "contrato social". Para pensá-la vou me remeter ao dispositivo moral contido na obra de Durkheim pois trata-se de um clássico e nessa qualidade a atualidade de suas reflexões contribui para nossa discussão. Com a intenção de atualizar o debate sobre educação moral terei como referência o fenômeno da reflexividade vista segundo Anthony Giddens. Nosso objetivo é problematizar o discurso moralizante de Durkheim e verificar se ele ainda faz sentido para nossa época. O impacto das transformações da modernidade

---

1. É importante salientar que a função paterna é sempre representada pelo papel masculino. Pode estar presente na figura de seu representante, aquele que tem a capacidade de impor uma interdição.

impõe uma reflexão sobre os conceitos de autoridade e autonomia tal como proposto pela tradição pedagógica. É hora de dar novo sentido a esses conceitos e como educadores oferecer espaço para a sua realização.

O espaço escolar na obra de Emile Durkheim

A obra de Emile Durkheim foi largamente discutida e consagrou-se nos cursos de magistério tendo seu dispositivo pedagógico difundido-se por muitas gerações de docentes. Paradigmático na questão da educação moral, até hoje é considerado relevante nos meios educacionais. Quais os predicados da obra de Durkheim que o fazem estar presente nas reflexões sobre a prática pedagógica ainda hoje? Embora possamos nos perder na longa lista de qualidades de seu pensamento arriscamos o palpite que um dos motivos é a atualidade do debate da educação moral nos tempos modernos.

Durkheim é conhecido como sociólogo da ordem, pois toda a sua produção intelectual está voltada para as formas de integração e convívio social. Ou seja, preocupou-se em compreender quais os fatores que uniam e garantiam a interação das formações sociais.

Foi com essa preocupação que nos anos de 1887 a 1902, na qualidade de sociólogo, debruçou-se sobre a questão educacional, tendo sido um dos primeiros a teorizar sobre a função pedagógica e a função da instituição escolar.

Embora devamos estar atentos para reconhecer os limites de seu trabalho, é necessário entender seu pensamento a partir do contexto de uma época, do mal-estar social proveniente das rápidas e profundas mudanças da passagem do século. Vivendo desde a adolescência um período de reorganização social, num ambiente revolucionário e sombrio, teve oportunidade também de presenciar uma certa euforia com as promessas das inovações técnicas. Durkheim tem sua produção intelectual profundamente marcada pelo espírito de seu tempo, a consolidação da ordem moderna.

No que se refere às mudanças da esfera educacional, Durkheim preocupou-se com a proibição do ensino religioso nas escolas e a promulgação do chamado ensino laico, gratuito e obrigatório para crianças de 6 a 13 anos, em 1882. Para ele, o vazio deixado pelo ensino religioso deveria ser substituído pelo ensino da educação moral e cívica. Tinha uma concepção precisa sobre a educação. Educar,

74

segundo ele, constitui-se na prática de formar e cultivar os espíritos e o caráter dos indivíduos. A educação tem a função e a responsabilidade de proporcionar aos sujeitos a sua humanização, a realização de sua verdadeira natureza. É um projeto exterior, construído por toda a sociedade, mas que visa à modelagem interior dos agentes. O objetivo da prática educacional é, pois, transmitir um conteúdo moral — normas e valores — a fim de garantir a convivência social harmônica.

Durkheim dedicou-se à educação pois a considerava um veículo de socialização, uma ação dos mais velhos sobre os mais jovens, orientada para a criação de um "ser social". Mais especificamente, a educação da época de Durkheim respondeu a um ideal de homem, moderno, burguês, cidadão de uma República. Assim, é uma ação que representa um conjunto de instituições que se organiza lentamente como produto de uma atividade coletiva. Exprime o ideal, as preocupações, as necessidades de uma coletividade, produto de gerações anteriores, da história e cultura locais.

Dada a complexidade da vida moderna, Durkheim acreditava que a educação deveria desempenhar um duplo caráter. O primeiro, seria a transmissão de um conteúdo comum a todos os indivíduos a fim de garantir a comunhão de princípios da convivência social. O segundo seria a formação de indivíduos para ocupar a diversidade de posições na divisão social do trabalho. A função da educação pois, seria criar o espírito coletivo nos seres individuais. Para ele, o homem apresenta-se como uma tábula rasa. A esse ser anti-social deve-se imprimir um espírito moral e coletivo.

A educação moral

Para Durkheim, a moral ensina os indivíduos a dominar as paixões e instintos, privar e sacrificar seus interesses particulares em prol de interesses superiores, os da coletividade. A moral oferece um corpo de regras, uma disciplina interna que orienta os instintos, é obra coletiva, herança de várias gerações, e sua manutenção é resguardada pela vida social. A sociedade é a guardiã, a personalidade moral que assegura o aperfeiçoamento da humanidade. De acordo com Durkheim, a ação educativa que a sociedade exerce sobre os indivíduos não tem como objetivo comprimi-lo, diminuí-lo ou inferiorizá-lo, ao contrário, tem como projeto sua humanização.

A sociedade, representada pelo Estado, deve direcionar e orientar as regras que deverão ser transmitidas. A escola, segundo Durkheim, como espaço público, a serviço de toda a sociedade, garantiria a comunhão de ideais, o fortalecimento do espírito coletivo e comunitário. Durkheim considerava que as transformações sociais responsáveis pelo novo modelo societário poderiam, aos poucos, comprometer a coesão social moderna. Assim, acreditava ser preciso educar as novas gerações no sentido de salvaguardar a solidariedade social. A divisão do trabalho, a secularização e o abrandamento dos laços tradicionais do parentesco faziam parte de uma tendência sem volta. Daí a necessidade de incentivar a instituição escolar como espaço de aprendizado de um convívio social.

Durkheim tem um objetivo preciso quando se debruça sobre a prática educativa. Acredita ser ela um veículo de integração social. Mais do que isso, defende a educação moral laica, pois esta recusa os princípios religiosos se apoiando em idéias, sentimentos e práticas sujeitas à jurisdição da razão, uma educação puramente racional. Não obstante, salienta a necessidade de assegurar um único princípio da educação religiosa, o caráter de sua inviolabilidade. Laicizar a educação, para Durkheim, não era apenas retirar seu conteúdo religioso. Era preciso, mais do que isso, resguardar a idéia de sagrado e divino. A autoridade dos postulados da educação moral racional deveria manter-se inquestionável.

Os três elementos da moralidade

Para dar continuidade à discussão sobre educação moral, Durkheim dedica-se a encontrar as disposições fundamentais, e o estado de espírito que constituem a raiz da vida moral. Disposições essas que, uma vez criadas, orientam para a interiorização e prática da moral. Segundo Durkheim, a moralidade constitui-se de três elementos fundamentais, a disciplina, a adesão aos grupos sociais e a autonomia da vontade.

A moral é um conjunto de regras de ação que predetermina a conduta. Ela aponta a forma como devemos agir em dadas circunstâncias, implica a inexistência de deveres, mas sim um dever único, uma regra única que nos serve de diretriz. Tende a regularizar as ações humanas e pressupõe a aptidão para repetirmos os mesmos atos em idênticas circunstâncias. As regras não são uma simples forma de agir habitual, elas vêm do exterior e não podemos modificá-las segundo as nossas vontades. Há algo nelas que oferece resistência, que nos coage e constrange. A idéia de regra, portanto, encerra uma noção que transcende a idéia de regularidade. Ela nos remete à noção de autoridade. Por autoridade entende-se um poder que sobre nós tem forte reconhecimento superior. Por sua força e legitimidade agimos conforme está prescrito.

Para Durkheim, a relação entre a regularidade de um comportamento regido pelas regras morais e a autoridade que elas nos impõem faz surgir o primeiro elemento da moralidade, a disciplina. Esta tem a função primordial de determinar a conduta, fixá-la para longe do arbítrio individual. A disciplina é o dispositivo que o educador deve incentivar no comportamento dos indivíduos pois assegura os limites das vontades individuais. Garante a ordem diante das paixões humanas em prol da continuidade e respeito à vida social. O controle dos impulsos egoístas é a função primordial da educação.

Além de garantir a disciplina individual, a moral tem a responsabilidade de assegurar o vínculo dos indivíduos a um ou a vários grupos sociais. A moral tem a função de salvaguardar as formações sociais do perigo da desagregação. Para a manutenção da ordem, as instituições da sociedade revestem-se de autoridade cobrando dos indivíduos respeito às regras do convívio. A autoridade, de acordo com Durkheim, é um caráter real ou irreal de que uma entidade se encontra investida, e basta que os sujeitos a considerem dotada de poderes superiores àqueles que a si próprio atribuem. Segundo suas palavras, *"Sempre que tomamos uma resolução, para sabermos como agir, há em nós uma voz que fala e nos diz: 'eis o teu dever!'. E quando faltamos a esse dever, que assim nos foi apontado, a mesma voz faz-se ouvir, e protesta contra o nosso ato. Pelo tom de comando com que ela nos fala, sentimos bem que ela deve emanar de um ente que nos é superior: mas nisso não vislumbramos com clareza quem é e o que é esse ente (...) Quando a nossa consciência fala, é a sociedade que fala em nós (...) Mas há mais: a sociedade é não somente uma autoridade moral, como, segundo tudo leva a crer, é o modelo e a fonte de toda autoridade moral"* (Durkheim, 1974, p.193).

"Só a sociedade encontra-se acima dos indivíduos. É pois dessa mesma sociedade que emana toda a autoridade. (...) ela (a sociedade) sempre se afigurou aos homens, como dotada de uma espécie de transcendência ideal; sentimos que ela pertence a um mundo que nos

*transcende, e foi isso que induziu os povos a verem nela a palavra e
a lei de uma potência sobre-humana." (Durkheim, 1974, p.195).*
*"O que é realmente a disciplina, senão a sociedade concebida como
se nos comandasse, se nos ditasse as suas ordens, se nos desse as
suas leis? E, no segundo elemento, na adesão ao grupo, é ainda a
sociedade que vamos encontrar, mas concebida agora como uma
realidade boa e desejada, como um objetivo que nos atrai, como um
ideal a realizar"* (Durkheim, 1974, p.196).

Durkheim apóia-se na idéia de que o indivíduo moralizado é o que
respeita inquestionavelmente as regras impostas pela sociedade. É o
sujeito que se coloca em uma situação passiva de aceitação e submissão
diante dos ditames da ordem social. A vontade particular é arbitrária e
põe em risco a organização e o funcionamento dos grupos. Portanto, o
caráter moral dos sujeitos é visto positivamente. A educação moral deve
ser introduzida nas escolas para incentivar nos jovens grandes objetivos
coletivos, ideais sociais comuns que garantam o interesse de uns pelos
outros. Em outras palavras, a educação moral implica o segundo elemento da moralidade, a adesão aos grupos sociais.

Finalmente, a autonomia, terceiro elemento da moralidade, vem,
segundo Durkheim, equilibrar a condição de passividade imposta
pela obediência cega às regras do social.

*"Ora, esta passividade encontra-se em contradição com uma
tendência atual, cada dia mais forte, da consciência moral. Com
efeito, um dos axiomas fundamentais da nossa moral, poderíamos
mesmo dizer, o axioma fundamental, é que a pessoa humana é a
realidade sagrada por excelência: é que ela tem direito ao respeito
que o crente de todas as religiões reserva para seu deus (...) Em
virtude deste princípio, qualquer intromissão no nosso foro íntimo se
nos afigura imoral, já que tal intromissão é uma violação feita à
nossa autonomia pessoal. Hoje em dia, toda a gente reconhece, pelo
menos teoricamente, que nunca uma determinada forma de pensar
nos deve ser imposta obrigatoriamente, ainda que em nome de uma
autoridade moral"* (Durkheim, 1974, p.211).

Praticar um ato moral implica sermos livres sem qualquer
espécie de pressão. Não somos livres se não desejamos as regras
que obedecemos. A consciência moral deve ser aceita e amada
livremente pelos sujeitos para garantir-lhes autonomia. O pensamento racional é a condição de aceitação das regras sem ferir o

princípio da autonomia. No entanto, não agimos apenas sob a influência da razão. Não somos seres puramente racionais, somos igualmente seres sensíveis. Entre a lei da razão e a faculdade sensível, existe um verdadeiro antagonismo e, por conseguinte, a primeira impõe-se à segunda pelo constrangimento. Um permanente conflito se travará entre essas duas partes, mas a tendência é a harmonia, já que ao compreender a disciplina e a autoridade como elementos benéficos para o funcionamento da ordem social conformamo-nos com elas. Segundo Durkheim sujeitamo-nos à moral, pois racionalmente compreendemos a sua necessidade. O consentimento esclarecido é o princípio da autonomia moral, o pensamento libertador da vontade individual arbitrária.

O mundo contemporâneo

Existe um certo consenso de que esse século foi palco de profundas transformações. Anthony Giddens, especialmente, considera a realidade da modernidade a partir de três critérios específicos: as novas redefinições das noções de tempo e espaço, os mecanismos de desencaixe e, por último, o fenômeno da reflexividade.

Para Giddens a separação tempo e espaço é crucial para o extremo dinamismo da sociedade, pois ela é responsável pelo desencaixe, o deslocamento das relações sociais de contextos locais de interação e sua reestruturação mediante extensões indefinidas de tempo/espaço (Giddens, 1994).

Vivemos em um mundo descontextualizado, cujos espaços de convivências e integração, tanto materiais quanto simbólicos, não se reduzem ao aqui e agora. Várias instituições sociais emergiram concomitantemente à realização desse novo modelo de interação. O avanço tecnológico, o rádio, a TV, os computadores são novos mediadores dessa ordem social. Sabemos o que se passa, comunicamo-nos com o mundo exterior distante de nosso ambiente mais próximo de forma contínua, acelerada, sem precisar necessariamente tocar, estar frente a frente com o sujeito de intenção. Em uma situação de modernidade, uma quantidade cada vez maior de pessoas vive em circunstâncias nas quais instituições desencaixadas, ligando práticas locais a relações sociais globalizadas, organizam os aspectos principais da vida cotidiana.

Nesse cenário, a noção de confiança é então reformulada, passando a ter dois sentidos. Uma, presa a uma rotinização, aos aspectos familiares de ajuste, e outra, que remete aos sistemas peritos.[2] Muitas de nossas decisões se pautam segundo critérios que foram decididos e organizados por círculos distantes de nós. Conhecimentos técnicos e específicos de várias ordens estão permeando nossas ações, opções e práticas. Passamos a pautar nossa conduta a partir de conhecimentos com origem em discussões das quais não participamos e nem teríamos condições de participar. Estão em um nível de elaboração com o qual, como leigos, não poderíamos contribuir. Apenas assumimos e respeitamos o caráter legítimo que esses sistemas adquirem na sociedade como um todo. Os riscos de uma tomada de posição são imponderáveis. As discussões, críticas e controvérsias são múltiplas.

Nesse sentido, o caráter transitório dos conhecimentos é um elemento-chave para nossa reflexão sobre autoridade e autonomia como educadores. Vivemos em um mundo com uma variedade crescente de instituições produtoras e promotoras de saberes, valores e comportamentos. O ritmo das mudanças tecnológicas, a atitude de reserva e de defesa dos indivíduos, o não envolvimento com questões que nos rodeiam levam a um isolamento de experiência, levam a transformações na intimidade, nos contatos com nossos semelhantes mais próximos. As influências antigamente generalizadas de agentes solidamente constituídos como a tradição (nos papéis da família e da escola) passam aos poucos a ser fragmentadas e dispersas.

O caráter transitório das relações, dos papéis sociais, das instituições sociais deixa espaço para uma liberdade de ação dos indivíduos. No entanto, ao mesmo tempo em que confere maior margem de escolhas, maior flexibilidade nas relações, mais referências identitárias, acrescenta, simultaneamente, mais insegurança, mais riscos e mais responsabilidade.

Entramos, aí, na esfera do fenômeno da reflexividade como importante componente para se pensar as noções de autoridade e autonomia. Para Giddens, a reflexividade pode ser vista a partir de duas leituras que se completam. Em primeiro lugar, como processo de

---

2. Para Giddens, sistema perito é um conjunto de práticas e conhecimentos fundamentados em áreas de especialização profissional tal como a medicina, a economia ou a pedagogia.

orientação das práticas a partir de referências externas, mas mediadas pela avaliação e reflexão individual. Em segundo, como busca de uma autocompreensão, de uma leitura mais introspectiva sobre nossas condutas, representações e imagens.

Nas sociedades tradicionais a ação era orientada em uma única direção, com estreita margem de desvio. Nas sociedades modernas o sentido da ação é mais difuso, variado e sujeito a mudanças de rumo. A reflexividade nas sociedades pré-modernas estava limitada à reinterpretação e esclarecimento das tradições. Com o advento da modernidade a reflexividade assume uma outra dimensão. A rotinização da vida cotidiana não tem nenhuma conexão intrínseca com o passado, exceto na medida em que o que foi feito antes por acaso coincide com o que pode ser defendido de um modo probo à luz do conhecimento renovado. Não se sanciona uma prática, não se obedece a uma autoridade por serem tradicionais, a tradição só se justifica à luz do conhecimento e da reflexão.

Importante ressaltar que a reflexividade implica a tendência a um processo de introspecção, a busca do mundo interior. Aumento da autonomia dos indivíduos, maior responsabilidade diante das suas escolhas. A variedade de instituições com competência e autoridade distintas, a circulação de modelos de conduta, a redefinição das funções das instituições tradicionais caminham junto com a mudança de sentido de nossas ações.

A educação moral reflexiva

O impacto das três forças da modernidade — a separação tempo/espaço, os mecanismos de desencaixe e a reflexividade institucional — força-nos a repensar os sentidos dos conceitos de *autoridade* e *autonomia*.

A reflexividade moderna consiste no fato de que as práticas sociais são freqüentemente examinadas à luz de informações renovadas sobre essas práticas, podendo alterar sempre seu caráter. O que é característico da modernidade não é uma adoção do novo por si só, mas a suposição da reflexividade indiscriminada. Ela é introduzida na base da reprodução do sistema. Não se aprova uma ação ou prática, não se obedece a uma autoridade porque ela é tradicional, mas, sim, pelo conhecimento de suas razoabilidades.

A diferença está em que numa situação de modernidade a reflexividade faz parte intrínseca das ações, práticas e consciências. A reflexividade do moderno implica que as ações são constantemente minadas e reformuladas à luz de novas informações, alterando assim, continuamente, o seu caráter e sentido. Na modernidade a revisão das convenções é radicalizada em todas as esferas e instâncias de nossas vidas.

O conhecimento, a competência, a autoridade estão sempre sujeitos a revisões. Nesse sentido, a reestruturação institucional pela qual os agentes socializadores tradicionais estão passando impõe uma instabilidade e insegurança em relação às nossas condutas, respostas e representações em relação a elas.

A autoridade familiar, como primeira forma de respeito a uma instância ligada à tradição, vem sendo questionada pois não está imune ao ambiente moderno. A reestruturação familiar, conseqüência da reorganização dos papéis, é responsável por um período de redefinição das posições de autoridade. O modelo familiar já há algumas décadas está vivendo transformações graduais, mas extremamente profundas, uma vez que a inserção da mulher no mercado de trabalho e o aumento dos índices de separação de casais fazem emergir um novo padrão de convivência e referências identitárias. Embora o pacto cultural estabelecido pela lei do pai, tal como a teoria psicanalítica coloca, continue sendo paradigmático, a estrutura familiar e a função paterna passam por um período de remodelação.

No que se refere ao espaço escolar, observamos semelhante reestruturação. Visto anteriormente como lugar de transmissão de conhecimento, veículo do progresso social e da emancipação humana, hoje a escola encontra-se em crise institucional. O modelo econômico não oferecendo oportunidade de escoamento de mão-de-obra diplomada apta para ingressar no mercado de trabalho, contribui para o questionamento das funções escolares. Um saber anacrônico e imediatista não contribui para a formação de indivíduos livres e autônomos. Ao contrário, reproduz a massa de sujeitos voltados para uma profissionalização que pouco se realiza. Se, anteriormente, a escola era vista como a detentora das informações, responsável pela transmissão de conhecimentos, hoje sabemos que ela está em desvantagem em relação à mídia ou à Internet. A função da escola atual está ainda por ser definida.

Sabemos, também, que o modelo escolar atual inspirado no dispositivo pedagógico de Durkheim choca-se frontalmente com o contexto moderno. A educação moral que defende, baseada no incentivo à disciplina e no gosto à obediência, uma autoridade inquestionável exterior e deificada, reforça a construção de indivíduos passivos, pouco reflexivos, orientados a acatar ordens alheias não elaboradas por eles mesmos mas por instâncias superiores. Dispositivo disciplinar que contribui para a formação de sujeitos não-conscientes de suas responsabilidades. Pouco crítica, essa prática pedagógica só faz alimentar o distanciamento dos indivíduos e as instituições socializadoras. A deificação da autoridade das instâncias tradicionais, como entidades acima dos sujeitos individuais, leva a uma compreensão equivocada da realidade social. A reificação dos fatos morais, dos costumes e instituições produtoras de valores acaba por deixar pouco espaço à ação individual, à emancipação e a um projeto reflexivo de construção do social pelos indivíduos. A escola de hoje precisa ser pensada sob a ética da reflexividade moderna.

A reflexividade da modernidade implica a contínua geração de um autoconhecimento sistemático, um pensamento mediando as práticas e representações dos indivíduos sobre si e suas relações com os outros e as instituições que os rodeiam. A confiança e a segurança não derivam de conexões personalizadas no interior da comunidade local e/ou nas redes de parentesco. As relações pessoais e institucionais tornam-se um projeto a ser trabalhado pelas partes envolvidas e requerem a abertura do indivíduo para o outro. Onde ela não ocorre espontaneamente tem de ser ganha, e o meio é uma educação moral reflexiva. Relacionamentos são laços baseados em confiança, que não são dados *a priori*, mas trabalhados, tiveram origem em um processo mútuo de auto-revelação. Um projeto reflexivo de construção da convivência civil.

Não obstante, acreditamos, tal como Durkheim, que a escola é um espaço privilegiado de construção de uma experiência prática de uma educação moral reflexiva. Pode ser a instância de produção da convivência civil, espaço criador de personalidades comprometidas com a organização do coletivo. Lugar de tensão e conflito, é necessário que seja também a instituição promotora da tolerância e do respeito mútuos. Reduto de resistência, produtora de pensamentos críticos, é sobremaneira o *locus* da difusão da reflexividade.

Bibliografia

DURKHEIM, E. (1974) *Sociologia, educação e moral.* Livro Segundo, Portugal: Rés Ed. Ltda.

FAUCONNET, P. (1978) Um estudo da obra de Durkheim. In: *Educação e sociologia.* São Paulo: Melhoramentos.

FERNANDES, H. R. (1994) *Sintoma social dominante e moralização infantil.* Ensaios: Sociologia e Psicanálise. São Paulo: Escuta/Edusp.

FIGUEIRA, S. A. (1992) A família de classe média atual no Rio de Janeiro: algumas considerações. In: *Psicologia USP — Família e Educação —,* v.3 n. ½.

FREITAG, B. (1989) A questão da moralidade: da razão prática de Kant à ética discursiva de Habermans. In: *Tempo Social,* Revista Sociologia, São Paulo: USP, 1 (2):7-44, 2º sem.

GIANNOTTI, J. A. (1971) A sociedade como Técnica da Razão. Um Ensaio sobre Durkheim. *Estudos* 1, São Paulo: CEBRAP, pp.47-98.

GIDDENS, A. (1972) *Capitalismo e moderna teoria social — uma análise das obras de Marx, Durkheim e Max Weber.* Portugal: Editorial Presença, Brasil: Martins Fontes.

_____. (1994) *Modernidade e identidade pessoal.* Portugal: Celta Oeiras, Introdução.

_____. (1997) *Política, sociologia e teoria social. Encontros com o pensamento clássico e contemporâneo.* São Paulo: Ed. Unesp.

LUKES, S. (1977) Bases para a interpretação de Durkheim. In: *Sociologia: para ler os clássicos.* São Paulo: Livros Técnicos e Científicos, Gabriel Cohn (org.).

NISBET, R. (1969) *La formación del pensamento sociológico.* Buenos Aires: Amorrortu Ed.

ORTIZ, R. (1989) Durkheim: arquiteto e herói fundador. In: *Revista Brasileira de Ciências Sociais,* n.11, v.4, out.

PELLEGRINO, H. (1983) Pacto Edípico e Pacto Social — da gramática do desejo à sem-vergonhice brasílica. In: *Folhetim,* 11 de setembro.

PIZZORNO, (1977) Uma leitura atual de Durkheim. In: *Sociologia: para ler os clássicos.* São Paulo: Livros Técnicos e Científicos, Gabriel Cohn (org.).

RODRIGUES, J. A. (1978) *Durkheim.* São Paulo: Ática.

Por uma vara de vidoeiro simbólica

Maria Cristina M. Kupfer*

Quem duvidava da autoridade do professor de uma *schola* medieval? Nas gravuras que representam as escolas daquele período, o professor comparece sempre armado de um feixe de varas de vidoeiro, "emblema dos professores durante muitos séculos", e de um livro (Manguel, 1997, p.95). Fazia emanar sua autoridade do encontro entre a lei (representada pela vara) e o desejo (representado pelo livro), e ninguém levantava a voz contra essa vara, ou as que vieram depois, como a palmatória e a vara de marmelo. Não que a queiramos de volta, mas o fato é que tinha a função perfeitamente clara e eficaz de tornar presente a lei. Sobre essa vara, podia apoiar sem nenhum malabarismo a sua autoridade, bastando para isso brandi-la diante de alunos assustados e silenciosos. Essas varas e seus sucedâneos — um olhar gélido que petrificava imediatamente o aluno, um apelo ao diretor, uma ameaça de reprovação, a regra de fazer os alunos levantarem quando entrava o professor — sustentaram, até há bem pouco tempo, a autoridade do professor.

Essa autoridade, firme como um rochedo nos tempos das *scholae* medievais, está hoje sabidamente fraturada. Passados alguns séculos, as varas e os olhares gélidos já não produzem efeito algum. No entanto, tinham seu lugar no desenrolar de um processo de ensino, pois não há desejo sem lei, nem lei sem desejo. O problema em que temos de nos deter, então, é o de como garantir que não se perca essa

---

* Professora livre-docente do Instituto de Psicologia da USP, psicanalista. Autora do livro *Freud e a Educação: o mestre do impossível*, editado em 1989 pela Scipione.

articulação entre o desejo e a lei na escola contemporânea sem trazer de volta a vara de vidoeiro. Mas propondo, em seu lugar, uma vara de vidoeiro simbólica.

A instituição do *socius*

Um pequeno passeio pelos chamados textos sobre a cultura escritos por Freud nos ensina a respeito do lugar da Lei na fundação da civilização e o conseqüente surgimento de um sujeito que, em razão da própria proibição levantada pela Lei, deseja. Em *Totem e tabu*, Freud (1973/1912, p.13) indica que o surgimento da civilização ou da cultura advém do estabelecimento de uma Lei formulada em decorrência do assassinato do Pai[1] da horda primitiva. Esse assassinato metaforiza a necessidade de que esse Pai, antes feroz monopolizador das mulheres do grupo, fosse morto e "comido", vale dizer, incorporado, para que se instalasse a troca das mulheres. Essa troca, já disse Lévi-Strauss (1991), esse intercâmbio de mulheres, propiciado pela instalação da lei do incesto — Lei do Pai — é o instituidor do *socius*.[2] Dividindo suas mulheres, o homem primitivo renuncia ao gozo de tê-las só para si, e do mesmo golpe, institui o *socius*, base da fundação e da sobrevivência de sua humanidade. A renúncia ao gozo é a fonte do desejo, sempre insatisfeito porque jamais atingirá a plenitude do gozo proibido pela Lei — desejo de algo para sempre perdido, que se torna por isso a mola propulsora de toda atividade humana.[3]

Vê-se nesses textos a importância que Freud atribui à figura do Pai entendida como portador da Lei, esteio ou sinônimo da ordem simbólica. É desse *campo* — a grande rede simbólica que se estende sob a criança quando nasce — que uma criança poderá extrair o material significante responsável por sua humanização. Chamemos a

---

1. A palavra Pai, grafada com maiúscula, alude não ao pai real, progenitor, mas à função da qual ele é representante. É sinônimo de função paterna, função que trataremos de precisar no decorrer deste artigo.

2. Quando um antropólogo perguntou a um índio por que não tomava para si as mulheres de sua própria tribo, mas as trocava com os homens da tribo vizinha, ele respondeu: é que preciso de um cunhado para ir pescar com ele!

3. O desejo é uma transação e uma defesa que mantém o gozo em seu horizonte de impossibilidade, e este desejo há de pregar-se à Lei graças à função do Pai (Braunstein, 1995, p.78).

esse campo, como faz Lacan, de campo do Grande Outro, campo prévio ao advento de uma criança. "É nesse campo prévio, notadamente, que a questão da paternidade é situada por Freud, paternidade que não se reduz então à intervenção posterior de uma intervenção feita após a intervenção precoce, mas que é, ao contrário, homogênea ao próprio plano da cultura, da civilização e do mito, ou seja, ao plano simbólico (...)" (Zenoni, 1991, p.105).

O sujeito entre a Lei e o desejo

A história mítica do Pai da horda primitiva, que institui a interdição e funda o *socius*, repete-se na história singular de cada criança. Nesse campo do Outro, desdobra-se a relação mãe/bebê. Para que esse bebê venha a tornar-se um sujeito do desejo, serão necessárias várias operações, sendo a principal delas a castração. Essa operação é conduzida pelo pai da realidade em sua função simbólica, e introduz a falta, separa a criança do desejo materno, o que permite dizer que a introdução da falta é estruturante para o sujeito do desejo.

A castração é um conceito fundamental na construção do Édipo freudiano. Designa a operação pela qual um sujeito, ao final da travessia do Édipo, se constitui como "faltante". Essa falta, longe de apontar para uma insuficiência, lança o sujeito na busca do que falta para a realização de seu desejo, e o movimenta incessantemente.

No decorrer de sua constituição, o sujeito sofre vicissitudes: marcas não simbolizadas de tudo aquilo que precisou enfrentar por não ter nascido pronto. E porque não encontrou — porque não existe — quem lhe dissesse como conciliar os paradoxos com os quais se defrontou, como o paradoxo de que sua presença no mundo só se perfila e se afirma sob um fundo marcado pela falta e pela morte, esse sujeito se verá obrigado a ir buscar, para o resto de sua vida, respostas que nunca encontrará. Mas é necessário não saber disso o tempo todo, pois do contrário cessará a busca, e mergulhará na depressão e na morte. Dessa constituição, deverá emergir um sujeito desejante, que deseja porém porque está castrado; está castrado pelo Pai sem o saber, e não sabe por que se encontra dividido em relação a esse saber — separado dele pelo recalque. Desejante porque castrado e dividido. Eis como se opera, para a psicanálise, a relação entre Lei e desejo.

Desse modo, a Lei do Pai, princípio do qual emana a autoridade dos pais e dos professores, é esteio da civilização e do exercício do desejo.

O discurso do mestre

É falando, pode-se dizer assim, que o Pai produz cultura. Lacan proporá a idéia de que toda produção civilizatória, toda produção humana, é discursiva. O vínculo social é produzido *no* e *pelo* discurso. Mais, diz Lacan, o discurso é aquilo que produz vínculo, ou laço, social (Lacan, 1991).

O Pai, quando produz civilização, quando propicia a emergência de um sujeito do desejo, fala dentro de uma especial estrutura discursiva. Se produz o efeito que produz, é porque está obedecendo a uma especial legalidade discursiva, uma dentre as quatro que Lacan supôs existirem. Essas quatro estruturas dão conta, teoricamente e na suposição de Lacan, de abarcar a produção de todos os laços sociais que se criam no interior do campo social. Toda vez que uma relação de um determinando agente de linguagem estiver se desdobrando para um outro, produzindo certo efeito, essa relação discursiva será passível de ser localizada em uma das quatro instituídas por Lacan.

Os quatro discursos foram chamados por Lacan: do mestre, da histérica, universitário e do analista.[4] A partir de que estrutura discursiva fala o Pai em seu trabalho civilizador? Pois bem, o discurso civilizador fala na estrutura do discurso do mestre.

O discurso do mestre, para Lacan, é o discurso corrente, aquele que se desdobra quando um falante se dirige a outro. Se está regido pela legalidade do discurso do mestre, então, quando o falante o desdobra, supõe poder dizer tudo, supõe poder ser unívoco e será plenamente entendido pelo outro. Nesse discurso, o falante desconhece que é dividido e que sempre algo escapará do que disse, o que equivale a dizer, em termos lacanianos, que esse discurso desconhece, *barra*, impede a emergência do sujeito do inconsciente — diga-se também sujeito da castração — e produz um resto, algo que não pode ser dito, ou simbolizado.

---

4. Sobre a elaboração feita por Lacan a respeito dos quatro discursos, ver LACAN, J. (1981) *Seminário — livro XVII. O avesso da Psicanálise.* Rio de Janeiro, RJ: Zahar.

"O mestre é por definição aquele que não cessa de representar a lei, assegurando com sua palavra aquilo de que é feita a responsabilidade de cada um. Só há autoridade verdadeira ao se fazer portador da garantia da lei por uma palavra que seja um ato" (Julien, 1995, p.130). Ou seja, o Pai extrai sua autoridade do desdobramento do discurso do mestre.

Se o discurso do Pai é o discurso do mestre, então se pode afirmar também que o discurso do mestre é o do educador.[5] Em primeiro lugar, porque o Pai é antes de mais nada um educador, entendendo-se Educação em seu sentido amplo, de discurso responsável pelas inscrições originárias, responsáveis pelo advento de um sujeito e pela transmissão da cultura. E, em segundo lugar, porque um educador é um Pai, tomando-se a conhecida formulação freudiana segundo a qual o professor é o herdeiro das relações do aluno vividas com seu pai. "Nesta fase evolutiva do jovem[6] ocorre o encontro com seus professores. Compreenderemos agora a atitude que adotamos frente aos nosso professores (...). Estes homens, que nem sequer eram todos pais de família, converteram-se para nós em substitutos do pai" (Freud, 1973/1914, p.1894).

O mestre, ao abrir a boca, sustenta um discurso no qual o sujeito da castração não aparece. De fato, nenhum falante, em situação de fala cotidiana, gosta muito de exibir sua castração; prefere silenciar sobre ela. Em seu lugar, faz surgir um agente que supõe dominar a linguagem que desdobra diante de seu ouvinte. Imagina que seu discurso é sem falha, crê ilusoriamente ser o mestre de tudo o que diz, *supõe ser o "mestre todo".*[7]

---

5. Aqui a idéia é a de aproximar o discurso do professor ao do mestre e não ao da universidade, que também tem sido aproximado ao do professor. Porém, esse último discurso está mais condizente com uma especial posição do educador; quando este se põe, ao lado do médico e do pedagogo, a observar, anotar, especular e estudar a criança colocada diante de seus olhos como um objeto a ser virado do avesso, aí o discurso desdobrado será o chamado universitário.

6. Freud refere-se aqui à segunda metade da infância.

7. Este tipo de expressão "algo todo" é largamente utilizado por Lacan, em contextos variados, com duas finalidades: para sublinhar a tendência subjetiva de totalizar, completar, arredondar, "tornar todo" aquilo que é parcial, incompleto, e também para permitir uma oposição com a expressão "não-todo" (*pas tout* em francês), que aponta para a divisão, a incompletude, a castração.

Desenhado por Lacan para dar sustentação ao discurso do analista — o do mestre é o seu avesso — o discurso do mestre produz um resto, que também se esconde, e do qual não se quer saber. Esse resto é um fora-do-saber, um não-simbolizado, o que escapa da moldura simbólica — são restos de gozo. Trata-se assim de um discurso no qual não aparecem nem o sujeito, nem o que escapa ao saber.

Embora faça desaparecer o sujeito do desejo, o discurso do mestre pode ainda assim abrir espaço para que um aluno aprenda. Supondo-se, como faz um psicanalista, que um aluno só aprende se algo de seu desejo estiver implicado nesse ato de aprender, o discurso do mestre não seria lá muito propício para uma verdadeira aprendizagem, e só produziria alunos repetidores, siderados e alienados na mestria do mestre.

Mas pode não ser assim. Quando chegar a sua vez de abrir a boca, o aluno esforçar-se-á primeiramente para produzir, de seu lado, também uma mestria, um domínio sobre o que disser, ocultando o sujeito e seus restos de gozo. Nem tudo, porém, está perdido. Há uma chance de esse aluno aprender de verdade. Embora nem sequer saiba o que deseja — está dividido em relação a esse saber —, poderá acontecer de o aluno abandonar a estrutura discursiva do mestre. Uma outra virá instalar-se quando em certo momento esse aluno abrir a boca, ainda que de modo pontual, ou vez por outra. Uma instalação que não pode ser provocada por métodos pedagógicos mas nem por isso deixa de ocorrer. Nessa nova estrutura, o falante abrirá a boca estando em posição de sujeito dividido e dali perguntará por seu desejo. Por seu desejo de saber, nesse contexto de ensino e de aprendizagem que estamos recortando. Nesse momento, o aluno terá passado do discurso do mestre para aquele que Lacan chamou de discurso da histérica. É que, para Lacan, é possível passar de um discurso para o outro, a partir de certos deslocamentos que um sujeito fará nas posições que os discursos põem à disposição deles. Procedendo-se a um pequeno deslocamento, passa-se justamente do mestre à histérica, bastando para isso um só giro discursivo.

Assim o discurso do mestre, acionado no cotidiano das escolas desde há muito, não é intrinsecamente fator de pura alienação. A partir dele, pode-se produzir o giro discursivo que permite a mudança de posição do aluno. Dessa posição, esse aluno poderá perguntar-se sobre sua implicação de sujeito dividido naquilo que ouviu de seu mestre, e nesse ato, apropriar-se de um saber, o que equivale a dizer que efetivamente apreendeu/aprendeu.

Se hoje se critica a posição do antigo mestre autoritário, é porque essa posição se deslocou para uma outra, em que seus traços se tornaram demasiadamente marcados. O problema não é a mestria, mas seu exagero. Um exagero que fecha a possibilidade de qualquer giro discursivo.

Deve-se observar ainda que, para Freud, um aluno precisa de um mestre — pai ou professor — em quem possa confiar. Esse adulto de referência precisa ser supostamente "todo", ainda que o aluno saiba, em sã consciência, ser isso impossível. A conhecida função de modelo exercida pelo professor — modelo com o qual a criança se identificará — não pode, de maneira nenhuma, ser dispensada.

A falência do mestre

Assistimos, no mundo contemporâneo, à fratura e ao quase desabamento da figura do mestre. Porque lhe falta uma rede de sustentação simbólica, o professor está sozinho, tendo de equilibrar-se perigosamente em finos fios de arame sobre os quais deve fazer suas exibições de equilibrista-palhaço; por falta de rede, a queda poderá ser mortal. Antigamente — sejamos um pouco passadistas, por ora — sua autoridade emanava não de sua pequena figura, de sua ínfima singularidade e de sua capacidade de seduzir, mas era garantida por uma rede discursiva formada pelos dizeres do conjunto da sociedade — os pais e os representantes sociais autorizados a avalizar ou não os valores em circulação. Um professor não operava então em nome próprio, mas em nome de uma tradição para a qual não tinha de apelar incessantemente, pois ela estava no ar, na sala de aula ao lado, no pátio, na rua, na casa de cada um de seus alunos — e estaria na televisão, caso ela já tivesse sido inventada.

Desta posição, podia fazer-se firmemente agente de um discurso, dirigido a seu aluno, que se desdobrava dentro das leis de funcionamento do chamado discurso do mestre.

O que aconteceu com o mestre de hoje? Sua rede de sustentação, já dizíamos, está esburacada. No lugar do mestre *todo*, surge uma figura cuja castração está exibida em sua crueza.

O ocultamento do sujeito da castração, próprio do discurso do mestre, que permitia um distanciamento entre quem fala e sua verdadeira "condição de castrado", já não opera mais. Ou melhor: digamos que uma barra — o recalque — separava o falante de sua condição de castrado, e agora essa barra se encontra esburacada, deixando entrever algo dessa castração. Os buracos deixam entrever que aquele mestre, longe de ser *todo*, está castrado.

De *que modo* aparece essa castração?

É preciso não esquecer que se vive, no mundo contemporâneo, a prevalência do registro do imaginário. Na falta de redes de sustentação que possam remeter os sujeitos a uma tradição, a um passado, a significações capazes de orientar as "resignificações" do futuro, estamos jogados em um mundo fragmentado, no qual imperam imagens estáticas, desarticuladas e, por isso, carregadas de um sentido colado a cada uma delas — um sentido, portanto, absoluto. Um objeto é o que é, e não o que vale numa série, dentro de uma seqüência capaz de lhe dar um sentido por sua posição nela. Ficamos assim reduzidos a um mundo de objetos.

Por causa dessa prevalência imaginária, a castração do mestre, que irrompe quando um professor abre a boca, *é sobretudo a castração imaginária*.

Quando se entende a castração como revelação de insuficiência, de impotência, de pequenez, de despossessão de bens materiais, ela é chamada de castração imaginária. De outro lado, aquela que funda o sujeito, que é para ele estruturante, que causa o seu desejo e o empurra "dignamente" em direção ao trabalho, é chamada de castração simbólica. Ora, dessa castração, que lembra para o sujeito a sua falta estrutural — não a falta de bens — , ninguém quer falar. Essa continua bem velada.

A castração imaginária, porém, é denunciada pela sociedade a plenos pulmões. Assim, os alunos da periferia apedrejam o fusquinha do professor estacionado no pátio da escola, porque sua pobreza é uma ofensa. O baixo salário, longe de denunciar a exploração a que são submetidos os professores, é signo de incapacidade, de impotência, de incompetência para a vida, contraposto a uma potência imaginária vivida pelos alunos das escolas particulares, que desautorizam seu professor dizendo-lhe: "Sou eu quem lhe paga, portanto, cale a boca".

A castração revelada não é aquela que a criança pôde ver no rei da fábula que passeava nu. A castração que aparece nos dias de hoje está nas roupas gastas que os professores têm de vestir.

As conseqüências dessa desvalorização são evidentes e típicas das coisas que se passam no registro imaginário: a "desnarcização" e a rebeldia. Quando as relações se desenrolam dentro da legalidade regida pelo espelho, podem-se esperar, de um lado, colapsos narcísicos, fruto do sentimento de impotência produzido por uma imagem no espelho que não corresponde à do eu-ideal; de outro, rebeldias, contrapartida que opera no mesmo registro da impotência, sendo apenas o seu oposto, o que reenvia incessantemente esse sujeito de um pólo a outro. A pendulação em que ele se debate será então: sou impotente, revolto-me, sou impotente, revolto-me.

Tratar-se-ia, então, de arrancar esse professor da posição do impotente ou rebelde imaginariamente castrado, e empurrá-lo na direção da figura do mestre todo-poderoso, munido de um feixe de varas do vidoeiro? Seria necessário costurar os buracos da barra, fazer desaparecer a castração que se dá a ver? A resposta é *não*: em primeiro lugar, porque os buracos não se costuram mais. Em segundo, porque se trata, de fato, da necessidade de preconizar, em lugar da costura, uma oscilação da castração imaginária para a castração simbólica.

O impossível retorno ao passado

Por que os buracos da barra não se costuram mais?

Freud já apontara, em *Mal-estar na civilização* (1930), a queda da civilização patriarcal neste século, e o conseqüente enfraquecimento da figura paterna. Eis então que o mestre, colocado agora no lugar do Pai ideal enfraquecido, cedeu lugar ao mestre impotente.

O passo seguinte seria naturalmente o de restaurar e de salvar a figura da autoridade, observou Philippe Julien (1995). Julien apresenta o Pai moderno, que não consegue mais mascarar a morte de Deus, nos seguintes termos: "(...) acontece-lhe de fato de falhar em sua imagem, submetida que está aos azares de que é feita nossa história. Figura humilhada, reduzida à impotência e ao ridículo, por sua burrice ou impostura (...) ao menos supostas!" (p.130).

Essa restauração, essa salvação do Pai, visando à retomada da "força e da coesão" dos grupos sociais — incluam-se aí as escolas — é porém, nas palavras de Julien, o trágico moderno. A restauração é uma espécie de marcha a ré impossível de ser realizada. Ou, como diz Calligaris (1993), a propósito do retorno às antigas comunidades,

"(...) não se trata de tomar uma posição nostálgica da comunidade perdida, da comunidade de outros tempos, do que teria sido antes e fora de nossa civilização onde o indivíduo não seria o valor central. Essa é a nossa herança e com ela trata-se de conviver" (p.192).

Essa restauração não cabe, também, por causa do inevitável deslocamento próprio de toda formação discursiva ou cultural. Tome-se o que diz Calligaris, no mesmo texto citado acima, sobre o que é uma cultura: "(...) uma cultura é fundamentalmente um fluxo discursivo, ou seja, tudo o que foi se articulando discursivamente, oralmente ou por escrito, no quadro desta cultura. Imaginem que seja uma espécie de rio de palavras que vai andando e, no meio deste rio, a gente fala e pede carona. De repente, o que a gente diz só encontra significação no que vai ser dito ou no que foi dito antes. Uma cultura é isto, um enorme fluxo de produção discursiva" (p.194). Se assim é, então se pode imaginar que, ao se movimentar, o fluxo discursivo modifica suas próprias margens, rasga outros leitos, renova permanentemente suas águas. Não retorna à sua fonte senão transformado. Por isso, não se pode costurar a barra rompida pela exposição da castração imaginária do mestre.

Resta então a tentativa de fazer passar o mestre impotente da castração imaginária para a posição um mestre *não-todo*. Um mestre que opera supondo, levando em conta sua castração simbólica.

Da castração imaginária à castração simbólica do mestre

Antes de falar dessa pendulação, façamos antes uma passagem por uma proposta, apresentada originalmente para uma instituição de saúde. Em seguida, poderemos nos inspirar nessa proposta e transportá-la para a instituição escolar.

Yves Vanderveken (1994) afirma que estar em uma instituição — qualquer uma — é estar metido com o discurso do mestre. Mas o problema apresenta-se para quem deseja enfiar a psicanálise nas instituições (e este é o caso do presente artigo, que está buscando na psicanálise um operador capaz de sacudir o professor de uma posição à qual está lançado na instituição escolar). Esse problema está no fato de que o discurso do analista é o avesso do discurso do mestre. A pergunta torna-se, então, a seguinte: o verso e o reverso excluem-se ou complementam-se mutuamente?

Não há dúvidas de que a instituição refere-se ao mestre: as regras e as leis e, portanto, a função paterna, as orienta. Aliás, não haveria instituição sem lei paterna, já que elas são feitas justamente para instituir o *socius*, que se funda na interdição, como já dissemos anteriormente. O que funda a sociedade é que nem tudo seja permitido: para que uma criança se civilize, pede-se que renuncie ao gozo. E é bom que assim seja, pois de outro modo um grupo social refestelando-se em gozo não iria durar muito. "O simbólico — leia-se o Pai, a Lei — tem essa função apaziguadora de manter a abominação sob tutela" (G. Miller, apud Vanderveken, 1994, p.151).

Yves Vanderveken observa, então, que não há por que desejar a dissolução do mestre na instituição, mas apenas tratar de impedir que ele seja empurrado ao exagero, como é o caso da escola tradicionalista e disciplinar, à inglesa, na qual todos os meios são justificáveis para atingir o ideal posto de entrada pelo pedagogo. É desse exagero que resultam alguns dos problemas que os professores enfrentam no dia-a-dia escolar.

Não se trata de expulsar o mestre, o que equivaleria a excluir o Pai, a Lei, o simbólico. Para Vanderveken, a introdução de uma orientação psicanalítica em uma instituição — seja ela de saúde, seja ela escolar — produziria um discurso de mestre menos totalitário e inequívoco. O papel dessa orientação psicanalítica consistiria em modular o caráter inflado de plenitude, de totalidade de saber que o discurso do mestre carrega consigo. Com a introdução dessa modulação, abrir-se-ia a possibilidade de que um paciente ou um aluno se implique com sua parte de responsabilidade — ocorrendo, como já foi dito, um giro discursivo — diante do que lhe desdobra seu mestre ou seu terapeuta. O discurso do analista viria trazer, para o mestre, a sua falta. Mas mantém, em estrutura, a predominância do discurso do mestre, que não deixa de ser também "(...) terapêutico, no sentido em que é o discurso dos ideais e, portanto, da identificação, que permite a inscrição na cadeia significante" (p.155). A psicanálise, operando em uma instituição, poderá auxiliar na apresentação de "mestres castrados, incompletos, castrados do saber, um mestre *não-todo*" (p.156). Vanderveken conclui que, na instituição em que trabalha na Bélgica, chamada *Le Courtil*, todos operam em uma posição de mestres, mas de mestres que não sabem tudo. "Somos condutores que se deixam conduzir, ótica bastante próxima da de Lacan, quando ele declara que o psicanalista seguramente dirige a cura, acrescentando, em seguida, que ele não deve porém dirigir seus pacientes" (p.156). Agora façamos a passagem para a escola. O mestre de hoje já é um mestre despossuído. Mas a diferença está em que essa despossessão não é a do saber totalizado, é a despossessão de traços imaginários sobre os quais se assenta hoje, falsamente, o exercício de sua desautorização, feita pela sociedade. Como já foi dito, ser importante é *ter*; o sucesso social, a garantia de um lugar social está no que o professor tem, não naquilo que é. O fluxo discursivo predominante apóia-se sobre a acumulação de bens, e não sobre a acumulação de saber.

Por isso, Calligaris afirma: "Não há nenhuma chance de as crianças ficarem escutando professores que elas, ou os pais delas, consideram como socialmente fracassados. Não há nenhuma chance. Não importa construir universidades, colocar ventiladores no teto etc. Não há nenhum interesse. O que importa é quintuplicar o salário dos professores" (Calligaris, 1993, p.196).

Será que não há mesmo nenhuma chance de o professor ser ouvido? A chance está, justamente, em acreditar que haja uma chance. Um mestre "esclarecido" sobre a "falácia da acusação" que pesava sobre seus ombros, e o levava a confundir-se e a acreditar talvez que o real limite de seu ser era uma impotência, poderá então posicionar-se de outra forma. *É como se dissesse para si mesmo: aaah, vocês estão rindo de minhas roupas rasgadas? Pois saibam que é muito pior: estou nu!*

Um mestre moderno precisa operar, de algum modo, com esse saber, contrariamente ao mestre antigo, que não precisava haver-se com isso — ainda que a existência, a literatura ou a filosofia já o tivesse feito entrar em contato com a realidade da castração.

Não é fácil dizer de que modo um mestre opera levando em conta a sua castração. No caso da clínica em que trabalha Vanderveken, operar como *não-todo* é introduzir uma grande "sobriedade" em relação àquilo que vale para todos, de modo a deixar lugar para uma clínica do caso a caso. Para os educadores, trata-se então de transportar esse princípio para uma escola do aluno por aluno.[8] E ele

---

8. A instituição é aliada do universal, e a psicanálise, aliada do singular, do sujeito, do um a um. Eis por que um mestre modulado pela psicanálise deixa um pouco de lado as regras gerais para todos e escuta aluno por aluno.

conclui: "(...) o regulamento se reduz, assim, a um mínimo que garante uma espécie de convivência. Concretamente, consiste sobretudo na proibição da violência. (...) Repousa mesmo sobre a regra fundamental, a de dizer não ao gozo".

O não-todo de Vanderveken implica, então, a sustentação do mestre-todo modulado pelo *não,* por sua castração simbólica. Como, porém, propor ao professor que sustente esse mestre-todo, que Freud afirmou ser fundamental em sua função de modelo e de esteio para as necessárias identificações, se os alunos não acreditam mais nele? A resposta é: um professor poderá sustentar esse mestre se, em primeiro lugar, puder recusar a impotência que lhe é imputada. E, em segundo lugar, *fazendo de conta* que é, sim, um mestre-todo, tomando o cuidado, porém, de não acreditar demais nessa potência. Em outras palavras, sem encarnar o mestre-todo. Trata-se de uma posição que não é muito fácil de ser exercida, e que consiste em "fingir" que ocupa um certo lugar na sociedade, que é detentor de saber e do poder de ensinar, sem acreditar, porém, que seja de fato poderoso. Um retorno à dignidade da figura do professor, uma tentativa de recuperá-la, exercida, porém, por um mestre que se sabe irremediavelmente nãotodo — não por causa da castração imaginária, mas por efeito da castração simbólica.

A idéia de fazer de conta, e com isso extrair os benefícios de uma posição sem colar-se nela, acreditando *ser* aquilo que não passa de uma posição, é cara a Lacan, que a utiliza para falar da posição do analista. O professor poderá então nela se inspirar, sem pensar naturalmente que se inspirar em um aspecto dessa posição é tornar-se um analista. Para Freud, um analista deve sustentar a posição em que o coloca, na transferência, o seu paciente, sem contudo identificar-se com esse lugar, colar-se a ele, encarná-lo. Se, por exemplo, um paciente apaixona-se por ele, o analista precisará ser capaz de permitir que o discurso a ele dirigido nessa posição prossiga, sem transformar efetivamente o paciente em seu amante — essa seria a "colagem" na posição transferencial. É para impedir essa "encarnação" da transferência que Freud dizia ser essencial a regra de abstinência, que afasta o analista de um enredamento amoroso com seus pacientes (Freud, 1973/1912).

Do mesmo modo, um paciente poderia dirigir a um analista graves acusações, pesadas formulações imaginárias. Também nesse lugar o analista não se cola, pois sabe que não é à sua pessoa particular que o paciente está se dirigindo.

Assim, um professor precisará responder a seus alunos e ao campo social, tomados pela sanha de desvalorizá-lo, a partir de um faz-de-conta-que-é-todo, no qual, porém, deve ser o primeiro a não acreditar. Diante da castração imaginária que lhe imputam, precisará responder com sua castração simbólica. A "desnarcização" que a sociedade impôs ao professor, agora, pode ser posta a serviço dele, que dela extrairá benefícios. Um mestre *não-todo* é o que finge ser todo, mas modula sua potência ao levar em conta a castração simbólica.

Esse mestre contemporâneo poderá fazer uso da fratura para deixar surgir, do lado do professor, um sujeito desejante, mas nem por isso despossuído de autoridade e, do lado do aluno, um sujeito que aprende porque deseja.

Dessa posição, emana uma nova autoridade, uma especial forma de presença da Lei — sustentada por um mestre que não pode mais sentar-se em cátedras distantes, que precisa estar bem mais próximo de seus alunos, que não se deixa levar pelo sentimento de impotência. Uma Lei *não-toda*, que garante ainda assim a preservação do desejo e de seu valor como mola propulsora da cultura.

Aplicações

O "problema" da maioria das formulações sobre a educação inspiradas na psicanálise está no fato de que não há muito o que *fazer* com elas. Um mestre não poderia compenetrar-se de que deve agir como mestre *não-todo* — isto não está em seu poder, já que a castração de que se está falando é inconsciente.

Tais limites são encarados, porém, como problema, à medida que estivermos aliados à demanda pedagógica de produzir métodos e técnicas ao alcance do professor. Que a realidade do inconsciente não esteja ao alcance do professor, isto é sabido. Mas quem disse que deveria estar? Não é dessa incerteza, desse desejo nunca satisfeito que emanam as obras humanas? De que modo poderia um professor falar dessas obras, de sua referência fundamental à castração e a correlata tentativa de, permanentemente, nada querer saber disso, se não for ele próprio um ser de desejo, cujo inconsciente escapa à mestria?

O desejo inconsciente é fonte de trabalho. Quando um professor for submetido à transmissão de uma visão psicanalítica da educação, fará com isso o que puder. Poderá talvez sonhar com o que ouviu, poderá refletir, poderá mudar sua posição diante de um aluno e não a outro. Poderá usar do humor e da ironia, com improviso e de forma imprevista,[9] para "ensinar" a seu aluno algo a respeito da castração e do desejo. Que ele possa brandir uma vara de vidoeiro simbólica.

Bibliografia

BRAUNSTEIN, N. (1995) *Goce*. Madri: Siglo Veintiuno.

CALLIGARIS, C. (1993) Sociedade e indivíduo. In: FLEIG, M. (org.) *Psicanálise e sintoma social*. São Leopoldo: Unisinos, pp.183-96.

FREUD, S. (1973) Totem e tabu. In: *Obras completas*. Madri: Biblioteca Nueva, v.II, pp.1746-850. Publicado originalmente em 1912-13.

_____. (1973) Consejos al médico en el tratamiento psicoanalítico. In: *Obras completas*. Madri: Biblioteca Nueva, v.II, pp.1654-60. Publicado originalmente em 1912.

_____. (1973). Sobre la psicologia del colegial. In: *Obras completas*. Madri: Biblioteca Nueva, v.II, pp.1892-94. Publicado originalmente em 1914.

JULIEN, P. (1995) *L'étrange jouissance du prochain*. Éthique et Psychanalyse. Paris: Seuil.

LACAN, J. (1991) *Le séminaire, livre XVII. L'Envers de la Psychanalyse*. Paris: Seuil.

LEVI-STRAUSS, C. (1991) *Antropologia estrutural*. Rio de Janeiro: Tempo Brasileiro.

MANGUEL, A. (1996) *Uma história da leitura*. São Paulo, Companhia das Letras.

MANNONI, M. (1976) *Un lieu pour vivre*. Paris: Seuil.

VANDERVEKEN, Y. (1994) Institution, Nom-du-Père et discours de l'analiste. *Les Feuillets du Courtil*. Tournai: Le Courtil, n.8/9, pp.151-8.

ZENONI, A. (1991) "Traitement" de l'Autre. *Préliminaire*. Bruxelas: Antenne 110, n.3, pp.101-2.

---

9. Fórmula utilizada por Maud Mannoni (1976) para caracterizar uma forma de intervenção fora do previsto da técnica, que aparece nos mesmos moldes do inconsciente: de forma surpreendente — imprevista — e sempre nova — no improviso.

Autoridade e contrato pedagógico em Rousseau

Maria de Fátima S. Francisco*

A crise da autoridade docente é uma das questões que mais têm preocupado e desafiado os educadores. Um ponto sobre o qual se está normalmente de acordo acerca desse assunto é que ele é dos mais difíceis de serem pensados — de se encontrar abordagens teóricas esclarecedoras —, para não mencionar a dificuldade ainda maior de se encontrar resoluções práticas para a crise.

Acreditamos, nesse sentido, que uma visita aos chamados "clássicos" pode trazer-nos eventualmente alguma perspectiva para a qual talvez não tenhamos atentado o suficiente e, desse modo, iluminar nosso olhar sobre um tema que nos inquieta. É com tal intenção que propomos aqui um retorno ao pensamento filosófico e pedagógico do século XVIII, mais precisamente aquele de Jean-Jacques Rousseau. Indo na trilha das convicções de Hannah Arendt, diríamos que é fundamental retomar o fio da tradição, que faz nossa ligação com o passado, mormente quando se trata de crises no campo dos relacionamentos humanos. Pois é possível que estejamos deparando com problemas e questões com as quais os homens do passado também já depararam, e para os quais podem ter encontrado soluções e perspectivas de apreensão que, se não puderem ser reproduzidas por nós, podem ao menos nos indicar um caminho de problematização, a partir do qual nós poderemos formular nossas próprias soluções e perspectivas de apreensão.

---

* Professora da área de Filosofia da Educacão da Faculdade de Educação da USP. Autora de *A primeira Lição Moral — O Episódio das Favas no Emílio de Rousseau* (1998) e *Pensamento e Ação em Hannah Arendt* (1996), dentre outros. E-mail: simoes@usp.br.

Observação preliminar

Antes de entrar propriamente em nosso assunto, vale a pena fazer uma observação preliminar. Dizer que se vai revisitar Rousseau para buscar pistas sobre a questão da autoridade docente pode parecer um contra-senso. Pois justamente esse autor ficou estigmatizado nos estudos de educação, particularmente nos manuais de história e filosofia da educacão, como o defensor incondicional da liberdade da criança. Segundo essa visão, esse autor estaria na origem de uma nova escola e de uma nova pedagogia, que buscava uma valorização inédita da infância e fazia centrar toda a ação educacional na liberdade da criança. Nesse sentido, Rousseau é muitas vezes apresentado como um dos propositores do não-diretivismo. E, até mesmo, no limite, associado às más conseqüências práticas que essa pedagogia centrada na criança nos trouxe, uma das quais seria exatamente a crise da autoridade docente. Pois o culto da criança e sua liberdade seria incompatível com a idéia de um mestre dotado de autoridade. As duas coisas pareceriam contraditórias entre si: lá onde se tem liberdade não é possível ter-se também poder, autoridade ou condução. Isto é, de duas alternativas uma: ou bem se é dirigido por si mesmo (liberdade/autonomia), ou bem se é dirigido pelo outro (autoridade). As duas coisas juntas são impossíveis. É justamente essa equação complexa que os textos dessa coletânea tentam enfrentar e que o próprio Rousseau também se propôs e tentou dar solução.

É necessário então deixar claro que o Rousseau de que partiremos não é aquele que vimos de descrever, o dos manuais de educação, o defensor incondicional da liberdade da criança e de uma pedagogia não-diretivista, em que o professor quase não tem lugar e menos ainda sua autoridade. Tentaremos resgatar um outro Rousseau. Segundo um estudioso recente, Yves Vargas, a apreensão do pensamento desse autor nos estudos de educação, por mais intensa que tenha sido, padeceu sempre infelizmente do mal de ser parcial. Ou seja, o costume era pinçar citações ou passagens, enfoques ou exemplos do *Emílio*, algumas vezes extraídos fora de contexto, sem levar em conta o conjunto de sua teoria filosófica e pedagógica. Para levar em conta esse conjunto seria necessário além da filosofia da educação de Rousseau, ir à sua filosofia política, que foi sempre sua preocupação principal, ou, em outros termos, ler o *Emílio* em conjunto e à luz dos outros textos do filósofo. Vargas propõe-se justamente a fazer essa nova leitura, mais compreensiva, e nesse nosso texto seguimos muitas das suas orientações, acreditando que esse pensador pode e deve ainda ser redescoberto pelos especialistas em educação.

Contrato *versus* naturalização

Dissemos que Rousseau também esteve às voltas com a questão de como preservar a liberdade da criança sem sacrificar a autoridade do mestre, ou, de como conciliar autoridade docente e liberdade discente, idéias que pareceriam à primeira vista totalmente incompatíveis. Eis como ele tentou salvar essas duas coisas que julgava essenciais na relação pedagógica, sem as quais esta seria necessariamente incompleta e deformada. A sua saída foi formular, para entender essa relação, a teoria do *contrato*. Essa noção de contrato, basta que recordemos, é central em todo o pensamento rousseauísta, que produziu um texto intitulado justamente *Do Contrato Social*. Assim como a instituição da sociedade e da própria família seriam para ele baseadas no contrato firmado entre as respectivas partes que formam essas instituições, também a relação pedagógica seria baseada num contrato, o contrato pedagógico, firmado entre duas pontas dessa relação, professor e aluno, ou de modo mais geral educador/educando (que incluiria, além do par professor/aluno, o par pai/filho).

Antes de entrar em detalhes sobre o que vem a ser esse contrato pedagógico, seria preciso destacar que ao pensar a relação educador-educando sob o paradigma do contrato, Rousseau está recusando de saída a idéia de que essa relação seria em sua essência *natural*, isto é, proposta pela natureza. É verdade que a educação só existe porque é um fato da natureza, um fato biológico, que continuamente chegam em nosso mundo novos membros da humanidade, membros esses que, dada sua fraqueza e dependência, precisam ser cuidados, instruídos e orientados pelos membros mais velhos. Esse fato natural do nascimento de crianças poderia fazer parecer também um fato natural a educação dos mais novos pelos mais velhos. E poderia, ainda mais, fazer parecer igualmente natural — fato cheio de conseqüências — a autoridade dos que educam, superiores que são, sobre os que são educados, inferiores que são.

Rousseau, para evitar essa "naturalização" da autoridade do educador, que justamente correria o risco — por ser tomada como um *direito natural* — de se tornar sem limites e levar a eventuais abu-

103

sos,[1] propõe então que a relação pedagógica, ao contrário de ser compreendida como natural, deva ser compreendida, digamos assim, como "artificial", ou seja, como fruto de uma convenção, de um ato de vontade e de liberdade, e mais propriamente, de um contrato entre as partes envolvidas. Por mais que a relação educador/educando esteja baseada em fatos naturais — por exemplo, o fato da superioridade dos adultos e da inferioridade das crianças e adolescentes, e também o fato, conseqüência do anterior, da dependência dos últimos em relação aos primeiros, para poderem desde sobreviver até saber se movimentar nesse mundo que desconhecem —, acredita Rousseau, ela não deve ser naturalizada. Ao contrário, as regras dessa relação devem ser vistas como objeto de um contrato, isto é, do mútuo e livre acordo entre as partes envolvidas. Somente assim essas partes poderão ter obrigações e vantagens, ou deveres e direitos, consciente e livremente acordados, sabendo de antemão o que podem ou não podem esperar do outro, o que podem ou não podem fazer com o outro. Somente assim se pode formular papéis claramente definidos para cada uma das duas partes, de modo que se possa ter em vista alcançar tanto a justa medida da autoridade do educador — sem abusos nem tampouco hesitações no exercício dessa autoridade —, quanto a justa medida na liberdade da criança — igualmente sem abusos dessa liberdade. Pois é verdade, insiste incansavelmente o filósofo no livro II do *Emílio*, que, se existem, por um lado, os mestres tirânicos, existem igualmente, por outro, as crianças déspotas, e ambos devem ser combatidos para se chegar à verdadeira relação pedagógica.

A primeira cláusula do contrato pedagógico

Vemos assim, desde já, que Rousseau coloca como coisas bastante diferentes, e mesmo opostas entre si, o mestre dotado de autoridade e o mestre tirânico. Ou o mestre dotado de autoridade e o mestre autoritário. A autoridade, não deve haver sombra de dúvida, é

---

1. Essa idéia de evitar o abuso da autoridade do educador, risco que haveria no caso de ser tida como uma autoridade *natural*, não submetida a regras e limites, aparece em várias passagens do texto, dentre as quais temos: "ninguém tem o direito, nem mesmo o pai, de ordenar à criança o que não é de nenhuma maneira útil para ela" (Rousseau, 1995, p.77). Usamos a tradução brasileira da editora Martins Fontes, feita por Roberto Leal Ferreira, tomando a liberdade de alterá-la quando nos parecer necessário.

uma *forma de poder*, supõe comando e obediência. Mas, embora seja uma forma de poder, ela não tem nada da tirania, pois justamente o que a caracteriza é o fato de ser um *poder consentido*, isto é, um *poder legítimo*, ao passo que a tirania, ao contrário, é um poder que se impõe, que é independente do assentimento do subordinado, um poder usurpador e não reconhecido como legítimo pelos que o obedecem. Mas o que será que faz o poder do mestre legítimo, transformando-o por conseguinte em autoridade? Ou, sob que condições o poder do mestre é considerado legítimo e, portanto, consentido, acatado, pelo aluno? Entramos assim já na problemática do contrato pedagógico, posto que perguntamos pelas *condições* em que esse poder é legítimo e se torna autoridade, ou posto que perguntamos pelas *cláusulas* do contrato.

O contrato pedagógico está fundado na diferença básica que existe entre as duas partes contratantes. Uma, o mestre,[2] sendo superior em forças, conhecimentos e experiências, e outra, o aluno (uma criança ou adolescente), sendo inferior, naqueles mesmos aspectos. Está fundado também no fato de que esse último, em diferentes graus segundo a faixa etária, precisa da condução pelo primeiro em seu processo de desenvolvimento, isto é, de aquisição de forças, conhecimentos e experiências. A primeira e central cláusula desse contrato será, então, a de que na relação pedagógica um deve conduzir, isto é, comandar, e o outro deve ser conduzido, isto é, obedecer.

Os termos comando e obediência definem então os dois papéis básicos da relação pedagógica. Não há relação que possa ser assim chamada sem que haja um lado que comanda e outro que obedece, ou, em outros termos, um que conduz e outro que é conduzido, pois justamente essa relação se erige com base na diferença entre as duas partes e na dependência do inferior em relação ao superior. O exercício do poder é algo constitutivo, imanente à relação pedagógica. Resta saber, entretanto, que tipo de poder é esse. Nem todo poder é negativo, destrutivo e tirânico.

Por mais que desgostemos ou tenhamos horror de palavras tão fortes quanto "comando" e "obediência", isso não deve nos impedir de olhar de frente a relação pedagógica e admitir que ela envolve necessariamente esses dois componentes, que, de fato, são a sua pró-

---

2. Embora Rousseau denomine o interlocutor de Emílio de "preceptor", ele está pensando ao longo de todo o seu tratado na relação, mais ampla, de educador/educando, que incluiria tanto a de professor/aluno quanto a de pai/filho, pois esse preceptor no livro ocupa as duas funções. Para nosso objetivo aqui falaremos do contrato pedagógico como se referindo à relação professor/aluno.

pria razão de ser, a sua essência, o que lhe dá sentido. E que há tudo, menos uma relação pedagógica, ali onde não há nem comando nem obediência, nem condutor nem conduzido. Não precisamos ter tanto horror dessas palavras porque "comando" não quer dizer necessariamente comando arbitrário, autoritário, tirânico, nem "obediência" quer dizer obrigatoriamente obediência cega, submissa, inconsciente de seus direitos. Por outro lado, o problema de ter horror a essas palavras é que isso poderia nos impedir de captar o sentido mais profundo da relação pedagógica, relação essa que só existe porque há, de um lado, um que não tem condições[3] de se autoconduzir e, de outro lado, um outro que justamente tem condições de se autoconduzir e está, portanto, apto a ensinar o primeiro a fazê-lo, o que somente será possível se ele assumir temporariamente o posto de condutor.

É preciso insistir neste último ponto, central para se compreender bem a perspectiva do filósofo: a condução e o comando pelo mestre é algo somente temporário e admitido apenas e tão-somente porque tem como finalidade construir no aluno a capacidade de autocondução. Na verdade, o fim último da autoridade docente é a construção do aluno como autônomo, como livre, como sujeito capaz de se autodeterminar, de dispensar, enfim, qualquer condução alheia. E eis que, sem querer, adiantamos a segunda cláusula do contrato. Pois este estaria certamente incompleto se se reduzisse apenas à primeira cláusula, a que define os papéis do comando e obediência. E isso porque não teríamos nesse caso, a bem dizer, um contrato, o qual pressupõe sempre *reciprocidade*, isto é, obrigações e vantagens de ambos os lados, de modo que, no cômputo final, as duas partes estejam em igualdade de condições, nenhuma com mais vantagens ou obrigações do que a outra. Ora, o contrato com essa primeira cláusula apenas, se notarmos bem, define somente o direito do mestre de comandar e o dever do aluno de obedecer. Não há igualdade alguma aqui, uma vez que o aluno permanece sem direito e sem vantagem. A relação pedagógica que se fundar apenas na superioridade do mestre sobre o aluno não institui um verdadeiro — isto é, justo — contrato. O professor que pretender justificar sua autoridade única e exclusivamente porque tem mais conhecimentos, experiências e, eventualmente, forças, que seu aluno, está na verdade propondo um falso contrato. O poder

---

3. Rousseau faz a distinção entre criança e adolescente quanto à capacidade de autocondução, distinção que engendrará, por sua vez, uma diferença na autoridade do mestre com relação a um e a outro.

106

que porventura tiver não poderá ser chamado de autoridade, pois esta para existir exige, além da superioridade do mestre, outras bases. A segunda cláusula do contrato vem justamente melhor caracterizar as outras bases dessa autoridade, ao mesmo tempo que indicar o direito e a vantagem do aluno. De forma que estabelece igualdade entre as duas partes, mestre e aluno, no cômputo final das obrigações e vantagens.

A segunda cláusula do contrato pedagógico

A segunda cláusula afirma, numa outra formulação, que o mestre só pode exercer seu comando *no interesse e vantagem do aluno*. Eis algo a ser corretamente entendido, pois do mau entendimento dessa cláusula resultam, sabemos, muitas práticas docentes deformadas. Tal quer dizer não propriamente, numa compreensão estreita, que o mestre só pode exercer seu poder para mandar o aluno fazer aquilo que agrada a este. Pois fazer isso seria o mesmo, reconheçamos, que deixar o aluno abandonado a si mesmo, sem condução alguma, posto que, conforme se viu,[4] ele não tem a mesma capacidade de discernimento e julgamento que o mestre para se autoconduzir. O mestre que faz tudo o que agrada ao aluno pode estar pensando "ser bonzinho" com ele, pode ainda crer ajudá-lo, e justificar para si de variadas formas a sua atitude, mas o fato é que ele estará, para usar novamente os termos de Hannah Arendt, somente abandonando o aluno a si mesmo, ou furtando-lhe a única possibilidade que tem para se desenvolver e se promover, que é a da condução pelo mestre. Uma condução que apenas visasse às vontades do aluno, o que Rousseau denomina as "fantasias" e "caprichos"[5] da criança, não seria propriamente dizer

---

4. Rousseau parte dessa idéia básica, como vimos, de que só há educação porque há desigualdade entre adultos e crianças (e mesmo adolescentes) quanto à capacidade de se autoconduzir e porque os últimos são dependentes dos primeiros. Condução e dependência envolveriam desde o aspecto físico até o intelectual e psicológico. Toda a teoria da autoridade de Rousseau parte dessa idéia básica. Se a recusarmos ou partirmos de outra idéia básica para entender a educação, não temos por que admitir o restante de sua teoria da autoridade.

5. Com certeza nem toda vontade da criança é errada ("fantasia" ou "capricho"), mas como ela não tem a mesma capacidade de discernimento e julgamento que o mestre, ela é menos capaz do que ele de acertar. Por isso privá-la da condução do mestre é, num certo sentido, deixá-la sem condução. Mesmo o adolescente sendo um quase igual ao mestre, padece ainda da falta dessa capacidade de autocondução, e é nisso que se funda no caso daquele a autoridade do mestre.

condução, nem haveria aí estabelecida em sentido rigoroso uma *relação pedagógica*, que pressupõe justamente, como se viu, a condução. A segunda cláusula do contrato pedagógico, que o mestre exerça seu comando no interesse e vantagem do aluno, quer dizer ordenar apenas aquilo que seja bom para o aluno do ponto de vista de seu desenvolvimento, de seu crescimento, da construção de sua autonomia, de sua promoção, enfim. A segunda cláusula do contrato restringe o poder do mestre, a sua condução, àquilo somente que pode levar o aluno a uma futura autocondução, a uma futura autonomia.

A autoridade é assim uma forma singular de poder. Ela é um poder que se exerce não em benefício daquele que o exerce, mas em benefício daquele que se submete a ele. O mestre não fará aquilo que quiser com o aluno, ele não tem a liberdade de fazer o que bem entender com o aluno. Ele só pode fazer o que for "bom" para este, isso do ponto de vista do seu crescimento e da sua promoção. Nesse sentido, o mestre, ao exercer o seu poder, o seu comando, não está manifestando as suas vontades pessoais, ele não exerce esse poder no seu interesse e vantagem. Pois se fosse assim esse poder dele não seria mais autoridade e sim apenas um poder tirânico. A autoridade é um poder exercido em benefício do aluno e é precisamente por isso que ela é um poder consentido por este. O aluno no contrato só aliena seu poder de se autoconduzir e de seguir as suas próprias vontades para fazer o que manda o mestre porque ele vê uma vantagem nisso, porque esse poder é exercido pelo mestre, mas não no seu próprio interesse, e sim no interesse dele, aluno. Desse modo, apesar de estar sendo conduzido, ele não está se submetendo a uma vontade estranha a si — como seria se obedecesse à vontade pessoal do mestre —, mas a um comando que é do seu interesse, ainda que esse comando possa não coincidir com a sua vontade imediata.

Podemos observar já aqui que o fato de obedecer a uma autoridade não fere ou retira necessariamente a liberdade e autonomia do aluno, pois, ao obedecer, ele está indo ao encontro do que é o seu interesse e a sua vantagem, no limite a sua verdadeira e profunda vontade. De um certo modo, então, resolver-se-ia aqui o problema da incompatibilidade da autoridade do mestre com a liberdade da criança. Porque o governo do mestre é um bom governo ele não fere a autonomia da criança, do governado.

Seria importante ver nessa teoria do contrato pedagógico que o mestre, tal como delineado por Rousseau, é um homem, digamos assim, especial. Pois ele não apenas tem uma superioridade inequívoca em relação ao aluno, como, além disso, exerce um poder que, entretanto, não visa à sua vantagem, mas à vantagem de um outro. É alguém que conduz um outro, o que, reconhece evidentemente Rousseau, é algo extremamente trabalhoso e penoso, demandando um certo "esquecimento de si" para se devotar ao outro. E tudo isso para não obter nenhuma vantagem pessoal desse poder,[6] para não fazer a sua vontade, mas exercer apenas um poder desinteressado, que se tiver alguma recompensa, ela estará jogada num futuro longínquo. É nesse sentido que podemos entender o que Rousseau diz sobre a figura do educador em sua essência: "que alma sublime... é preciso ser pai ou mais do que um homem" (1995, p.26). Ele é um homem "raro" e "difícil de encontrar" (*introuvable*), quase sobre-humano, um deus, pois dotado de qualidades tão elevadas — superioridade, capacidade de condução desinteressada, esquecimento de si para fazer o bem do outro, recompensa jogada no futuro etc.

Da utilidade da teoria do contrato

Será que Rousseau pretende que nós em nossa prática docente sejamos essa figura sobre-humana? O que, sem dúvida, seria impossível, pois somos apenas humanos. Podemos estender a pergunta e inquirir sobre a finalidade de toda essa teoria do contrato. Será que Rousseau pretende que de fato apresentemos abertamente esse contrato a nossos alunos e comecemos a praticá-lo à risca? Será assim que devemos entender essa teoria *filosófica* sobre a relação pedagógica e a autoridade docente? Parece-nos que não. O que Rousseau pretende com ela é somente captar a *essência* da relação pedagógica e da autoridade docente. Por essa razão ele propõe uma teoria filosófica sobre esses temas, que não visa, como uma teoria científica, uma aplicabilidade e utilidade imediatas. Não podemos retirar dessa teoria orientações diretas para nossos problemas concretos e empíricos de autoridade docente. Mas então, estamos no direito de perguntar, que utilidade tem saber a essência da relação pedagógica e da autoridade docente? Essa utilidade é, na verdade, de suma importância, pois não conseguiremos certamente chegar a nenhuma boa solução concreta e

---

6. Pois é evidente que nenhum salário no mundo seria recompensa, estaria à altura de pagar uma condução desse tipo.

particular sobre a autoridade docente, se não tivermos claro o que vem a ser a essência — abstrata e geral — dessa autoridade e da relação na qual se insere, a relação pedagógica. Se não soubermos o que deveriam ser essa relação e a autoridade docente não poderemos saber o que podemos efetivamente fazer nas nossas situações cotidianas e concretas, em outras palavras, se não tivermos clareza dos princípios não poderemos traçar planos de ação.

Essa essência pode servir assim como um *modelo* a partir do que poderíamos aferir se estamos tomando corretamente nossa prática e entendendo bem o sentido de nossa autoridade como mestres. Não se trata propriamente de um ideal, que por definição nunca poderia ser alcançado, seria mais um *parâmetro*, de que temos necessidade para podermos julgar o que estamos fazendo. Para citar mais uma vez Hannah Arendt (1972, p.223), diríamos que o que caracteriza uma situação de crise, como essa da autoridade docente, é a falta de parâmetros, de uma compreensão comum, consensual. Ninguém mais está de acordo sobre a essência de uma coisa — no caso do que é a educação, a relação pedagógica e a autoridade do mestre —, motivo pelo qual a crise se produz. A primeira medida então a tomar, supondo que seja possível, é tentar fazer as perguntas básicas e responder o que é a essência do fenômeno em que se dá a crise. Essa seria mesmo uma vantagem da situação de crise: enxergar a coisa na sua forma mais pura e desnudada e poder em conseqüência captar sua essência.

A cláusula afetiva

Para continuar nos detalhes do contrato pedagógico, vejamos mais uma de suas cláusulas principais. Para além de seu aspecto, por assim dizer, "administrativo", com obrigações, vantagens, condições, interesses, ou, para além da ligação "econômica" entre as partes, o contrato pedagógico deve necessariamente incluir uma dimensão ética e uma ligação afetiva entre as partes. Tal não quer dizer que o professor deva ser amoroso com seu aluno, ou que este deva ser afetuoso com seu mestre. Pois essa afetividade pode revestir formas bem distintas dos estereótipos. Nenhum dos dois papéis definidos pelo contrato poderá efetivar-se se não supuser essa ligação afetiva. O aluno não poderia entregar a alguém a sua condução, alienando-a de si mesmo, se não tivesse depositado uma certa confiança no mestre e não tivesse a convicção de que aquele comanda em função de seu bem e, na verdade, quer o seu bem.[7] Por outro lado, o mestre não poderia desdobrar todas as pesadas exigências do contrato se não tivesse uma espécie de respeito, de estima por seu aluno. Pois, vejamos em que implicam essas exigências. Ser capaz de conduzir e comandar — a condição que dá ao mestre a prerrogativa do poder sobre o aluno — exige que ele seja competente em termos dos conteúdos a serem transmitidos e da metodologia a ser utilizada, portanto implica horas dedicadas ao estudo e preparo das aulas, ou em outros termos, horas dedicadas ao próprio aluno. É por isso que Rousseau fala que o mestre é alguém que em certa medida esquece de si para se devotar ao outro (1995, p.448) e isso com certeza apenas é possível na presença de uma relação de *estima* e *respeito* pelo outro. Essa estima e respeito correspondem precisamente à ligação afetiva e à dimensão *ética*, intrínsecas ao contrato pedagógico.

O respeito pelo outro, o plano afetivo e ético do contrato, já está na verdade implícito na própria concepção do contrato, que traz implícita a idéia de igualdade entre as partes. Quando se pensa a relação pedagógica como um contrato tácito entre mestre e aluno, este último deixa de ser apenas aquele que é inferior, que está meramente destinado a obedecer e deve se resignar a esse estreito papel. Ele passa a assumir a estatura, por um lado, de sujeito de direitos, de pessoa jurídica, de *pessoa*, enfim. Mas passa também, por outro lado, a assumir a estatura de igual, uma vez que contratos só são firmados entre pessoas jurídicas iguais. Se é verdade que o contrato parte do princípio que o aluno é inferior ao mestre, razão pela qual a condução se justifica, é verdade também que ele pressupõe igualdade entre as partes. O aluno não está obrigado a entrar na relação pedagógica, nem a obedecer, não está obrigado, numa palavra, a aderir ao contrato com o mestre. Se o fizer, será por livre e espontânea vontade e por fazer um cálculo de ganho com esse contrato. Ele pode firmar ou não o contrato, tanto quanto o mestre. E se o firma é por reconhecer que está em igualdade de condições com ele, isto é, que não tem mais obrigações nem vantagens que ele. Essa "igualização" entre aluno e professor, que o contrato opera, realiza, por assim dizer, a *pro-*

---

7. "Amamos o que nos faz algum bem, é um sentimento tão natural" (1995, p.306). Essa ligação afetiva no caso do aluno seria decorrência, na psicologia de Rousseau, da paixão do amor-de-si. Para toda essa parte da cláusula afetiva ver *Emílio*, pp.305-7 e 446-9.

moção do aluno à estatura do mestre. Ele não é mais apenas um inferior, mas um igual. A um igual tratamos com respeito, como pessoa. É por essa promoção operada pelo contrato que o mestre pode tratar o aluno com respeito, como pessoa. Daí a cláusula afetiva ou ética do contrato.

O professor, uma vez tendo adquirido autoridade — que será o efeito imediato do contrato —, trata seu aluno como pessoa, com respeito, e, em certo sentido, como um igual. Nem por isso deixa de ter bem firme seu poder e deter o comando em suas mãos. O aluno, por sua vez, compreende essa igualdade e não a confunde com ausência de comando. É por isso que Rousseau afirma que, uma vez estabelecido o contrato — como se ele levasse certo tempo do relacionamento entre mestre e aluno até ser selado — não há mais necessidade de ser severo, de se exercer um poder explícito. Desse momento em diante já se pode abolir, expurgar mesmo, as palavras comando e obediência, pois serão inteiramente dispensáveis. A partir do estabelecimento do contrato, uma vez suas regras explicitadas, os papéis definidos, as obrigações e vantagens conscientes, a autoridade poderá se exercer de modo como que invisível e a obediência será tão dócil quanto se pudesse imaginar, diz-nos ele.[8] As explicações e justificativas para os comandos dados não estarão então fora de cogitação. Ao contrário, o aluno terá direito a elas. Elas só farão reforçar a sua qualidade de pessoa de direitos, a ligação afetiva e, muito importante, o seu compromisso em seguir aderindo ao contrato.[9]

A noção de compromisso

A noção de *compromisso* é, por sua vez, central ao contrato. Pois, dizendo ele respeito ao futuro, é como uma promessa de se

---

8. "Quando a hora chegar e ele tiver, por assim dizer, assinado o contrato, mudai então de tom, tornai vosso domínio tão manso quanto haveis anunciado que seria severo" (1995, p.448). Para mais pormenores, ver essa página inteira.

9. "Dir-lhe-eis: Jovem amigo (...) estás em condição de ver em todas as coisas os motivos de minha conduta; (...) Começa por obedecer e depois pergunta a razão de minhas ordens: estarei tão pronto a explicá-las tão logo estejas em condições de me entender, e nunca temerei colocar-te como juiz entre tu e eu." (1995, p.448).

112

continuar a participar do pacto, de manter suas obrigações para com o outro, de não abandoná-lo a qualquer instante e por qualquer razão que porventura apareça. Se o adulto tem já essa noção de compromisso formada, a criança, carecendo dela, deve aprendê-la pela própria participação no contrato. É o mestre, superior também nesse saber, que deverá ensiná-la. Dessa forma, quando a criança entra no contrato, por não saber toda a extensão dos compromissos que assume e das promessas que faz, pode eventualmente deixar de cumprir sua obrigação, por exemplo, a de consentir em ser conduzida pelo mestre. Tal ocorre, por exemplo, quando a criança prefere seguir suas "fantasias", em vez de seguir as propostas do mestre. Nesse caso, este poderá usar de outros meios — e, no limite, até mesmo a coação[10] — que a mera autoridade para se fazer obedecer, pois esta não terá eficácia.

Um ponto importante de toda essa maquinaria do contrato pedagógico — bem mais complexa do que faz supor nossa apresentação resumida[11] — é que, sempre que o contrato se revelar desvantajoso para uma parte, ela estará no direito de abandoná-lo. Assim, envolvendo ele a idéia de reciprocidade, quando uma parte deixa de cumprir suas obrigações está, na verdade, privando a outra de sua vantagem. O contrato passa então a ser oneroso para esta, o que lhe dá o direito de abandoná-lo, vale dizer, de deixar de cumprir as responsabilidades que lhe competem. Examinemos um caso particular dessa hipótese. Se um mestre porventura deixar de cumprir seus deveres no pacto, o aluno estará em pleno direito de lhe retirar toda a autoridade. Isso não poderá ser visto como uma anomalia, ao contrário, está inteiramente dentro do espírito do contrato, que supõe igualdade de vantagens entre as partes e livre adesão a ele. Essa hipótese poderá ocorrer, por exemplo, quando o professor pretender apenas ter autoridade — isto é, exigir que o aluno cumpra sua obrigação no contrato — sem, entretanto, estar fornecendo a contrapartida, cum-

---

10. Aparentemente, até onde nos é dado ver e se bem interpretamos seus textos, Rousseau pensaria como admissível, por exemplo, um pai que de vez em quando usa do recurso às palmadas para levar um filho a fazer o que determinou. O problema estaria em fazer desse recurso excepcional a única base do poder do educador. Está claro, então, que não haverá aí nem contrato, nem tão pouco autoridade, mas tão-somente um poder não sujeito a regras.

11. Segundo Michel Launay (1971, pp.372-3), a noção de contrato pedagógico seria a mais importante do *Emílio* e aquela em torno da qual esse texto inteiro se estrutura, ainda que apareça freqüentemente de forma implícita.

113

prindo sua parte no pacto, quer dizer, efetivamente exercendo a condução e no interesse do aluno. Em outras palavras, fica claro pelo contrato que o professor que não se esforça por ter bom domínio em sua área de conhecimento, ou que não se preocupa com a metodologia e preparo de suas aulas, ou, ainda, que não trata seu aluno como pessoa e com respeito, está rompendo flagrantemente o contrato. Seu aluno, ao retirar-lhe a autoridade, está somente cumprindo um direito que lhe reserva o contrato, ao mesmo tempo que reconhecendo o abandono prévio do mestre ao pacto. Pois, para ser titular do direto de autoridade, é necessário não apenas ocupar formalmente a função de professor, mas, como diria Rousseau, é sumamente importante se conduzir como um tal. A superioridade do educador não é uma mera hipótese *teórica* ou um *a priori*, mas, ao contrário, deve ser essencialmente uma *prática* efetiva e contínua.

* * *

Essa leitura, digamos assim, jurídica, da relação pedagógica poderia nos fornecer alguns elementos para pensar a crise de autoridade docente por que passamos. Das várias hipóteses que podemos levantar para explicar a origem dessa crise, talvez pudéssemos, de modo um tanto aleatório, perguntar se, ao invés de procurar a causa da crise na desobediência do aluno, não deveríamos nos voltar para o professor e nos interrogar se porventura ele não foi o primeiro a abandonar o contrato e, nesse caso, por que o teria feito. Essa hipótese poderia talvez nos trazer pistas mais férteis no entendimento da crise que vivemos.

Bibliografia

ARENDT, H. (1972) *Entre o passado e o futuro*. São Paulo: Perspectiva.

LAUNAY, M. (1971) *Jean-Jacques Rousseau Ecrivain Politique*. Cannes: C.E.L. Grenoble: A.C.E.R.

ROUSSEAU, J. -J. (1995) *Emílio ou da educação*. Tradução de Roberto Leal Ferreira. São Paulo: Martins Fontes.

_____. (1966) *Emile ou de l'Education*. Paris: Garnier-Flammarion.

VARGAS, Y. (1995) *Introduction à l'Emile de Rousseau*. Paris: PUF.

Entendendo um pouco mais sobre o sucesso (e fracasso) escolar:
ou sobre os acordos de trabalho entre professores e alunos

Denise Trento de Souza*

A idéia de que a escola pública é inadequada às crianças das classes populares porque se organiza a partir de conhecimentos, valores, padrões de comportamentos e de linguagem comuns às "classes médias" — sendo, portanto, estranhos àquele vasto segmento da população — foi, e ainda é, defendida por diversos educadores como uma das principais causas das dificuldades enfrentadas pelos alunos no processo de escolarização. O fracasso escolar seria então explicado como conseqüência de uma certa assintonia entre os conhecimentos, padrões e valores transmitidos pela escola e aqueles pertencentes aos grupos das camadas populares. Decorre então que para se desenvolver um trabalho escolar bem-sucedido, a escola, em especial o professor, deveria partir dos conhecimentos, dos saberes e da "cultura" desses alunos para, a partir deles, trabalhar com os conhecimentos escolares propriamente ditos. Essa *estratégia* merece alguns comentários.

Primeiramente, ela confere ênfase ao *conteúdo escolar* como elemento primordial a ser alterado. A preocupação com o conteúdo escolar é sem dúvida importante e os(as) educadores(as) não devem relegar ao segundo plano sua tarefa específica: ensinar. Voltarei em breve a esse ponto.

Em segundo lugar, temos a questão dos fundamentos teóricos que dão sustentação à idéia de que a escola seria inadequada às

---

* Professora da Faculdade de Educação da USP, doutoranda do *Institute of Education — University of London*. Co-autora de *Escola de tempo integral: uma questão em debate* (1988, Cortez).

crianças das classes populares, porque elas seriam "diferentes". Qualquer um que esteja envolvido com a educação pública provavelmente já ouviu a afirmação de que os professores e as professoras não têm competência para ensinar essas *"crianças diferentes"*, desconhecem sua cultura, e elas, se lhes for dado tempo suficiente, aprendem como as demais...[1] No entanto, tais explicações, pautadas na Teoria da Carência Cultural, já foram amplamente questionadas. Não nos deteremos nas críticas que podem ser feitas uma vez que existem diversos trabalhos que se dedicaram a isso (Patto, 1984, 1990; Souza e Souza *et al.* 1994 e Caglari, 1985, entre outros). Chamo, porém, a atenção do leitor para um ponto: o argumento de que as camadas populares possuem uma "cultura diferente". Já foi apontado por alguns pesquisadores — e há bastante tempo — o nosso desconhecimento sobre, por exemplo, as práticas de socialização dos grupos populares (Lemos, 1985). Praticamente não existem trabalhos de pesquisa sérios sobre esse tema.[2] Mostrou-se também que na ausência desse conhecimento, utilizam-se idéias negativas preconcebidas (baseadas em estereótipos sociais negativos) sobre esses grupos.[3] Patto, ao rever as afirmações recorrentes na literatura educacional sobre o fracasso escolar, conclui "Por isso é necessário reafirmar: o desconhecimento a respeito dessas crianças é generalizado e está presente também no corpo do conhecimento científico; portanto, mesmo que esse professor tente suprir suas lacunas de informação e corrigir seus vieses de classe entrando em contato com textos que lhes estão mais à mão, é provável que continuará a desconhecer seus alunos pobres, julgando que os conhece" (Patto, 1990, p.125).

Nesse sentido seria não só um equívoco, mas também injusto afirmar que é apenas o professor que desconhece a cultura desses

---

1. Gostaria de deixar claro que acredito que muitos educadores e educadoras ao aderirem a estas explicações para o fracasso (e em certa medida para o sucesso) escolar estão genuinamente preocupados com a educação escolar de nossas crianças, bem como com a ampliação de suas oportunidades escolares.

2. Existe um trabalho interessante a respeito das modificações nas práticas de socialização em três gerações de migrantes, desenvolvido por Jerusa Vieira Gomes: Do campo à cidade: transformações nas práticas educativas familiares. *Cadernos de Pesquisa*, n.64, pp.48-56, 1988.

3. Por exemplo: as mães e pais das classes populares não dão importância ao estudo, não cuidam com carinho e dedicação de seus filhos, os pais bebem muito, as mulheres têm vários maridos etc.

grupos. Temos ainda muitas perguntas e poucas respostas... Em que aspectos as crianças das camadas populares são diferentes? Por que considerar que elas são "mais lentas" para aprender? Em que medida grupos migrantes que já estão há várias gerações nas grandes cidades modificam/incorporam os padrões culturais e valores dos grupos dominantes? E se desconhecemos em que aspectos e em que extensão as crianças das camadas populares são diferentes, como podemos adequar os conteúdos e práticas escolares a elas? E mais ainda, ouso perguntar: por que pressupor necessária essa "adequação" para o desenvolvimento de um bom trabalho com as crianças dos grupos populares? Nesse pequeno artigo pretendo apresentar e discutir, a partir dos resultados de um trabalho de pesquisa, uma estratégia de organização do trabalho pedagógico — os acordos de trabalho entre professores e alunos —, bem como seu papel na obtenção de um bom trabalho escolar.

Explicando um pouco mais: as idéias predominantes nos meios educacionais conferem destaque à importância dos *conteúdos escolares*. Todas as reformas curriculares testemunham isso. O argumento subjacente é o de que os conteúdos veiculados pela escola precisam *ser significativos* para os alunos, daí a idéia de partir-se dos conhecimentos das crianças e jovens das classes populares como estratégia pedagógica com vistas a obter sucesso no processo de escolarização desses grupos.

Pois bem, proponho o seguinte argumento: não basta que os conteúdos escolares sejam significativos (e para *qualquer* aluno, não só para os alunos pertencentes às camadas populares). As *relações estabelecidas* em sala de aula, entre professores e alunos, também precisam fazer sentido e, especialmente, necessitam *ser bem compreendidas pelos alunos*. Ou seja, os lugares, responsabilidades diferentes de alunos e professor, as expectativas que se têm sobre o comportamento e atitudes dos alunos dentro (e até mesmo fora) da sala de aula precisam ser compreendidos pelos alunos. Cabe ao professor exercer com clareza, seriedade e segurança sua autoridade (não necessariamente autoritária) em sala de aula, para que os alunos tenham maiores chances de sucesso na escola. Nesse artigo tentaremos mostrar que o professor e a professora que exercem sua autoridade por *acordos de trabalho* com seus alunos e se preocupam em estabelecer com clareza (e não com ambigüidade!) as "regras escolares" têm melhores chances de desenvolver um trabalho pedagógico bem-sucedido.

Conhecendo um pouco sobre os bons alunos e o sucesso escolar

"Para que pesquisar o sucesso escolar, os bons alunos, quando nossas escolas enfrentam tantos problemas?! Estes sim é que precisam de solução..." Essa foi uma resposta típica que recebi quando abordei os educadores e educadoras nas escolas públicas que foram visitadas por ocasião da minha pesquisa sobre sucesso escolar. Houve momentos em que cheguei a pensar que eles tinham razão. Mas, felizmente, persisti. Minha curiosidade (elemento essencial para se conhecer) foi mais forte e minha intuição, obviamente alimentada por algumas leituras e experiências práticas, foram fundamentais para empreender uma pesquisa sobre um tema ainda tão pouco investigado.

Notava a quase inexistência de referência aos chamados "bons alunos" e sucesso escolar tanto na literatura educacional quanto nas conversas nas escolas. Especialmente quando o interlocutor é psicólogo, professores(as) e demais educadores(as) elegem, como tema central de sua fala, os chamados "alunos-problema". Essa atitude é, sem dúvida, compreensível. Porém minhas questões permaneciam: será que podemos nos satisfazer com um nível de conhecimento tão precário, em geral meramente especulativo, sobre os chamados "bons alunos"? Suas condições de aprendizagem seriam diferentes daquelas demonstradas pelos alunos que são reprovados? Além disso, o profundo questionamento de explicações para o fracasso escolar oriundas da Teoria da Carência Cultural (que apontam a influência da desnutrição, da deficiência cognitiva, da diferença cultural como responsáveis pelo baixo desempenho escolar dos alunos) trouxe, a meu ver, conseqüências para o entendimento do seu reverso — ou seja, do sucesso escolar. Explicando: se o "mau aluno" (no sentido daquele que fracassa) é reprovado não necessariamente porque lhe falte competência/capacidade de aprender, como bem demonstrou Patto,[4] o

---

4. Consultar "Quatro histórias de (re)provação", pp.287-339 em PATTO, M. H. S., 1990.

que é que o "bom aluno" (no sentido daquele que é aprovado e se beneficia do processo escolar) tem ou faz que lhe garante o "sucesso"?

Como existiam poucos trabalhos sobre os temas "sucesso escolar" e "bons alunos", recorri a alguns estudos que abordavam temas correlatos, como, por exemplo, a série de trabalhos de Kramer e André, sobre professores bem-sucedidos (Kramer e André, 1984; Kramer *et al.*, 1987). A pesquisa de Sonia Kramer e Marli André representou, na época, uma abordagem bastante inovadora uma vez que aborda a escola e suas práticas a partir de um ângulo diferente. Numa época em que a preocupação com o fracasso escolar dominava o cenário educacional, as autoras voltam seu olhar para os professores alfabetizadores bem-sucedidos. Além disso, Kramer e André aparentemente não foram seduzidas nem pelo convincente argumento da incompetência técnica dos professores nem pela abordagem construtivista.[5] Conseguem, dessa maneira, fazer contribuições interessantes sobre as formas efetivamente empregadas pelas professoras no ensino bem-sucedido da leitura e da escrita. Observaram o seguinte:

1) o emprego de métodos de alfabetização e prática pedagógica eram bastante heterogêneos, desde as mais tradicionais até as mais inovadoras;
2) a manutenção da disciplina em sala de aula objetivava tanto a ordem, ligada à moral, quanto a organização do trabalho em classe;
3) a seriedade de todas as professoras no exercício da profissão. As pesquisadoras identificam-na como uma manifestação de *compromisso profissional.*

Sonia Kramer e colaboradores realizaram estudos de caso com uma professora bem-sucedida, em continuidade à pesquisa anterior. Nesta, além da preocupação com as práticas bem-sucedidas de alfabetização, as autoras envolvem-se também com a formação de professores em serviço, tema que ganhou crescente atenção na última década. Algumas de suas conclusões merecem destaque, considerando nosso tema:

---

5. Estou trabalhando sobre o argumento da (in)competência dos professores em minha tese de doutoramento, a ser apresentada em breve.

1) o plano de trabalho da professora foi desenvolvido de forma autônoma;

2) o método de alfabetização era heterogêneo, combinando estratégias inovadoras às tradicionais;

3) a relação da professora com seus alunos era mediada pela crença de que todos têm capacidade para aprender; e

4) quanto à disciplina, destacam "a ênfase dada à cooperação; a disciplina entendida enquanto organização para o trabalho e não só como manutenção da ordem" (Kramer *et al.*, 1987, p.32).

Além destes, o trabalho de Patto sobre a produção do fracasso escolar (1987) foi fundamental para a formação de meus pressupostos sobre o "sucesso escolar" dos alunos das escolas públicas.[6] Patto e suas assistentes conviveram com uma escola de um bairro periférico em São Paulo durante um longo trabalho de pesquisa. É importante destacar, para auxiliar a discussão neste artigo, as análises realizadas sobre o trabalho de observação em classe, especialmente sobre classe "forte", bem como entrevistas com sua professora.

Marisa, a professora da sala "forte", é considerada, pela equipe técnica e direção, uma das melhores professoras da escola. Procura desenvolver com determinação a tarefa que lhe foi atribuída no início do ano letivo: constituir uma das melhores classes, confirmando assim sua competência e a de seus alunos. Sua autoridade em sala de aula é exercida sem hesitação, mas com profundo autoritarismo. É comum a professora referir-se à sua preocupação com a disciplina, a ordem e a submissão de seus alunos, que, acredita serem necessárias para a realização de um bom trabalho escolar. A professora tenta garantir essas condições pelo controle rígido do comportamento e da mente de seus alunos. Na sua sala de aula, *ordem e silêncio* são as características gerais mais marcantes.

Na classe dos "repetentes fracos" a característica mais marcante é a confusão e falta de atenção. A análise das práticas disciplinares revelou que as atitudes da professora dessa classe eram *imprevisíveis; não havia parâmetros para os alunos sobre o permitido e o*

---

6. O trabalho de Patto será utilizado em diversas passagens deste artigo. Estabeleço um diálogo constante com ele e a partir deste momento me referirei a ele como a *primeira pesquisa.*

proibido. As permissões e proibições variavam com a flutuação do humor da professora. "Esta inconstância a leva *a não ter autoridade frente ao grupo*" (Patto, p.232, grifos meus). E continua, "estamos, portanto, numa classe na qual não existe ordem e disciplina impostas por atitudes consistentes de punição por parte da professora e muito menos decorrentes da clareza com que os limites são colocados" (Patto, p.232).

Ao se comparar as duas classes (a "forte" e a "fraca") percebe-se que estas tinham algumas práticas pedagógicas em comum: a) o "faz-de-conta" quanto à efetividade do aprendizado; b) a repetição monótona de textos e conteúdos; c) a ausência de significado das tarefas propostas levando as crianças à incompreensão e à sua realização de acordo com o significado que lhes atribuem; e d) a recriminação e ataques à auto-estima das crianças.

Quanto ao perfil do que seria um *bom aluno*, o capricho, a limpeza, a ordem e a submissão aparecem como os atributos necessários. A ajuda pedagógica em casa, a existência de uma família "bem-estruturada", bem como o aspecto pessoal da criança (sobretudo a limpeza) também revelaram-se fundamentais na avaliação das professoras. A perfeição dos cadernos e a execução à risca das tarefas pedidas eram também aspectos levados em consideração. Enfim, chamou a atenção a utilização de critérios mais poderosos que o rendimento escolar do aluno propriamente dito.

Dois outros aspectos discutidos na *primeira pesquisa* ajudam a reflexão sobre o sucesso escolar. São eles: os critérios de formação das classes e a velha conhecida prática do remanejamento. Juntos comparecem como elementos fundamentais no destino escolar das crianças. Quanto à formação de classes buscando homogeneizar as turmas, vale a pena relembrar a grande influência das expectativas do professor sobre o desempenho escolar de seus alunos, como nos ensinaram Rosenthal e Jacobson: o professor que espera mais, obtém mais, o que espera menos obtém menos... Quanto ao remanejamento, além das repercussões da mudança de professores sobre o vínculo afetivo entre a criança e o adulto analisadas pela *primeira pesquisa* e da "coisificação" dos alunos subjacentes a pratica do remanejamento, acredito que a troca de professor implica, para a criança, um *novo processo de adaptação*. Pode parecer óbvio mas os professores são diferentes. Têm estratégias disciplinares e de recompensa diferentes, tolerâncias e intolerância (a barulho, a desobediência, por exemplo) e limites que variam. E ainda bem! Imaginem o tédio que enfrentaríamos anos a fio na escola com professores iguais ou muito parecidos. Mas essa heterogeneidade existente nas práticas pedagógicas dos professores (corroborada por Kramer e André, 1984; Kramer *et al.*, 1987) implica que o aluno precisará reaprender a *situar-se* em sala de aula a cada remanejamento a que for submetido. Ou seja, o aluno terá de conhecer e entender sua nova professora, suas estratégias, a organização daquela sala de aula etc. Tarefa nada fácil, especialmente para aqueles alunos que acabaram de entrar no universo escolar.

Organizando a prática em sala de aula mediante acordos de trabalho

No dia-a-dia de uma sala de aula existem episódios incompreensíveis à primeira vista para um observador estranho a ela. Isso porque se encontra um grupo que já possui história e códigos estabelecidos em comum. Alguns desses momentos podem passar totalmente despercebidos se definirmos de antemão o que observar. No trabalho de pesquisa sobre "sucesso escolar", minha curiosidade foi despertada por um desses momentos cujo significado não compreendi de imediato. E esse episódio revelou ser manifestação de uma das principais práticas que estruturam o trabalho e a relação entre a professora e os alunos naquela classe. Apesar de não entender bem o seu significado percebi certa *sintonia* na comunicação estabelecida entre professora e alunos. Eu não o compreendia porque não pertencia àquele grupo. Porque não compartilhava a história que haviam construído juntos. Reproduzirei em seguida o resumo de meu registro da cena. Creio que esse recurso auxiliará na compreensão da idéia que quero discutir.

"As crianças copiam da lousa quatro contas de subtração e começam a resolvê-las. Cláudia está em sua mesa atendendo alguns alunos chamados por ela. Outros alunos levantam as mãos permanecendo assim durante aproximadamente dois minutos. Não falam nada. Um menino vai até a mesa de Cláudia dizendo algo em tom de voz baixo. A professora pede-lhe que volte para sua carteira, levante a mão e espere as folhinhas chegarem lá. Em seguida, Cláudia deixa sua mesa com um maço de folhas usadas de computador nas mãos e passa a distribuí-las aos alunos. De posse desse material os alunos baixam as mãos e voltam ao trabalho."

122

Poderíamos entender esse episódio como mera distribuição de papel de rascunho para auxiliar os alunos a realizar a tarefa. Porém, dois aspectos chamaram-me a atenção: o tipo de comunicação utilizado (sem palavras) e a compreensão imediata dos alunos e da professora de seu significado. Levantar as mãos significava precisar de folhas de rascunho para a realização da tarefa de subtrações. E nada foi dito naquele momento. As crianças utilizaram-se de um sinal que foi compreendido pela professora. A comunicação não exigia palavras pois existia um *acordo prévio* entre eles. Eu não entendia o seu significado porque desconhecia esse acordo.

Os *acordos de trabalho* entre a professora e os alunos envolvem a *formação de atitudes* compatíveis com a aprendizagem em salas de aula. Fornecem alguns parâmetros para as crianças. Esclarecem o que se espera delas naquele espaço que, para muitos, é ainda pouco conhecido.

Os acordos, os "combinados", como eles os chamavam, entre professora e alunos, *estabelecem as regras do espaço escolar, estruturando a relação entre eles e organizando o trabalho pedagógico em sala de aula.* Os acordos são estabelecidos no início do ano, mas podem ser modificados no seu decorrer, dependendo da necessidade.

Os acordos envolvem normas de convivência, de disciplina, de comportamento dentro e fora da sala de aula. Alguns acordos são discutidos e contam com sugestões dos alunos; outros são propostos pela professora. Nem sempre são cumpridos à risca por todos os alunos. No entanto, e isso é muito importante, notamos a preocupação da professora em *tornar claras, explícitas as "regras do jogo".*

Diversos aspectos da prática em sala de aula podem ser regidos por acordos de trabalho. O *uso do espaço e do tempo*, por exemplo, pode ser facilmente acordado entre professores e alunos, mesmo alunos bem pequenos. Aliás, a prática de se "combinar" pode iniciar-se o mais cedo possível, assim que a criança consegue comunicar-se bem pela linguagem.

Na classe observada, os alunos utilizavam todo o espaço da sala, caminhavam entre as fileiras, iam até as carteiras dos colegas, apontavam lápis na lixeira, escreviam ou desenhavam na lousa, iam até a mesa da professora para pedir explicação, mostrar tarefas ou simplesmente para conversar. Todos podiam caminhar pela sala livremente, sem pedir autorização para fazê-lo. No entanto, *havia momentos mais adequados e um modo para transitar nesse espaço.* Quando a professora estava explicando matéria nova ou dando orientações sobre a tarefa a ser realizada, por exemplo, os alunos deviam prestar atenção e permanecer nos seus lugares. Durante o trabalho proposto podem sair de suas carteiras, mas sem muito barulho. *Uma das regras combinadas é não atrapalhar o colega.* Em geral, esse acordo é respeitado: quando não o é, a professora (ou mesmo algum aluno) intervém para lembrá-los. A disciplina não era mantida de forma rígida mas, em geral, com paciência e tolerância. A professora descreve muitos de seus alunos como irrequietos, agitados, falantes mas com bom rendimento escolar. Percebe que silêncio e imobilidade não significam interesse nem tampouco aprendizagem. A professora aprendeu isso com seus alunos e demonstra sensibilidade ao notar que as crianças são diferentes, algumas necessitam falar, movimentar-se mais do que outras para aprender o que lhes procura ensinar.

A *realização e correção das tarefas escolares* é outro aspecto da prática pedagógica possível de ser submetida a acordos.

Na classe observada professora e alunos adotavam três procedimentos distintos: a) os alunos procuram auxílio da professora na sua mesa, seja para mostrar o que já fizeram, seja para tirar dúvidas; b) a professora acompanha o trabalho dos alunos passando de carteira em carteira; e c) a professora chama-os à sua mesa para corrigir a tarefa proposta ou para lhes entregar o caderno recolhido previamente. Os três procedimentos são utilizados, às vezes, no mesmo dia. *O acordo entre eles é o livre acesso ao professor.* Todos os alunos procuram a professora e são por ela chamados quando realizam alguma atividade, o que torna essa prática uma das mais freqüentes entre eles.

Um ponto a destacar com esses procedimentos, que acredito estar diretamente ligado ao sucesso escolar, é a preocupação com o atendimento individual aos alunos. Ainda que não seja possível atender a todos, todos os dias, é fundamental, especialmente com os mais jovens, o *acompanhamento do percurso de aprendizagem de todos.*

Cláudia procura também certificar-se da compreensão das crianças quanto aos passos na realização das tarefas pelas orientações e explicações *claras*. É nítido seu empenho em tornar a aprendizagem viva e significativa. Nota-se, subjacente à sua prática em sala de aula, um *compromisso com a aprendizagem* de seus alunos.

Rompimento dos acordos

Nem sempre as crianças cumprem os acordos. Algumas vezes os alunos se "esquecem" deles. Penso que subjacentes a esse aparente esquecimento existem outros desejos ou outras necessidades dos alunos. A sala de aula é também um espaço onde se estabelecem relações de amizades, trocam-se segredos, conversa-se sobre a vida. Érik é um dos alunos depositários do rompimento dos acordos.

Na avaliação da professora, Érik não cumpre sua parte no acordo. No entanto, ele aceita, por seus atos, dois acordos fundamentais: fazer a tarefa (aprendendo com ela) e não atrapalhar os colegas. Em sala de aula, Érik resolve algumas das tarefas propostas para se certificar de que entendeu o conteúdo. Ele terminará de resolvê-las em casa mas não em classe. Nunca deixa de realizar uma tarefa mas não o faz em sala de aula.

A entrevista com os pais de Érik forneceu-nos algumas pistas que auxiliam a compreender sua necessidade de andar pela classe, de conversar durante boa parte do tempo que está na escola. Érik é *proibido de brincar na rua*, pois seus pais consideram o bairro perigoso.

Érik modifica, à sua maneira, os acordos segundo suas necessidades. Ele procura conciliar duas necessidades distintas: as suas, individuais e as coletivas (os acordos com o grupo). Érik aprendeu a estar em sala de aula sem confrontar-se totalmente com a professora, ao mesmo tempo que realiza seus desejos. Sua estratégia é alterar o uso oficial dos espaços escolar e extra-escolar: em casa ele estuda e em sala de aula ele brinca.

Em alguns momentos, os acordos parecem não funcionar bem. A postura tranqüila e paciente da professora altera-se em algumas situações: episódios envolvendo pequenos furtos e momentos de maior agitação dos alunos, como ocorre após algumas aulas de educação física e em pequenas brigas durante o recreio.

Ao que nos parece, a maior agitação dos alunos em determinadas situações é decorrente da permanência prolongada em classe. O período de seis horas seria adequado caso as atividades propostas na programação idealizada no projeto fossem cumpridas. No entanto, a escassez de materiais pedagógicos e a ausência de salas de leitura ou de biblioteca não permitem à professora diversificar as atividades durante as seis horas. Dessa forma, o período diário de permanência na escola torna-se cansativo para todos. O recreio é então o momento aproveitado para correr e brincar resultando, eventualmente, em pequenas brigas e desentendimentos comuns entre crianças dessa idade. No entanto, a professora parece perturbar-se nesses momentos, talvez por sentir perder o controle da situação.

Participação dos pais na escola e sucesso escolar

Ao final do primeiro semestre solicitei à professora Cláudia uma avaliação geral de seus alunos. O conjunto dos pareceres oferece pistas sobre a representação que ela faz dessas crianças e de suas famílias. Eles me forneceram elementos importantes à compreensão das expectativas e valores que permeiam tanto as relações pessoais quanto as práticas e processos construídos nessa sala de aula. Vejamos alguns exemplos ilustrativos:

> *"O Rodrigo M., o pai parece que é metalúrgico. O pai participa muito da escola, da APM, muito bom. Pai e mãe trabalham fora, mas eles estão em contato assim com a escola, direto e ele está bem."*
>
> *"Ana Paula, então, muito bem, excelente aluna. O pai dela é motorista da viação aqui no bairro; motorista não, cobrador. Está sempre participando, perguntando sobre a filha, a menina vai muito bem."*
>
> *"O Alexandre é excelente aluno, tem um desempenho muito bom, a participação dos pais é excelente, sabe. O pai dele vem à escola, a gente conversa, ele se ofereceu para fazer um mutirão para tirar o mato da escola, sinto a cabeça dos pais, assim, muito boa."*

É importante notar dois elementos nas descrições feitas sobre os alunos. A idéia de *participação* é o seu denominador comum.

O primeiro elemento refere-se às características atribuídas às crianças dessa classe "forte", ou seja, os "bons alunos". Vários são descritos como crianças irrequietas, falantes, ativas e *participantes* em sala de aula. Ou seja, os "bons alunos" não são, para ela, necessariamente obedientes, perfeccionistas, "limpinhos" e submissos. Vale a pena lembrar que tais atributos apareciam com freqüência nos pareceres da professora da classe "forte" contidos *na primeira pesquisa.*

Considero fundamental refletir sobre essa diferença encontrada entre as duas professoras de classe "forte". Primeiramente, ela revela a existência de uma *multiplicidade* de padrões de relação professor-aluno nas salas de aula bem-sucedidas. Não se trata, portanto, de equívoco da *primeira pesquisa.* Essa multiplicidade é, sem dúvida, decorrente de vários aspectos. No entanto, quero dar destaque a dois deles: a) a visão positiva da professora de parte das famílias de seus alunos; e b) sua valorização à participação ativa da criança no processo de ensino-aprendizagem.

O segundo elemento presente nas descrições sobre os alunos é a constante referência ao interesse, participação e colaboração de pais e mães na vida escolar de seus filhos: estão presentes na escola, buscam informações sobre os alunos, alguns até mesmo fora do espaço das reuniões, auxiliam na realização dos deveres de casa ou acompanham-na mesmo sem efetivamente ensiná-los. A partir das informações obtidas nas entrevistas realizadas com vinte famílias dos alunos foi levantada a seguinte hipótese: provavelmente a força do chamado "corpo docente oculto" deva-se também *à valorização da educação escolar e ao incentivo* traduzidos tanto na argumentação, junto à criança, da importância desse aspecto na sua vida futura, quanto no controle do dia-a-dia, insistindo para que façam os deveres de casa e estudem "direitinho". Conseguem dessa forma, que seus filhos *estudem mais em casa.*

Acordos de trabalho e sucesso escolar

Um dos objetivos subjacentes às conversas e a alguns tratos estabelecidos com os alunos refere-se ao desenvolvimento de valores, hábitos e atitudes tais como honestidade, sinceridade, responsabilidade e cooperação. Pretende-se também incentivar a capacidade de argumentar e dialogar. A professora Cláudia acredita que o trabalho do professor envolve aspectos ligados à socialização e não apenas à transmissão de conteúdos escolares. A relação entre esses acordos e a qualidade do rendimento escolar dos alunos é feita pela professora na entrevista realizada no final do ano.

A análise desenvolvida revelou a existência de diferentes concepções pedagógicas permeando as práticas e os processos desenvolvidos em sala de aula. A título de exemplo, tomarei duas professoras consideradas, pela escola na qual desenvolvi a pesquisa, como boas profissionais que conseguem aprovar a maioria de seus alunos: Cláudia e Joseli. A primeira, mais flexível e aberta às negociações com seus alunos e, a segunda, rígida no controle da disciplina dos alunos. A primeira, estabelecendo acordos de trabalho com as crianças e, a segunda, desenvolvendo uma prática pedagógica mais "tradicional", permeada por conceitos e concepções oriundos da filosofia católica ortodoxa. Desse modo, estão subjacentes à vida nessas salas de aula distintos pontos de vista sobre *normas, valores e atitudes* consideradas adequados.

Ou seja, o processo de adaptação dos alunos à escola, e conseqüentemente suas chances de sucesso, *dependem da forma como as crianças lidam com o modelo proposto pelo professor*: se o compreendem e o aceitam, se o compreendem e o rejeitam, se o compreendem mas o modificam em parte, ou *se não o compreendem, porque esse não está claro*. Esta última possibilidade (a da ausência de compreensão do modelo proposto pelo professor) me auxilia a elucidar um aspecto importante. Este se refere à questão dos *significados* dos conteúdos e das *relações* nas práticas escolares. Minha pesquisa revelou que *não são apenas os conteúdos escolares que precisam ser significativos. As relações e as atitudes também precisam ser entendidas pelos alunos.* A função organizadora desempenhada pelos acordos de trabalho e sua contribuição na realização de um bom trabalho pedagógico deu-nos evidências disso.

Na sala de aula observada encontrei a preocupação explícita da professora em estabelecer as regras e em fornecer orientações claras, tanto no que se refere à consecução das tarefas quanto às atitudes julgadas adequadas dentro e fora da sala de aula. As práticas desenvolvidas no dia-a-dia eram, em boa parte, resultantes de acordos de trabalho com os alunos. Além disso, as atitudes da professora para com os alunos eram respeitosas e era evidente seu compromisso com a aprendizagem deles. Ou seja, encontramos, por parte dessa professora, não apenas o cuidado em proporcionar conteúdos escolares significativos mas também em estabelecer relações com os alunos em que as expectativas e os papéis estão claros e compreendidos. Acredito que a explicitação das regras escolares seja um aspecto essencial na organização do trabalho em sala de aula e, mais ainda, levanto a hipótese de que a participação dos alunos, por meio de acordos de trabalho, possa auxiliar o estabelecimento de boas relações pessoais entre professores e alunos — evidentemente não isenta de conflitos — funcionando como um dos determinantes possíveis do sucesso escolar. É sempre conveniente lembrar que qualquer instituição possui regras de convivência, com as quais nós podemos concordar ou não, aceitar, modificar ou recusar. Quanto mais claras e explícitas e, portanto, *menos ambíguas* forem elas, mais facilmente conseguiremos nos posicionar.

A organização do trabalho pedagógico mediante o estabelecimento de acordos seria, a meu ver, um dos aspectos relacionados ao trabalho pedagógico bem-sucedido. É sem dúvida ainda preciso desenvolverem-se outras pesquisas sobre esse tema, que considero bastante promissor uma vez que toca a questão da *formação de atitudes*, nos alunos e nos professores, compatíveis com a aprendizagem escolar tal qual se processa em nossas escolas. Nesse contexto, é legítimo perguntar: será que grande parte das dificuldades de aprendizagem e de adaptação escolar das crianças das classes populares (ou as chamadas crianças carentes) não decorre da falta de clareza das atitudes específicas que delas se espera na escola, que são, em tantos aspectos, tão diferentes daquelas atitudes que tornam essas crianças adequadas, competentes no âmbito da família e do bairro?

Bibliografia

CAGLARI, L. C. (1985) O príncipe que virou sapo. *Cadernos de Pesquisa*. São Paulo, n.55, pp.50-62.

KRAMER, S.; ANDRÉ, M. E. D. (1984) Alfabetização: um estudo sobre professores das camadas populares. *Revista Brasileira de Estudos Pedagógicos*. Brasília, v.151, n.65, pp.523-37.

KRAMER, S. *et al.* (1987) Um mergulho na alfabetização (ou: há muito o que revelar sobre o cotidiano escolar). *Revista Brasileira de Estudos Pedagógicos*. Brasília, v.158, n.68, pp.65-97.

LEMOS, C. (1985) Teorias da diferença e teorias do déficit: os programas de intervenção na pré-escola e na alfabetização. *Educação e sociedade*. São Paulo, v.20, n.7, pp.75-89.

PATTO, M. H. S. (1987) *A produção do fracasso escolar*: histórias de submissão e rebeldia. São Paulo: Instituto de Psicologia da USP. (Tese de livre-docência)

_____. (1984) *Psicologia e ideologia*. São Paulo: T. A. Queiroz.

SOUZA, M. P.; SOUZA, D. T. *et al.* (1994) A questão do rendimento escolar: mitos e preconceitos. In: CONCEIÇÃO, J. A. N. (coord.) *Saúde escolar: a criança, a vida e a escola*. Sarvier, pp.125-32.

Autoridade docente, autonomia discente:
uma equação possível e necessária

Julio Groppa Aquino*

> *Pois a honra pode ser imerecida, a alegria nunca o é.*
> R. Barthes

Há uma passagem do livro *Quase memória: quase romance*, de Carlos Heitor Cony, que narra as experiências de um garoto e seu memorável pai por ocasião da preparação daquele para os exames de admissão no seminário, na década de 1930.

No período dos cinco meses anteriores aos exames, o pai decide tomar para si a tarefa de capacitar o filho para enfrentar aquilo que era considerado na época um desafio "rigorosíssimo", ainda mais em se tratando do fato de que, até então, ele não freqüentara regularmente os colégios em virtude de um problema de dicção. Conta-nos Cony: *Aprendera a ler e a escrever — e só. Fazia contas nos dedos — e geralmente erradas. Com nove para dez anos, já era um retardatário na vida. Havia agora o desafio. Os exames exigiam um nível igual ou superior ao do curso primário completo. (...) Eu teria de fazer, em cinco meses, o equivalente aos cinco anos do primário para me habilitar à admissão de um curso ginasial truculento* (1995, p.104).

---

* Professor da Faculdade de Educação da USP, com mestrado e doutorado em Psicologia Escolar. Organizador e co-autor da coleção *Na Escola: alternativas teóricas e práticas*, publicada pela Summus.

Iniciam-se os trabalhos, considerados pela mãe do menino demasiado austeros para a criança. Deveria o filho-aluno acordar às sete horas da manhã e ter aulas até as dez. Das duas às cinco, dedicar-se-ia aos deveres, e, aos domingos, as aulas prosseguiriam o dia todo.

Quanto às funções do pai-professor, temos o seguinte: *O quadro-negro, o giz, o apagador, os cadernos, tudo fazia parte de uma técnica especial e inédita para ele: "De como ensinar em casa um filho retardado a fazer exames". Era, na vida dele, a primeira experiência no gênero, mas parecia que nunca fizera outra coisa — tantas regras ditou para mim e para ele. Além do equipamento básico de uma escola, do horário estipulado, ele redigiu regras suplementares que copiou com sua melhor letra (à qual não faltaram borrões) colocando o papel na porta do meu quarto, a fim de que, a cada manhã, ao acordar, eu tomasse conhecimento do que faria na vida em geral e naquele dia em particular. Uma dessas regras obrigava a me preparar física e espiritualmente para as aulas que ele daria na sala, na sua escrivaninha escura* (p.105).

Após a higiene pessoal e a organização da sala (tornada *setting* pedagógico), os trabalhos do dia começavam com as correções, sempre rigorosas, dos exercícios que o pai-professor prescrevera na véspera. Quando detectava um erro, riscava a página do caderno com um "enorme zero, escrevendo dentro dele a palavra *zero*, a fim de não deixar terreno onde pudesse plantar uma dúvida ou contestação" (ibid.). Às vezes, mandava o filho-aluno para a lousa e repetia o exercício. As matérias ensinadas eram português, aritmética, geografia, história do Brasil e ciências.

Afora o trivial pedagógico, o pai tinha, segundo Cony, *"idéias que infelizmente, pelo resto da vida, nunca mais encontrei em outros professores que passaram pelo meu caminho"* (p.106).

Novato no ofício, o pai-professor, vez por outra, arriscava algumas experiências pedagógicas alternativas. Uma delas em particular, referente aos pontos cardeais, é relembrada pelo escritor.

Pelo menos naquele tempo, a ilustração era suficiente para que uma geração de meninos em todos os quadrantes do globo terrestre soubessem onde era o Norte e o Sul, bastando ficar de frente para o sol no momento em que este nascia e, ao abrir os braços, poder se orientar, na certeza de que atrás dele ficava o oeste. Para o pai era pouco. Na véspera da lição, ele deixou escrita no quadro-negro uma mensagem para mim: "Amanhã, às cinco e meia, impreterivelmente, partiremos de casa para os altos do Sumaré a fim de assistir ao nascer do sol e com ele aprender a orientação sobre o planeta Terra. Traje: esporte. Atenção: acordar meia hora antes da saída, fazer a higiene, tomar café e apresentar-se à sala na hora aprazada. PS: haverá merenda para o aluno" (pp.106-7).

Não nos interessa, aqui, focalizar o espírito investigativo que marcou as iniciativas metodológicas do pai do autor (já em plena década de 1930), mas tão-somente o teor da relação constituída entre professor e aluno, por meio da "mensagem" disposta no quadro-negro. Ela, quer nos parecer, é uma excelente mostra da equação autoridade/autonomia no âmbito do trabalho pedagógico.

Em tempo: Carlos Heitor Cony foi aprovado entre os primeiros no exame de admissão para o seminário e tornou-se um dos mais renomados jornalistas brasileiros, tendo publicado mais de uma dezena de romances consagrados.

* * *

Enveredemos pelo teor do recado deixado pelo pai-professor. O que nele se vê? Para além do caráter pitoresco da mensagem, trata-se de alguém traçando destinos, distribuindo ordens a outrem, determinando obrigações e horários, até mesmo a vestimenta apropriada para determinada tarefa. Em suma, alguém disparando um conjunto de ações pontuais em nome de um propósito especial — no caso, um ensinará algo ao outro. Esse é o norte do encontro dos dois naquele instante.

O curioso é a necessidade de, ao final da mensagem, o pai-professor insistir em especificar o âmbito específico da relação aí estabelecida: não é o *pai* que levará o *filho* a um *passeio* que contará com um *lanche*, mas o *professor* que proporcionará ao *aluno* uma *atividade* que contará com uma *merenda*. Os nomes não estão aí por acaso; eles se prestam a marcar a diferença estrutural dos lugares, das atribuições e, conseqüentemente, dos vínculos possíveis que sustentam a relação de ambos naquele momento.

Saliente-se ainda que, além de uma espécie de "distanciamento" estratégico entre os lugares de pai e professor, faz-se necessária uma clara distinção dos lugares de professor e aluno. Ainda, podem-se observar outras condições necessárias para que o trabalho pedagógico se materializasse: a organização do espaço (a escrivaninha, o quadro-negro, os cadernos) e do tempo (os períodos de estudo, as horas "aprazadas", os horários "impreteríveis"), além das "tantas regras" prescritas.

Estamos diante de uma relação institucionalizada, portanto! E o que isso significa? Que uma sucessão de *rotinas*, *regras* e *expectativas próprias* delimita e, ao mesmo tempo, faculta suas existências concretas. Sem tais elementos dispostos para ambos, a relação entre professor e aluno não poderia se efetivar a contento, ou sequer acontecer.

Disso decorre, a nosso ver, que toda relação institucionalizada, que se queira fecunda, não pode prescindir de algumas condições fundamentais quanto a seu funcionamento, as quais implicam desde o estabelecimento dos parâmetros de conduta para ambas as partes até, e principalmente, a explicitação contínua dos objetivos, limites e possibilidades da relação, sob pena de se confundi-la com outros tipos de enquadres institucionais e, portanto, colocar-se em risco sua potência ou eficácia.

É aí que entra em cena a noção de *autoridade* como reguladora das relações entre sujeitos enredados em determinada configuração institucional.

A autoridade como amálgama das relações institucionais

Partindo do pressuposto de que toda ação institucional descreve uma parceria entre atores específicos às voltas com algo comum,[1] pode-se afirmar que uma espécie de *contrato* os entrelaça, posicionando-os em relação ao seu outro complementar, bem como delimitando seus respectivos lugares e funções. Trata-se de um "acordo" muitas vezes implícito, mas com uma densidade notável, posto que suas cláusulas balizam silenciosamente o que fazemos e o que pensamos sobre o que fazemos. Uma espécie, enfim, de "liturgia do cotidiano" das instituições, se se quiser.

Tal dispositivo viabiliza-se concretamente por meio das *regras* constitutivas do jogo institucional em questão; regras estas que abarcam tanto os fundamentos da ação (o que fazer?) quanto as pautas de

---

1. Esse algo comum é denominado *objeto*: aquilo sobre o que a instituição pleiteia o monopólio, por meio de sua posse ou guarda. Trata-se de algo abstrato, impalpável, e dele nunca se apodera por completo. Exemplos são a saúde na medicina, a salvação na religião, a verdade na justiça, a completude no amor etc.

convívio entre os pares (como fazer?). Sem fidelidade a elas, não há jogo, nem jogadores.

Pois bem, é razoavelmente consensual que a noção de autoridade está associada à *ocupação de um lugar* social instituído; lugar este preexistente e predeterminado historicamente (a autoridade do pai, do médico, do escritor etc.). Ainda, trata-se de uma ocupação que comporta necessariamente polaridades complementares (o pai e o filho, o médico e o paciente, o escritor e o leitor etc.). O primeiro dispara a ação e é por ela responsável; o segundo é alvo da ação e dela donatário. Um é o *agente*, o outro é *clientela*, e sem qualquer uma dessas partes presentes não há ação institucional propriamente.

Além deles, há ainda dois outros atores nessa trama cujos papéis são fundamentais, embora quase nunca participem da cena concreta. São eles: o *mandante*, aquele que promulga e sustenta a existência mesma da ação institucional (em geral outra instituição), e o *público*, aquele que recolhe e avalia os resultados dessa ação (Albuquerque, 1986).

Trama complexa? Nem tanto. Vejamos o exemplo escolar. Professores e alunos constituem, respectivamente, as categorias de agente e clientela. Mas quem ordena formalmente o trabalho docente? O Estado (independentemente da gestão, pública ou privada). E quem, em última instância, apropria-se desse trabalho? A população, ou, mais especificamente, as famílias dos alunos, cuja opinião é decisiva na construção da imagem social da escola e do professor.

Vale frisar, porém, que a relação concreta entre agentes e clientela é o palco, por excelência, da ação institucional e, por conseguinte, da protagonização dos caminhos e descaminhos da autoridade.

Ocupar um lugar social instituído em relação a um *outro complementar* não significa, contudo, que este venha obrigatoriamente a se afiliar à ação disparada; é preciso que o exercício da autoridade do agente seja reconhecido e consentido pelo(s) parceiro(s) da relação. Ou seja, é condição *sine qua non* do lugar da autoridade que ele seja *legitimado* pelos outros envolvidos na ação, o que inclui também o mandante e o público. E isso se faz à medida que aqueles que sofrem de modo direto a ação podem nela enxergar, e ver se cumprir, uma espécie de *promessa*, isto é, um embrião de liberdade e felicidade. Liberdade porque, ao fim e ao cabo da ação, deve ocorrer a emancipação da clientela por meio da apropriação (mesmo que parcial, gradual ou descontínua) do objeto que os reuniu originalmente — os agentes, pois, não serão mais imprescindíveis; felicidade porque essa

135

ação deve carrear uma certa expansão do mundo e da vida. Não é essa, afinal, a razão última das instituições?

Com efeito, esse misto de *confiança* e *credulidade* depositadas no agente é o que, em grande parte, move a engrenagem das instituições. Sem ele, não haveria possibilidade de existirem as tantas práticas que conotamos como necessárias ou mesmo inevitáveis (a família, a escola, a medicina, a religião, o trabalho, a justiça etc.). Vale a pena repetir: sem ambos concatenados na tarefa, cada um a seu modo, não há ação institucional sustentável.

É, pois, a partir desse "intervalo de confiança", povoado de valores e imagens difusas, que os agentes de determinada prática institucional podem fazer valer seus objetivos e procedimentos, por meio da *co-operação* ulterior da clientela. Ela se disporá a pactuar com os desígnios do agente — e o fará visceralmente — quanto maior for sua crença na mestria e no rigor deste. Um efeito de *outorga*, pois.

Dentre outras, é por essa razão que se pode afirmar que a autoridade é um fenômeno de cunho institucional, estreitamente vinculado à idéia de *delegação* e *crédito* ao outro — o que se verifica quando nos damos por satisfeitos com o tratamento a nós dispensado, ou, ao contrário, quando nele detectamos certa incoerência, negligência e/ou inoperância. Nesse caso, é impossível escapar à sensação de "traição", de quebra de voto.

Isso significa que as prerrogativas dos agentes de determinada prática devem ser constantemente avalizadas, referendadas pelo seu outro complementar. Logo, a autoridade pode ser compreendida como uma espécie de "amálgama" institucional, o qual se reatualiza a cada instante, dependendo de como a relação entre os parceiros se desenrola. Trata-se, também, de um efeito mutante, visto que a ação institucional é sujeita a um sem-número de circunstâncias que podem favorecê-la ou, ao contrário, colocá-la em xeque. E quanto mais adversas forem essas condições, mais ela se fará necessária...

Em síntese, as práticas de uma instituição podem ser definidas como uma rede de relações entrecortadas pela correlação de forças entre as *demandas*[2] da clientela/público e as *respostas factuais* dos

---

2. O termo *demanda* está sendo empregado, aqui, como o *quantum* de "necessidade" relativo àquilo de que a clientela/público apercebe-se carente ou ausente, de modo total ou parcial. Trata-se do que, em última instância, conforme as relações institucionais; é seu motivo fundador.

136

agentes que, naquele momento, encarnam os propósitos do mandante, agindo em nome dele. E esse enredo designaria o "termômetro" mesmo da autoridade na esfera institucional, o qual se dá a conhecer pelo saldo dos enfrentamentos entre agentes e clientela.

Talvez essa seja a diferença básica que distingue a noção clássica de autoridade daquela que temos testemunhado na atualidade. Se antes essa delegação estava garantida pelos movimentos seculares da tradição[3] (pelo testemunho dos antepassados e o discurso religioso), hoje ela precisa ser sustentada continuamente por meio de práticas sociais contratualizadas, que a reinauguram sem cessar. Daí seu caráter de oscilação e, por extensão, de provisoriedade.

Em outras palavras, o fenômeno da autoridade deve ser compreendido como um efeito institucional sempre singularizado pelas condições concretas de sua consecução. Nessa perspectiva, é necessário assinalar que o reconhecimento da autoridade do agente não é uma reação automática, nem um dever "natural" da clientela; ele precisa ser forjado na ação cotidiana, e sempre em ato.

Provém daí, talvez, a sensação de instabilidade e descrença que parece acompanhar o homem contemporâneo. É bem verdade que temos desconfiado em demasia da idéia de autoridade, uma vez que desconfiamos, também em demasia, da própria natureza das instituições. A que elas têm-se prestado, no frigir dos ovos? E a quantas tem andado sua promessa de liberdade e felicidade?

É notório que não mais tomamos as instituições sociais nucleares e as funções de seus atores como algo sólido, estável, compulsório; por isso, talvez, a sensação de "crise" que acompanha nossos discursos sobre as transformações da autoridade no mundo contemporâneo. E como isso tem-se processado no cenário pedagógico?

Se partirmos do pressuposto de que o fulcro das práticas de uma instituição encontra-se na relação concreta entre seus agentes e clientela, concentrar os esforços de análise em torno da relação professor-aluno é o modo pelo qual se pode compreender boa parte das vicissitudes da autoridade docente na atualidade.

Nesse sentido, talvez o mais conveniente, ou mais frutífero, seja uma imersão conceitual nos aportes contratuais dessa relação,

---

3. Para maiores esclarecimentos, consultar Arendt (1992), particularmente os textos *A crise na educação* e *Que é autoridade?*

responsável pela sustentação das práticas escolares — ao que nos proporemos a seguir.

O extraordinário encontro entre professor e aluno

Um primeiro elemento a ser considerado, talvez o mais flagrante, é a posição dita "superior" do professor em relação ao aluno, fruto da hierarquia institucional escolar. Cumpre-nos lembrar, no entanto, que a noção de "hierarquia" presta-se, aqui, mais a apontar a estratificação funcional dos lugares do que a referendar uma imponderável soberania do lugar do agente sobre o da clientela. Também a noção de "superioridade" não significa, sob hipótese alguma, uma qualidade substantiva, em si mesma. Mesmo porque a suposta superioridade do professor é um efeito circunstancial, fugidio, não perene.

É inegável, pois, que, além dos tantos aparatos formais que caracterizam seus diferentes lugares e atribuições, professores e alunos distinguem-se basicamente pelo tempo de iniciação em determinado campo de conhecimento e, conseqüentemente, pelo grau de complexidade discursiva acerca desse campo. Sob esse aspecto, mais correto seria afirmar que entre eles há uma relação de *assimetria*.

Não obstante, é obrigatório reconhecer, com Chauí (1989), que o professor é tão-somente um dos pólos da relação pedagógica, e sua função precípua, a de mediar um outro discurso já constituído. O saber, então, lhe seria propriedade transicional, e seu lugar, inexoravelmente de passagem.

"Se o diálogo dos estudantes for com o saber e com a cultura corporificada nas obras, e, portanto, com a práxis cultural, a relação pedagógica revela que o lugar do saber se encontra sempre vazio e, por esse motivo, todos podem igualmente aspirar por ele, porque não pertence a ninguém" (p.69).

Ainda que o saber, em última instância, seja terra de ninguém (ou melhor, de todos), claro está que um vínculo de nítida "dependência" delimita o encontro inicial de ambos. A relação é disparada pela crença comum de que um possui, ou guarda, algo de que os outros carecem, o que confere ao primeiro algumas características particulares.

Esse *a priori* formal poderia ser sintetizado de acordo com as seguintes prerrogativas, formuladas por Bohoslavsky (1981, p.321): "(1) que o professor sabe mais que o aluno; (2) que o professor deve proteger o aluno de que este não cometa erros; (3) que o professor deve e pode julgar o aluno; (4) que o professor pode determinar a legitimidade dos interesses do aluno; (5) que o professor pode e/ou deve definir a comunicação possível com o aluno".

Embora para o autor tal espectro vincular sinalize o caráter maniqueísta, gerontocrático e conservador imanente à relação professor-aluno, uma vez que o professor portaria o monopólio dessa espécie de "encontro marcado", vale a pena lembrar que se trata de um conjunto de pré-requisitos sem o qual não há encontro possível. Vejamos por quê.

É bem verdade que o professor deve "saber mais" a respeito daquilo a que se propõe ensinar do que seus alunos; isso porque a confiança destes é diretamente proporcional à segurança daquele, isto é, ao seu *domínio teórico* em determinado campo de conhecimento. Se o oposto acontecer, a relação corre o risco de se esgarçar; os lugares e papéis invertem-se e a autoridade derroca, posto que ela é um desdobramento prioritário do lugar do agente.

Um bom exemplo da exigência de domínio teórico pode ser encontrado na ocorrência de professores mais jovens do que seus alunos. Serão respeitados, ou não, em razão de sua competência, e não por sua idade. De mais a mais, quando postados no lugar de aluno, independentemente de nossa "experiência", um quê de juvenilidade parece nos tomar de assalto, não é mesmo?

De posse de um domínio diferenciado em relação àqueles dos alunos — que trazem invariavelmente consigo saberes afins e em diversos níveis de sistematização —, cabe ao professor escolher a forma mais propícia de "comunicação possível" com a heterogeneidade do grupo. É aí que entra em cena o *domínio metodológico*. Pouco valerá um domínio razoável no campo exclusivo das idéias se o mesmo domínio não se verificar do ponto de vista, digamos, operacional. Por essa razão, não somos biólogos, escritores ou atletas nas escolas, mas *professores de* biologia, de literatura ou de educação física. O núcleo do sujeito gramatical não figura aí por acaso...

Semelhante posicionamento têm Davis e Luna (1991, p.69).

"Um professor, para ser reconhecido como autoridade que merece confiança, precisa, ainda, de mestria no exercício de sua função. Isto significa que a autoridade do professor constitui-se a partir da aliança entre conhecimento e experiência na condução da classe: para encaminhar os alunos para a apropriação de um determinado fenômeno do real, é preciso que o professor domine tanto o fenômeno a ser conhecido como o processo de conhecer."

Desta feita, é possível assegurar que a autoridade docente não se sustenta exclusivamente na — e nem é decorrência unívoca da — erudição de seu portador, mas do trabalho engenhoso, árduo e compromissado daquele que, de fato, se dispõe a ensinar algo a outrem.

Pois bem, exercitar — juntos[4] — o *modus operandi* do campo em questão, evitar que "erros" sejam cometidos, e "julgar" os resultados, constituem então os *desdobramentos processuais* da relação. Nada de errado com isso; ao contrário. Os alunos, quando inseridos organicamente nos meandros do "jogo epistêmico" proposto, clamam por esse tipo de explicitação: o que importa é ter certeza se houve uma apropriação correta daquele domínio, cabendo ao professor sinalizá-la. Por incrível que pareça, o velho sistema de "notas", desde que empregado de maneira justa, parece congregar essa virtude.

Algo análogo parece acontecer com a "legitimidade dos interesses" em questão. Não se pode afirmar, sem sombra de dúvida, que os interesses dos alunos são invariavelmente dissonantes aos do professor, e que o discurso docente seria uma "violência" em relação ao discente. Muitas vezes, seus interesses são acentuadamente dispersos, contraditórios, ou sequer formulados. E, sendo assim, sua curiosidade aflorará à medida que os interesses do professor vierem à tona e servirem, porventura, de modelo ou inspiração.

Se essa auto-exposição do professor representa, por um lado, uma exigência do ofício, por outro, ela implica um risco: os alunos poderão perfeitamente abster-se de tal oferta identificatória — e o farão na maioria das vezes. É aí que a relação professor-aluno defronta-se com um de seus tantos pontos nevrálgicos, mais ainda, com um de seus enigmas centrais.

"Esta relação ('de ensino') é difícil, sem dúvida uma das mais difíceis de ser exercida em nossa sociedade. É primeiramente uma

---

4. Nunca é demais relembrar que "ao professor não cabe dizer: 'faça como eu', mas: 'faça comigo'. O professor de natação não pode ensinar o aluno a nadar na areia fazendo-o imitar seus gestos, mas leva-o a lançar-se n'água em sua companhia para que aprenda a nadar lutando contra as ondas, fazendo seu corpo coexistir com o corpo ondulante que o acolhe e repele, revelando que o diálogo do aluno não se trava com seu professor de natação, mas com a água" (Chauí, 1980, p.39). *Acolhimento e repulsa*: eis outra bela metáfora do encontro entre professor e aluno.

relação assimétrica, em que a carga de competência e experiência dá licença, da parte do ensinante, ao exercício de um domínio que é muito fácil de consagrar por meio de instituições hierárquicas e coercitivas. A tendência espontânea do ensinante é pensar que o ensinando não sabe nada, que aprender é passar da ignorância ao saber, e que essa passagem está em poder do mestre. Ora, o ensinando traz alguma coisa: aptidões e gostos, saberes anteriores e saberes paralelos e, sobretudo, um projeto de realização pessoal que não será, senão parcialmente, preenchido pela instrução, pela preparação profissional ou pela aquisição de uma cultura para os momentos de lazer. O ensino é de fato uma relação assimétrica, mas não em sentido único. O contrato que liga o professor ao aluno comporta uma reciprocidade essencial, que é o princípio e a base de uma colaboração. Contribuindo para a realização parcial do projeto do aluno, o professor continua a aprender; ele é verdadeiramente ensinado pelos seus alunos e, assim, recebe deles ocasião e permissão de realizar o seu próprio projeto de conhecimento e de saber. Eis porque é preciso dizer — parafraseando Aristóteles — que o ensino é ato comum do professor e do aluno" (Ricoeur, 1969, pp.53-4).

Por meio das reflexões do filósofo Paul Ricoeur pode-se entrever um inquietante horizonte: trata-se de uma "difícil" relação porque assentada em um paradoxo. Ao mesmo tempo que uma reciprocidade essencial deve permear a relação, há uma assimetria constitucional que conforma os diferentes lugares institucionais. Uma relação de contrastes, portanto.

Tal assimetria seria propiciada, antes de mais nada, pelo exercício auto-outorgado pelo professor (pela sua "carga de competência e experiência") de um domínio facilmente coercitivo, posto que, da exclusividade de seu lugar, emanaria o suposto "poder" de conduzir os alunos da ignorância ao saber. Talvez em decorrência disso, uma espécie de sedução despótica persiste como um fantasma a rondar a profissão docente — algo a que se deve estar atento sem cessar.

Entretanto, o pressuposto do lugar discente como um espaço supostamente esvaziado (de ignorância) revela-se uma imagem falseada. Do ponto de vista empírico, os alunos carregam saberes anteriores e paralelos que se chocam com os saberes docentes. Ainda, é preciso lembrar que os projetos de realização pessoal dos alunos não se justapõem ou não se resumem automaticamente aos projetos docentes. E é aí que a relação encontra seu principal obstáculo: a incongruência das demandas de cada um.

Na tentativa de superá-lo, tarefa de todo e qualquer professor, é imprescindível que haja "colaboração" celebrando os termos do contrato que une as partes, porque, mesmo supondo já saber, o professor continua a reatualizar seus saberes pelo simples fato de o encontro com os alunos oferecer-se como território para a (re)construção de tais saberes. Além do mais, vale lembrar que o domínio em determinado campo de conhecimento, por mais sofisticado que seja, é algo inesgotável, porque sempre sujeito a revisões, reorganizações, aprofundamentos.[5]

Ainda que sejam duplamente sujeito e objeto do ensino, tornado um "ato comum" a ambos (porque espaço de *construção* de conhecimento para o aluno e de *reconstrução* do mesmo conhecimento para o professor), suas respectivas diferenças e singularidades continuam a pedir passagem... Elas não sucumbem à semelhança última dos lugares; ao contrário, acirram-se no transcorrer do processo. Vejamos.

"A relação de ensino é mais verdadeiramente um duelo; um afrontamento é essencial para o ato comum do ensinante e do ensinando. O ensinante não é um livro que se folheia, nem mesmo um perito que se consulta; ele também persegue um desígnio pessoal através de sua ocupação de ensinar; e este desígnio não coincide senão parcialmente com a vontade de realização pessoal que leva o ensinando diante dele. Neste conflito, o ensinante fornece mais do que um saber; ele traz um querer, um querer-saber, um querer-dizer, um querer-ser. Ele exprime freqüentemente uma corrente de pensamento, uma tradição que através dele luta pela expressão, pela expansão; ele próprio está habitado por uma convicção, para a qual vive; tudo isto faz dele uma coisa diferente de um simples transmissor de saber: o ensino é, para ele, um poder que ele exerce; daí nasce a relação de domínio que é preciso revolucionar sem cessar" (ibid., p.55).

---

5. Uma interessante correspondência com a tarefa do professor pode ser encontrada na posição do leitor ou do espectador. Cada vez que relemos um livro ou revemos um filme, trata-se de uma obra diferente, porque interpretada com um novo olhar. É um outro sujeito que lê/vê, é outra a habilidade interpretativa, são outras as nuanças percebidas, até mesmo o entorno é outro, o que converte toda obra (assim como todo conhecimento) em algo irredutivelmente aberto, em constante transformação.

A tomar pelo argumento do filósofo, a relação professor-aluno poderia ser descrita como uma faca de dois gumes: um fio de cooperação, colaboração e reciprocidade; outro fio de conflito, duelo e afrontamento.

Intrinsecamente entrecruzada por múltiplas e distintas demandas, a relação professor-aluno, pode-se concluir, consiste verdadeiramente em um campo prenhe de pequenos enfrentamentos cotidianos. Disso decorre que ambos os pólos da relação operarão movimentos ininterruptos de pressão e resistência à ação carreada pelo outro. Haverá vencedores?

Da mesma forma que o aluno não se rende facilmente ao que dele se espera, o professor não se encerra no que dele se supõe. E os desígnios de cada um sequer se aproximam de imediato, coincidindo apenas parcial e/ou circunstancialmente.

E é nesse intervalo entre tais "universos paralelos" que se instala a vontade de domínio que, segundo Ricoeur, há que se "revolucionar sem cessar".

No que se refere às demandas do professor, é patente que ele não se quer uma "fonte" de consulta, ou um "perito", especialista em determinada técnica. Seu ofício ultrapassa a "transmissão" ou o repasse de um montante qualquer de saberes, circunscrevendo-se muito mais na esfera de uma proposta de mundo disponibilizada por sua disciplina (um *discurso*), à qual ele se encontra intimamente afiliado; é seu signatário e porta-voz. Dela se assenhoreou como ofício e, em certa medida, como um "jeito de ser".

Daí o pedido, ao aluno, de adesão a um campo discursivo e, ao mesmo tempo, a um *modus vivendi*, à imagem e semelhança dele próprio. Trata-se, em suma, de um pedido de companhia na aridez congênita do posto docente — o que a muitos se manifesta, pelo avesso, via metáfora da profissão como "pregação no deserto".

Pelo fato mesmo de se postular como representante de um discurso constituído/a se reconstituir, o professor encarna uma duplicidade essencial: é ao mesmo tempo um iniciado e um iniciador do aluno; este idealizado como um "cúmplice" a quem se entregam "segredos", que terá por obrigação levar ao longe as idéias daquele. Emanaria daí, inclusive, o teor "amoroso" da relação professor-aluno (Barthes, 1988).

Por essa razão, é lícito supor que professores, a rigor, têm em mente muito mais do que aquilo que sua profissão faculta, e findam por ensinar não apenas aquilo a que se propõem formalmente. Ou melhor, esforçam-se por compartilhar com os alunos sua curiosidade e entusiasmo por determinadas idéias e valores, na convicção de vê-los se multiplicar, quiçá, se perpetuar.

É certo que, uma vez no lugar docente, se está sempre a um passo de incorrer no mais célebre e, ao mesmo tempo, mais perigoso dos ideais pedagógicos: o de que o aluno deveria compartilhar dos interesses e projetos do professor na mesma medida em que este, tornando-se uma espécie de discípulo, de descendente direto ou seguidor das idéias e ideais do "mestre". Porém, isso não se desdobra dessa maneira, ou melhor, sua metabolização é fortuita, não controlada de maneira racional ou pré-programada. Além do mais, deveríamos querê-lo?

Vejamos o que apregoam os psicanalistas que se devotam a analisar a relação professor-aluno.

"Ele [o professor] deve ser capaz, para usar a metáfora de Freud, de ensinar o catecismo a selvagens, acreditando no que faz, com paixão mesmo, sem desconhecer que seus selvagens, às escondidas (vale dizer, nos domínios do inconsciente), continuarão adorando seus deuses antigos. Ou seja, que manterão a fidelidade a modos de pensar subjetivos. Ouvirão o que lhes ensinam de acordo com seus desejos, seus recortes particulares. Ouvirão o que lhes convier e jogarão fora o resto, sem que isso implique uma rebeldia consciente, uma manifestação perversa ou delinqüente" (Kupfer, 1989, p.98).

Trocando em miúdos, trata-se da imprescindível renúncia (ou abstenção), por parte do professor, quanto ao sonho de totalização, de homogeneização do lugar do aluno.

Convém lembrar entretanto que, mesmo fadados ao fracasso de seus intentos expansionistas, professores, quando imersos em seu campo de atuação, findam por gestar em seus alunos uma forma muito peculiar de "disposição": aquela reservada à gratuidade e exuberância do ato do *pensar* autônomo.

Assim, é impossível não concordar com Marilena Chauí quando propõe que "a razão só inicia o trabalho do pensamento quando sentimos que pensar é um bem ou uma alegria, e ignorar, um mal ou uma tristeza. Somente quando o desejo de pensar é vivido e sentido como um afeto que aumenta o nosso ser e nosso agir é que podemos avaliar todo mal que nos vem de não saber.(...) Não há instrumento mais poderoso para manter a dominação sobre os homens do que

144

mantê-los no medo e para conservá-los no medo, nada melhor do que conservá-los na ignorância" (1989, p.57).

Se levarmos em consideração que a emancipação do pensamento do aluno, fonte privilegiada de toda liberdade e felicidade, é um efeito, ainda que colateral, do exercício rigoroso e generoso do professor, caber-nos-á concluir, enfim, que a autonomia discente é um dos tantos desdobramentos concretos da autoridade docente: o antídoto extraído do próprio veneno.[6]

Intrigante equação: é preciso que o sonho de um pereça para que o do outro germine...

Alguns encaminhamentos possíveis, outros necessários

Da mesma forma que muito já foi e tem sido investigado sobre o perfil de professores, alunos, conteúdos e métodos como "recortes" de pesquisa (leia-se, entidades parciais, no mais das vezes), é inegável que grande parte das queixas dos educadores continua recaindo sobre o processamento cotidiano da *sala de aula*: epicentro das inflexões concretas do "varejo" escolar.[7]

A tomar pelo testemunho dos próprios educadores, a escola contemporânea seria objeto de dois movimentos contraditórios: expansão e vulnerabilidade. Por um lado, ela estaria incumbida, cada vez mais, de atribuições múltiplas, no que se refere à preparação para o exercício da cidadania num mundo em crescente complexidade; por outro, ela estaria se despotencializando mais e mais, uma vez que seus agentes encontrar-se-iam emaranhados em uma extensiva falta de reconhecimento e validação pelos outros atores que compõem a ação escolar: os empregadores, a sociedade, as famílias, e mormente os alunos.

---

6. Uma belíssima analogia dessa espécie de "química instituinte" é oferecida por Clarice Lispector. Vale a pena reproduzi-la. "Porque entregar-se a pensar é uma grande emoção, e só se tem coragem de pensar na frente de *outrem* quando a confiança é grande a ponto de não haver constrangimento em usar, se necessário, a palavra *outrem*. Além do mais, exige-se muito de quem nos assiste pensar: que tenha um coração grande, amor, carinho, e a experiência de também se ter dado ao pensar". (1994, p.15).

7. É bem possível supor que emane desse hiato — da abstração das teorias ao *tête-à-tête* da sala de aula — a sensação renitentemente alegada pelos educadores quanto à incongruência entre os planos teórico e prático da ação pedagógica.

E a prova cabal de tal estado de coisas residiria nos atos de indisciplina, desrespeito, descaso, revanchismo, agressão e violência que parecem grassar no cotidiano escolar, muito aquém dos desejáveis embates intelectuais/culturais que deveriam habitar a relação professor-aluno.

É curioso notar que, pelo menos sob esse aspecto, as fronteiras entre os níveis fundamental, médio e superior, assim como entre os contextos público e privado de ensino, parecem desaparecer. Em uníssono, os educadores brasileiros têm apontado os dilemas disciplinares como o principal obstáculo do trabalho docente na atualidade.

E, novamente, o que parece crivar nosso olhar sobre as práticas escolares atuais é a famigerada idéia de desvalorização do educador, ratificada pelas condutas desviantes, anômalas ou mesmo insuspeitas da clientela, tomadas, por sua vez, como ponta do processo de esfacelamento da instituição escolar e, por extensão, como ocaso da autoridade de seus agentes.

Desagregação do espaço social? Escassez de limites das novas gerações? Prenúncio de tempos sombrios?

Talvez nenhuma das alternativas acima. Se, como dizíamos antes, o exercício da autoridade é um fenômeno da ordem da delegação contratual, é possível suspeitar que o raio da ação escolar esteja padecendo de uma certa ambigüidade, ou então inadimplência, por parte daqueles que a fazem cotidianamente. Uma crise *ética*, portanto.

E o que isso significa, exatamente? Debruçamo-nos sobre a dimensão ética de determinada instituição sempre que interpelamos seus pressupostos básicos e, a partir deles, o teor das relações entre seus protagonistas; em outras palavras, quando paramos para pensar a que tais práticas vieram e no que se transformaram.[8]

Isso acontece principalmente quando nos apercebemos de que o "jogo" em questão está sendo levado a cabo de forma duvidosa por uma das (ou ambas) partes envolvidas. É hora, então, de reavaliar suas regras constitutivas, seus objetivos primeiros, os procedimentos de seus jogadores, sob o risco de se ver naufragar toda a sua potência virtual.

Desse modo, é possível assegurar que toda prática institucional, por mais pontual que seja, requer uma razoável visibilidade tanto para aqueles que por ela se responsabilizam (os agentes) quanto para aqueles que

---

8. Para maiores esclarecimentos sobre o tema da ética, consultar os textos de nossa autoria elencados junto às referências bibliográficas.

dela são alvo (a clientela), no que diz respeito a seus *princípios* e *fins* específicos, para que, na qualidade de *meio*, possa ser julgada como procedente, eficaz ou, no mínimo, justa. Ou o oposto disso, como parece ser o caso escolar, grande parte do tempo e das vezes.

Nesse sentido, o rol de dilemas escolares atuais parece apontar para a intransferível necessidade de revisão dos fundamentos que imbuem (ou que deveriam imbuir) o trabalho pedagógico, especialmente no que se refere aos moldes de relação entre professores e alunos, a linha de frente da instituição escolar.

De mais a mais, se o espectro ético de determinada prática dá-se a conhecer concretamente por intermédio do reconhecimento e da validação dos lugares/papéis de (e por) seus atores, é necessário admitir também que a autoridade dos agentes de determinada instituição estará tanto mais assegurada conquanto houver:

- uma clareza razoável, para os parceiros, quanto aos propósitos da relação;
- uma nítida configuração das atribuições de cada parte envolvida;
- hábitos e pautas de convivência conhecidos e respeitados por ambos;
- resultados concretos que validem o seu processamento cotidiano; e
- um norte de liberdade e felicidade, enfim, impregnando o fazer diário.

Sem tais condições atendidas ou promovidas, corre-se o risco de se ver instalar (quer de modo sutil, quer de modo explícito) um estado de coerção, despotismo ou tirania: manifestações múltiplas da opressão e, paradoxalmente, avizinhadas do fenômeno da autoridade.

Pode-se dizer, portanto, que a gestação/manutenção do exercício legítimo da autoridade em determinado âmbito institucional — pré-requisito para o fomento da autonomia efetiva de sua clientela — é tarefa de monta, porque sempre em (re)fundação!

É aí que desponta novamente a premissa dos "contratos" como reguladores da ação institucional. Em nosso caso, entra em pauta o "contrato pedagógico".

Mais uma vez, recorramos a Davis e Luna:

"Um exercício saudável a ser empreendido em cada escola e cada sala de aula é a explicitação não só das razões pelas quais se considera importante cumprir determinadas atividades, como também das formas através das quais se espera cumpri-las. Estipular em conjunto as regras que pautarão a conduta a ser seguida por todos aqueles envolvidos no processo de conhecer — diretores, professores e alunos — constitui uma rica ocasião para se enfronhar na elaboração tanto de regras comuns como de artifícios para garanti-las, uma vez que a participação coletiva nesse processo legitima a necessidade de obedecer aos resultados alcançados" (ibid., p.69).

Como se pode notar, um princípio fundamental a toda prática pedagógica é aquele referente à "lembrança" incessante dos motivos que reuniram seus protagonistas naquele tipo de enquadre institucional específico, o que implica, por sua vez, o delineamento das rotinas de trabalho e de convivência entre os parceiros, bem como suas justificativas nucleares; é o que aqui denominamos "contrato pedagógico".

Requisito basal para o desenrolar da intervenção, o contrato não é algo dado, predeterminado, mas em constante (re)construção. E como isso se fará?

a largada

Como qualquer outro tipo de jogo relacional, a relação professor-aluno requer uma boa dose de explicitação tanto dos lugares prévios quanto daqueles que, concretamente, irão ocupar tais postos — seus jogadores. É certo, pois, que não se joga com desconhecidos e, em nosso caso, nem com rivais. Trata-se tão-somente de parceiros!

Por essa razão, um bom exercício inicial é o posicionamento de si e do outro no enquadre institucional, o qual deve trazer em seu bojo um *convite*, de caráter pessoal e expressamente formulado, dirigido à clientela quanto ao ingresso no jogo.

Por incrível que pareça, interessar-se pela história do outro, suas expectativas e trajetórias, sua apresentação ao menos, é um ingrediente mínimo mas de suma importância para a largada do jogo.

O que se visa com essa estratégia é a superação da excessiva idealização do outro — um dos obstáculos mais difíceis de transpor em toda e qualquer relação. O mesmo vale para seu oposto, a contra-idealização, isto é, a descrença nas potencialidades alheias.

Conhecer e dar a conhecer os recursos humanos concretos, apostando nas possibilidades de cada um, constituem uma alternativa relativamente simples mas com efeitos notáveis. E isso diz respeito tanto aos professores quanto aos alunos.

as cláusulas

Se partirmos da premissa de que diferentes habilidades e competências são o norte do jogo escolar (o que engloba as humanidades, as ciências, as artes, as línguas e os esportes), diferentes serão as cláusulas do contrato para cada disciplina e cada professor — seu mensageiro e, ao mesmo tempo, artífice.

Isso significa que as regras não precisam ser sempre idênticas, comuns a todos os momentos da vida escolar.[9] As condutas almejadas em um curso de matemática não precisam sequer se aproximar das de um curso de língua, já que diferentes objetos de conhecimento estão em foco, e, portanto, diferentes destrezas estão sendo perseguidas. Mas as particularidades e exigências funcionais de cada campo devem ser explicitadas especificamente no início dos trabalhos.

Além de desejável, é possível formular e discutir (o que pode ocorrer inclusive com os alunos das séries iniciais) desde o programa e o cronograma das atividades propostas, as tarefas decorrentes, as opções metodológicas, os critérios de avaliação, até e principalmente as justificativas para tanto. Um capítulo à parte deve ser dedicado às balizas do convívio em sala de aula, o que exigirá um posicionamento claro quanto a questões comuns de conduta, a que todos, especialmente o professor, deverão estar atentos no dia-a-dia. Exemplos disso são: respeito mútuo, escuta alheia, solidariedade e responsabilidade no trato com o outro, liberdade de pensamento e de expressão, decisões justas etc. Lições de *cidadania*, pois.[10]

---

9. Convém lembrar que o *contrato pedagógico* não se confunde com o *regimento escolar* (e suas infindáveis "normas disciplinares"). O regimento circunscreve-se no plano escolar mais geral, ao passo que o contrato remete especificamente às pautas de trabalho e convívio em sala de aula. O que os diferencia, além do caráter generalizante e coercitivo daquele, é o teor estritamente pedagógico e assertivo deste. O que lá é "não se pode fazer", aqui é "deve-se fazer". Uma diferença e tanto, não?

10. Em maior ou menor grau, tais questões estão contempladas nos *Parâmetros Curriculares Nacionais*, particularmente no tema transversal "ética". (Brasil, 1998)

Esse recurso cria uma visibilidade necessária no que tange ao desenvolvimento dos trabalhos, ofertando-lhe um lastro de continuidade e sentido e, portanto, continente para o acolhimento das expectativas e dificuldades de cada um envolvido na ação. Em suma, sem um contrato claramente definido, não há confiança possível no outro.

a processualidade

É certo que o grupo, em sua relação cóm o traçado do campo, passa por diferentes momentos no que diz respeito à assunção das regras operacionais.

À moda das etapas do desenvolvimento moral (cujas noções aqui tomamos de empréstimo), a relação dos alunos com as cláusulas do contrato poderia ser descrita de acordo com três estados progressivos: a anomia, a heteronomia e a autonomia.

Em primeira instância, encontramos a ausência de consciência das regras, denominada *anomia*. Os alunos engajam-se ao jogo mas desconhecem seus princípios de funcionamento, não tendo clareza quanto ao que deve ou não ser feito. É aí que entra o papel modulador do contrato.

Curiosamente, a relação professor-aluno pode não ultrapassar esse patamar de indissociação em certas circunstâncias. É o caso do *laissez-faire* pedagógico.

Uma vez superado esse momento por meio da celebração inicial do contrato, o próximo movimento volta-se para a implantação das rotinas de trabalho acordadas anteriormente. É hora também de a iniciativa docente entrar em cena. Todo o suporte inicial dos acordos, queiramos ou não, caberá ao professor, uma vez que ele é o iniciado no jogo, especialista naquilo que está sendo proposto. Nesse sentido, não se pode esperar, de véspera, algo abstrato do tipo "responsabilidade" da parte dos alunos. Eles se disponibilizarão a pactuar com o que foi acordado se o professor mantiver sua palavra, responsabilizando-se pela ação. É hora de cumprir sua parte!

Entretanto, esse momento ainda é marcado pela "reação" às decisões do professor. Os alunos sabem o que deve ou não ser feito, mas quem precipita e inspeciona o cumprimento das regras é o professor. Ou seja, a relação com o campo ainda é determinada, em maior ou menor grau, por uma fonte externa de controle — o que acaba ocorrendo na maioria das vezes. Trata-se daquilo que se denomina *heteronomia*.

A terceira etapa do processo implica, por sua vez, a anuência e o engajamento efetivos em relação às regras de funcionamento do grupo e do jogo. É o cume da intervenção institucional escolar.

Trata-se do momento em que os alunos sabem o que deve ou não ser feito — e o fazem por vontade própria. Ou seja, eles se apropriaram do conjunto de regras operacionais do jogo em questão (tanto do campo de conhecimento quanto das balizas de conduta), tornando-as parte de seu repertório pessoal. É o momento potencializador, enfim, da almejada *autonomia* do pensamento.

É o momento também em que a noção, a nós tão cara, de *disciplina* escolar deixa de ser associada a obediência e subserviência, e passa a ser sinônimo de tenacidade e perseverança.

burlas, sanções e revisões

Se, por um lado, o engajamento do grupo às regras do jogo em questão pode ser caracterizado, genérica e idealmente, como algo progressivo, por outro, não se pode dizer que não haja percalços no meio do caminho. Nesse sentido, talvez o item mais exasperante no que se refere à implantação dos contratos é a *burla* de suas regras constitutivas — o que pode ocorrer tanto de modo aberto quanto velado.

É possível notar que, por vezes, os alunos transgridem o que foi acordado previamente, e — é necessário esclarecer — o fazem, em geral, mais por ambigüidade das regras do que por má-fé. Essa é a primeira razão para as burlas. Se for esse o caso, torna-se necessário revisitar as cláusulas do contrato com o objetivo de sondar, conjuntamente com o grupo, quais os seus pontos de obscuridade. Trata-se, portanto, de um excelente momento de (re)afirmação coletiva do projeto de trabalho.

Outra razão possível para as burlas é a inadequação do contrato à capacidade concreta de apropriação por parte do grupo. Isso ocorre quando superestimamos o "cacife" dos jogadores, isto é, a disponibilidade factual para o jogo. Sendo assim, vale lembrar que regras demasiado rigorosas são contra-indicadas, porque contraproducentes. Se for esse o caso, é hora de flexibilizá-las; é hora, portanto, de se sistematizarem as "jurisprudências". Nada de errado com isso; ao contrário. Está-se diante da possibilidade de uma interlocução honesta com a concretude do grupo e as chances verdadeiras de sucesso da empreitada. A negociação, as revisões e os ajustes são sempre bem-vindos.

Ainda, outra razão pode ser atribuída às burlas. Algumas vezes e pelos motivos mais díspares, certos jogadores sabotam propositadamente as regras acordadas. Trata-se da famigerada "minoria transgressora", para a qual se dispensam esforços excessivos, porque em geral individualizados. Outrossim, o manejo de situações de impasse como essa pode ser transferido para o próprio contrato. Isso significa que se faz necessário colocar em discussão a idéia de "sanção". Novamente, nada de errado com isso. Ao contrato devem ser acrescidas cláusulas voltadas para esse fim, que deverão entrar em vigor apenas a partir de sua decisão coletiva. Outro dado relevante é que a observância de tais cláusulas deve ser de responsabilidade igualmente coletiva, do próprio grupo. E sendo assim, o professor estará desobrigado da função de "supervisão" da conduta alheia; os próprios alunos o farão reciprocamente e inclusive com ele próprio. Uma única ressalva deve ser feita: as sanções não podem, sob hipótese alguma, ser tomadas como mecanismos de exclusão da clientela do jogo escolar. Seu espírito, por sinal, deve sinalizar o rumo oposto: elas se prestam à inclusão de todos, indiscriminadamente, uma vez que sacralizam uma atmosfera de isonomia e, portanto, de justiça na vivência grupal.

* * *

A título de conclusão, vale a pena recuperar o breve extrato com o qual iniciamos nosso percurso, o qual, a nosso ver, sintetiza nosso trajeto.

Dizia Cony que, apesar de ser a primeira experiência do pai como professor, parecia-lhe um velho hábito, posto que "tantas regras" havia ditado para o filho-aluno e para si próprio; regras estas que ofertavam para a criança um certo olhar sobre a vida em geral e cada dia em particular. Era, então, a medida mesma da entrega do mais velho a um pequeno mas magnífico duplo ato: o de ensinar o mais novo a conhecer o mundo, disponibilizando-lhe uma fresta de futuro, portanto, uma certa alegria de viver.

Não é fato, pois, que só se aprende a caligrafia do pleno existir no ditado, mesmo que precário, das regras do conhecer?

Bibliografia

ALBUQUERQUE, J. A. G. (1986) *Instituição e poder*: análise concreta das relações de poder nas instituições. Rio de Janeiro: Graal.

AQUINO, J. G. (1999) A questão ética na educação escolar. *Boletim técnico do SENAC*. Rio de Janeiro: SENAC, v.25, n.1, pp.3-13.

_____. (1998) Ética na escola: a diferença que faz diferença. In: _____. (org.) *Diferenças e preconceito na escola*: alternativas teóricas e práticas. São Paulo: Summus, pp.135-51.

ARENDT, H. (1992) *Entre o passado e o futuro*. 3ª ed. São Paulo: Perspectiva.

BARTHES, R. (1988) Escritores, intelectuais e professores. In: _____. *O rumor da língua*. São Paulo: Brasiliense, pp.313-32.

BOHOSLAVSKY, R. H. (1981) A psicopatologia do vínculo professor-aluno: o professor como agente socializante. In: PATTO, M. H. S. (org.) *Introdução à psicologia escolar*. São Paulo: T. A. Queiroz, pp.320-41.

BRASIL. Secretaria de Educação Fundamental. (1998) *Parâmetros curriculares nacionais*: terceiro e quarto ciclos. Brasília: MEC/SEF.

CHAUÍ, M. S. (1989) O que é ser educador hoje? Da arte à ciência: a morte do educador. In: BRANDÃO, C. R. (org.) *O educador*: vida e morte. 9ª ed. Rio de Janeiro: Graal, pp.51-70.

_____. (1980) Ideologia e educação. *Educação & sociedade*, CEDES, n.5, São Paulo: Cortez, pp.24-40.

CONY, C. H. (1995) *Quase memória: quase romance*. São Paulo: Companhia das Letras.

DAVIS, C.; LUNA, S. (1991) A questão da autoridade na educação. *Cadernos de Pesquisa*. São Paulo: Fundação Carlos Chagas, n.76, pp.65-70.

KUPFER, M. C. M. (1989) *Freud e a educação*: o mestre do impossível. São Paulo: Scipione.

LISPECTOR, C. (1994) *A descoberta do mundo*. Rio de Janeiro: Francisco Alves.

RICOEUR, P. (1969) Reconstruir a universidade. *Civilização Brasileira*. Rio de Janeiro: Paz e Terra, n.9, pp.51-9.

Autoridade e autonomia:
fundamentos do mundo dos homens

Sonia A. Moreira França*

> *O homem é um início e um iniciador.*
> Hannah Arendt

O aprendiz é o vir a ser do mestre: essa é a premissa de toda educação. O lugar do professor precisa conter essa virtualidade e estar sempre aberto para fora dele mesmo, de tal forma que o aluno possa agir sobre ele. Autoridade e autonomia tecem-se mutuamente na efetuação de um objetivo maior: fundar o domínio político do mundo a fim de que este tenha durabilidade e a liberdade adquira realidade concreta.

* * *

O filósofo Kant, em seu texto de 1783, *Resposta à pergunta: "o que é "Esclarecimento?"*, propõe que o esclarecimento é a ruptura do homem com sua minoridade, com sua incapacidade de se valer do entendimento sem o auxílio de outrem. Mas observa: para que o homem possa servir-se de si mesmo, é preciso que tenha coragem para ousar o exercício de seu próprio entendimento, e ser capaz de avaliar o valor e a vocação de cada homem de pensar por si próprio.

Kant pergunta-se: o que impede o esclarecimento? "Se tenho um livro que faz as vezes de meu entendimento, um diretor espiritual que

---

* Psicóloga, mestre em Psicologia Social, doutora em Psicologia Clínica pela PUC-SP, e professora da graduação e pós-graduação da UNESP-Assis/SP. Co-autora de *Indisciplina na escola* (1996) e *Diferenças e preconceito na escola* (1998).

por mim tem consciência, um médico que por mim decide a respeito de minha dieta etc., então não preciso esforçar-me eu mesmo" (1974, p.101). A minoridade é para o homem "quase uma natureza", e a passagem para a maioridade se lhe apresenta difícil e perigosa. Por que lhe parece assim? O que exige o esclarecimento? Uma mudança no modo de pensar assim como a liberdade. Mas de que liberdade fala Kant? "A de fazer um uso público de sua razão em todas as questões" (ibid., p.104), e o verdadeiro público é o mundo. Só dessa maneira será possível realizar o esclarecimento entre os homens.

Esclarecimento e liberdade caminham juntos, pois o entendimento é o legislador, o produtor das formas e das categorias do mundo, e a razão é a dimensão própria do homem para discursar sobre as coisas. A tarefa de cada homem é efetivar essa disposição da humanidade para a revolução, para a transformação permanente das formas de racionalidade e da técnica disponíveis no mundo dos homens.

Para Kant, jamais uma época dada pode subtrair de outra essa virtualidade que opera na História: a de que os homens poderão ofertar-se a constituição política que lhes convém, evitando, por meio dela, a guerra ofensiva, e avançando, assim, no caminho do esclarecimento, pois a vocação ao pensamento livre "atua em retorno progressivamente sobre o modo de sentir do povo (com que este se torna capaz cada vez mais de agir de acordo com a liberdade), e finalmente até mesmo sobre os princípios de governo, que acha conveniente para si próprio tratar o homem, que agora é mais do que simples máquina, de acordo com sua dignidade" (ibid., p.116).

Contudo, para Hannah Arendt, tomar o problema da liberdade como atributo da vontade ou do entendimento da razão não soluciona o perigo de que o próprio pensamento pode fazer desaparecer a liberdade no mundo, e distorcer, "em vez de esclarecer, a própria idéia de liberdade, tal como ela é dada na experiência humana" (1992, p.191), qual seja: no âmbito da política. E, de fato, nossa experiência atual não propõe essa coincidência entre política e liberdade.

Nesse sentido, falar de autoridade e autonomia é, ao mesmo tempo, interrogar quem somos nós hoje. O que é nossa atualidade? Qual o campo atual das experiências possíveis de liberdade e de sujeição no mundo em que vivemos?

* * *

Vamos primeiro ao *Dicionário Analógico da Língua Portuguesa* (1983). Autoridade e autonomia, definidos como atos da vontade, são termos que se referem um ao outro. Ter autonomia é governar, comandar, dominar, ter competência, força, predomínio sobre si mesmo e sobre o mundo exterior. Ter autoridade é encarnar o poder, mandar, sancionar, ser detentor de, exercer sua soberania sobre. Referem-se, também, ainda como atos da vontade, a autonomia (como liberdade, emancipação, conquista) e a autoridade (como permissão, tolerância, consentimento, tomar em consideração, facultar).

Uma questão interessante apresenta-se: autoridade e autonomia, apesar de definidas como atos da vontade, dizem respeito a uma ação que se dirige para fora delas mesmas, ou seja, elas se realizam na companhia de outros homens. Em nosso cotidiano, autoridade e autonomia parecem-nos experiências humanas antagônicas. A figura de autoridade, quase sempre, é percebida como aquela que nos submete a seus desígnios, e a autonomia é a emancipação de toda e qualquer espécie de sujeição a essa autoridade. Ou seja, estamos denotando as duas em apenas um plano: querer o poder de um sobre o outro — ser livre é ser independente dos outros enquanto ter autoridade é, ao contrário, prevalecer sobre eles.

Esse caráter de reconhecimento, consideração e permissão das figuras de autoridade não tem visibilidade para nós. O que experimentamos são ordens, vividas como mando, hegemonia, sujeição. Mais ainda, essa relação de que ter autonomia é portar autoridade para concordar, facultar, autorizar, deliberar, dar crédito, nos parece uma estranha combinação.

O que aconteceu para que se obscurecesse essa relação, essas nuanças que permeiam autoridade e autonomia? No fato de a liberdade ser entendida como ato da vontade ou do pensamento, ela deixa de ser uma realiza'ção do homem que se manifesta na ação e união com outros homens para habitar sua interioridade, realizando-se no querer e na relação com o próprio eu.

O dicionarista aponta, ainda, dois planos diferentes para a palavra autoridade: um diz respeito à formação das idéias e o outro, às obrigações morais.

Na formação das idéias, ele define a autoridade como matéria do pensamento, e também como resultado do raciocínio. No primeiro caso, autoridade é prova documental, escritura, evidência que testemunha, confirma e ratifica a lógica dos fatos: uma assinatura. Como resultado do raciocínio, autoridade é o sábio, o douto, isto é, o conhecimento, a compreensão, o saber, o preparo, a leitura, o pensador, a paixão pelas letras, a descoberta.

Outra questão interessante: a autoridade está relacionada ao trabalho do pensamento, à escritura e à leitura, à produção do conhecimento. Assim sendo, a autoridade de um homem revela-se na assinatura que testemunha a escritura de outros homens, e diz de sua paixão pelas letras e pela liberdade.

Não parece estranha também essa espécie de autoridade que se revela como texto, como assinatura, como tradição?

Quanto às obrigações morais, o dicionarista situa a autoridade sob a forma do direito: ter a prerrogativa de; estar qualificado para; ser digno de. Temos aqui a exigência de princípios éticos para a autoridade. Terá direito a exercê-la aquele, e somente aquele, que explicitar sua pertença aos interesses da coletividade, que exigir a prática da justiça e das leis, exercício este que pressupõe e restabelece a liberdade como um trabalho dos homens. Só então será digno dessa atribuição. Uma ética, enfim.

Outro ponto importante: a autoridade está relacionada à ação entre os homens na constituição de um mundo essencialmente público.

Não parece distante essa ética da autoridade tal como constituída na nossa atualidade? Como avaliar as ações humanas, se tomamos como critério de avaliação uma psicologia da vontade ou da cognição? Como avaliar as ações humanas, se não é mais possível, nos dias de hoje, a existência de valores morais dotados de racionalidade e universalidade? Como avaliar as ações humanas, se a política deixou de ser ação entre os homens para ser uma função da sociedade? Como avaliar as ações humanas, se a idéia de liberdade desapareceu do mundo, para se alojar na intimidade do homem? Como avaliar as ações humanas, se não é mais possível ao homem ofertar a si mesmo sua norma de ação?

Como se pode notar, os conceitos de autoridade e autonomia são dominados pela noção de que estes são atributos da vontade e do pensamento, mais do que da própria ação. Mais ainda, essas denominações circulam por diferentes dimensões da vida humana: da política (tida como exercício personalizado do governante) à ética (tida como atributo do pensamento e qualidade da vontade).

Esse acontecimento, para Hannah Arendt (1992), produziu sérias conseqüências para o mundo político:

- confunde-se autoridade com tirania, violência, sujeição, dominação. Toda autoridade corrompe, pois tudo o que ela quer é fazer obedecer, e tudo que o homem precisa é livrar-se dela;
- as linhas que demarcam as fronteiras entre a tirania e o totalitarismo de outras formas de governo se esgarçam;
- a violência é utilizada como critério e prova de que nenhuma sociedade pode funcionar sem uma organização despótica;
- a própria liberdade encontra-se ameaçada, pois os contornos que a protegem, como as leis, a Constituição, estão cada vez mais suscetíveis aos efeitos do desmanchamento acelerado do mundo;
- tomar a liberdade como ato da vontade, que responde às demandas do querer e da relação do homem com seu próprio eu, é submetê-la a uma psicologia que torna a liberdade uma miragem, e o acesso à tirania facilitado;
- sustentar a idéia de que toda ação é precedida por um ato cognitivo ou por um ditame da vontade produz um efeito paralisante no homem: pode não ser obedecido por ele mesmo; e
- o mundo público, aquele que confere direitos, que autoriza e garante que a capacidade do homem de ação e de discurso se realize, perde sua autoridade. Nessa perda, o mundo político é desprovido dos fundamentos que proporcionam e conferem durabilidade às suas estruturas políticas: a liberdade e a autoridade.

* * *

Vamos, agora, interrogar essa atualidade discursiva que denota a autoridade e a autonomia como fenômenos da vontade ou do pensamento de "um", destituindo o significado político de ambas. Comecemos pelo conceito de autoridade.

Hannah Arendt (1992) aponta que em nossa atualidade já não sabemos muito bem o que é a autoridade, ou melhor, que falamos de modo arbitrário de uma "crise" de autoridade. Em seu entender, apesar de essa crise coexistir com a ascensão do mundo moderno, ela é o efeito final de um processo que invadiu a dimensão política nesses últimos séculos: a desagregação da tradição e da religião, espaços por excelência da tessitura das figuras da autoridade nos séculos precedentes.

- Na tradição, porque esta ofertava a cada geração o testemunho dos antepassados, uma escritura de seus rastros, proporcionando durabilidade aos feitos humanos e às coisas do mundo, como também, conferia profundidade à narrativa humana. Um fio imemorial ligava um homem aos seus ancestrais, que teceram esse mundo e legaram, a este e às próximas gerações, um futuro. A autoridade estava sustentada nesse testemunho, nesse legado.

- Na religião, porque esta ofertava a crença na imortalidade da alma, em uma vida futura, como também proporcionava uma fundação do mundo e do homem no início dos tempos, fabricando um enredo que o encarnava como presença efetiva e verdade evidente. A autoridade assentava-se na palavra das escrituras, dando ao mundo dos homens a possibilidade da permanência, da pertença, e da durabilidade necessária para esses seres mortais.

Passageiro do tempo, o ser humano precisa de algo que lhe revele a presença dos homens que o antecederam, para igualmente registrar sua passagem e dar início a um outro futuro do qual não participará. Perder essa referência é perder todo o fundamento do mundo, que passa a se apresentar tão volúvel quanto seu próprio desejo. E, como um Narciso, olha para tudo admirado, mas não sabe bem se é sua alma que dirige o mundo ou se é o mundo que a orienta. Confundido nessa paisagem, sob o efeito das paixões, o homem se esvai num mundo que se transforma com uma rapidez vertiginosa de uma forma a outra, permanecendo somente o tempo necessário para a efetuação de sua utilidade. Sem passado nem futuro, para onde Narciso olha vê apenas o presente que flui.

Como então a autoridade pode se fundar em nossa atualidade se o mundo se fez tão mortal quanto seus fundamentos; se já sabemos da constituição histórica do pensamento do universal, do entendimento e da razão; se já sabemos que a verdade, mais do que a revelação, é invenção; se já sabemos que os rastros de nossos ancestrais se assentam nas areias da História e podem desaparecer na mais leve brisa? O que pode durar, então?

A crise da autoridade no mundo moderno, para Hannah Arendt (1992), é eminentemente política. E vários foram os acontecimentos que sustentaram essa crise:

- o desaparecimento do mundo público e a crise dos valores morais: a desarticulação entre os valores da família e as leis que regem a cidade; a diluição das fronteiras entre os valores da esfera privada e as leis políticas; o desamparo do indivíduo diante das escolhas morais, as normas e regras de conduta;
- o mundo não é mais governado por forças secretas, mas por leis racionais, pela administração burocrática sustentada no conhecimento, na razão, e dominado pela técnica;
- o aparecimento de formas totalitárias de governo: o tirano, o déspota, o ditador;
- a predominância de interesses políticos clientelistas, a perda de prestígio dos partidos, a descrença na autoridade do Estado para gerir os caminhos de um povo;
- a crise política da autoridade estende-se por áreas pré-políticas: a criação dos filhos, a educação, na qual a autoridade era reconhecida tanto para responder às necessidades naturais para proteger o ciclo vital da criança quanto por ofertar ações políticas que proporcionam continuidade a uma civilização; e
- a perda da crença em uma duração para o homem e para o mundo priva a autoridade de sua concretude existencial, impulsionando-a a abstrações, figuras de linguagem em que uma coisa pode ser tomada por outra: autoridade confundida com obediência, violência, tirania, coerção, persuasão.

Assim, para Hannah Arendt, a autoridade só poderá se fundar, em um mundo laico, se pudermos "renovar o fio rompido da tradição e restaurar, mediante a fundação de novos organismos políticos, aquilo que durante séculos conferiu aos negócios humanos certa medida de dignidade e grandeza" (1992, p.185).

A autoridade assenta-se em uma força exterior à própria atualidade de cada homem, e não na razão comum ou no poder de quem governa. Ela implica uma hierarquia cuja legitimidade é reconhecida por explicitar essa exterioridade, um além dela mesma. Por exemplo, na relação pai/filho, professor/aluno, espaço público/espaço privado, os lugares já estão preestabelecidos por instituições políticas. Nesses lugares, a autoridade tem seus atos limitados por leis que são exteriores a seu próprio poder.

Para a autora, não é possível pensar a autoridade e a liberdade fora do domínio político. Mas o que é política para Hannah Arendt (1998)? Um espaço a partir do qual os homens agem e falam, podem ver e ser vistos em sua pluralidade essencial. Mas para isso é preciso conferir aos negócios humanos, aos assuntos mundanos uma durabilidade, uma permanência que não lhes é própria. Esse mundo, político por excelência, transcende a existência de uma geração, não pode ser regido por interesses de um homem, mas deve ser mantido como presença pública para que o homem possa se efetuar, se explicitar em atos e palavras.

***

Falemos agora da autonomia.

Em nossa experiência cotidiana, vivemos uma espécie de paradoxo: nos problemas práticos e políticos, os princípios do contrato social sustentam a idéia de que somos livres. O Estado moderno constitui-se em organizações políticas que falam ao homem livre: o respeito às liberdades individuais de raça, cor, nacionalidade, credo etc. O cidadão é livre perante o Estado. A liberdade é uma verdade evidente. Assim, construímos as leis, a Constituição, fazemos nossos juízos e escolhas morais. Mas, ao mesmo tempo, as teorias científicas dizem que o homem está sujeito a determinações de classe, dos desejos, da motivação, da vontade e da causalidade que regem o mundo exterior e interior.

Mais ainda, a construção do Estado moderno, a separação entre Igreja e Estado, a laicização do conhecimento e as teorias liberais tomaram o problema da liberdade como expressão da vontade individual. O homem moderno vive a liberdade a partir de um diálogo consigo mesmo: a "liberdade interior", espaço íntimo e inacessível a qualquer espécie de coerção, só está aberta à auto-inspecção.

Mas, como diz Hannah Arendt (1992), a liberdade vivida como um "sentir interior" não tem realidade tangível no mundo; portanto, não tem nenhuma significação política e não pode ser compartilhada com outros homens.

Tomar a liberdade como atributo da vontade é destituí-la de seu campo original. Como fato da vida cotidiana, ela diz respeito à política e aos assuntos humanos. A política é condição essencial da liberdade, e sem esta não há política. "Devemos ter sempre em mente, ao falarmos do problema da liberdade, o problema da política e o fato de o homem ser dotado com o dom da ação; pois ação e política, entre todas as capacidades e potencialidades da vida humana, são as únicas coisas que não poderíamos sequer conceber sem ao menos admitir a existência da liberdade" (ibid., p.191).

A liberdade só adquire existência na relação com os outros, e para isso é necessário um espaço público comum, politicamente organizado, para que os homens possam se inscrever em feitos e discursos. E, nesse sentido, como prova evidente de discurso e de ação, a liberdade coincide com a política. Por que então, em nossa experiência cotidiana isso não ocorre?

Para Marilena Chauí (1992) tanto quanto para Hannah Arendt (1995), vários foram os acontecimentos na História moderna que colaboraram para que a liberdade desaparecesse do mundo e se fixasse na interioridade do homem:

- desaparece a própria idéia de "mundo", esfera política e produto das mãos humanas, lugar onde a liberdade pode se manifestar como realidade concreta, e aparece o conceito de "universo", regido por mecanismos que lhe são próprios.
  Os olhos humanos primeiro observam. Gesto suspenso no ar, o homem precisa de procedimentos para que a natureza lhe revele a regularidade de seus fenômenos; só então intervém. O que temos agora é a natureza de um lado e o homem e a técnica de outro: um homem que habita um mundo efêmero, sem lugar para a inscrição de uma memória objetiva que lhe fale dos tempos imemoriais. Resta-lhe a memória subjetiva e as imagens que a sustentam: fotos, diários, objetos;
- desaparece a idéia de liberdade como realidade concreta do mundo dos homens, reconfigurando-se como livre-arbítrio. A idéia de indivíduo livre que se relaciona com outros homens por meio de contratos é o eixo fundador da racionalidade moderna. Não é mais o mundo que se interpõe entre os homens, reunindo-os e separando-os, mas sim a racionalidade das normas, leis e contratos. A atitude ética passa a ser a verificação da utilidade de cada interesse. Os fundamentos

dos valores morais são aquelas paixões úteis aos interesses econômicos, sociais e políticos;

- as experiências políticas totalitárias e o liberalismo ruíram tanto o espaço público (mundo comum em que os homens podem realizar a mais fecunda possibilidade de existência) quanto o espaço privado (lugar da luta pela sobrevivência).

No totalitarismo os planos social e político e a lei tornam-se idênticos, reduzindo a ação política à esfera dos interesses privados, submetendo todas as esferas da vida aos ditames da política.

Já no liberalismo, o espaço público se exerce como *marketing*; o que é comum aos homens é o mercado; a imagem é a mercadoria. A privatização do espaço público promove-se a partir de vários lugares: identifica-se a figura do governante com o poder, com a lei e a direção social, evidenciando suas paixões e vícios; as instituições políticas que exercem a mediação entre o poder executivo e a sociedade perdem sua eficiência; o fortalecimento de organizações privadas e a desinstitucionalização do espaço público intensificam o clientelismo, o populismo, o fascismo, sustentando idéias de salvação e proteção messiânicas; a única coisa que os homens têm em comum é o governo e os direitos privados.

O espaço privado, lugar de luta para o homem na manutenção da vida, passa à condição de intimidade. As atividades privadas não são mais voltadas para a preservação da espécie, mas da interioridade do indivíduo, forma subjetiva da existência humana. O diálogo consigo mesmo e a satisfação dos desejos são os valores de referência para as relações humanas, lançando os homens a um radical subjetivismo e conflitos intermináveis, produzindo dispersão e fragmentação intensas, o medo e a solidão diante da sociedade, vivida como perigosa e hostil. Privando o homem de um lugar no mundo, só lhe restam os guetos, a família, o grupo de "iguais", únicos lugares possíveis de expressão autêntica. As opiniões são livres, as ações, nem tanto;

- o descaso pelos direitos civis, pelas leis, pelas garantias de atividades apolíticas (como a prática religiosa, as atividades culturais e intelectuais) ou pré-políticas (como as relações familiares, pedagógicas);

- a identificação do governo com o domínio total do âmbito político, tornando-o protetor e administrador legítimo do processo vital, das necessidades, dos interesses da sociedade e dos indivíduos. A finalidade da política torna-se a manutenção da vida e a preservação dos interesses, mais do que a preocupação com a liberdade como fenômeno político.

Assim, para que a liberdade se realize como estado objetivo da existência humana, a finalidade da política é manter um espaço em que ela possa se manifestar em ato, pois, como relembra Hannah Arendt, "ser livre e agir são uma mesma coisa" (1992, p.199).

Só assim a liberdade obtém materialidade, torna-se evidente "em palavras que podemos escutar, em feitos que podem ser vistos e em eventos que são comentados, relembrados e transformados em histórias antes de se incorporarem por fim ao grande livro da história humana" (ibid., p.201).

Ser livre e agir significam fundar novos começos, trazer à existência o improvável, o ainda não realizado, para participar dessa trama que outros homens teceram e outros continuarão. Os processos históricos são realizações humanas, e no nascimento de cada homem algo inédito vem ao mundo. Assim, e por ser um início, o homem pode proporcionar-se outros destinos.

Como podemos notar, autoridade e autonomia são princípios que dizem da excelência dos homens de irromper novas tessituras nos enredos humanos. É essa autonomia do homem de proferir novos começos, de ter autoridade para deliberar e autorizar uma assinatura, que lhe proporciona a prerrogativa de participar da história propriamente humana, porque é a permanência do mundo que está em jogo.

* * *

Se o homem é aquele que realiza os começos, que imprime direções ao mundo, a educação é o lugar de encontro entre o novo e o velho mundo, pois é a primeira instituição, fora do domínio familiar, em que o homem se inscreve.

Assim, o professor está imerso em um paradoxo: ao mesmo tempo em que precisa preservar o mundo da destruição que a novidade pode trazer, é essencial tornar possível sua realização. Cada geração contém em si mesma um futuro outro para o mundo, mas este não pode estar à mercê dos ditames imediatos dessa geração. O homem deve procurar proteger o mundo de seu desgaste contínuo; para tanto, precisa repor constantemente os princípios que o fundamentam: a autoridade e a liberdade.

Tarefa difícil para a educação! Como já dissemos, a autoridade e a liberdade encontram-se, em nossa atualidade, destituídas de seu aporte político, e as conseqüências desse acontecimento atingem diretamente a educação.

Se a autoridade guarda uma estreita relação com o passado e a liberdade com o início, com o futuro, a educação precisa de ambas para se efetivar: da autoridade para preservar o mundo da impermanência de seus criadores e, assim, poder repor e atualizar as ordens que lhe são constitutivas; da liberdade para que possa absorver a novidade em suas instituições, transformando-as, renovando-as e, assim, dando continuidade ao mundo.

Como nos disse Kant, já no século XVIII, uma época não pode destituir outra de realizar a configuração política que lhe é pertinente; portanto, por mais que o professor assuma a responsabilidade de proteger o mundo da ruína do tempo, ele não pode ditar ou prever a aparência futura do mundo.

Desse modo, o ato de educar impõe a tarefa de abrigar e proteger o mundo velho e a novidade, duplamente. Como vêem, a educação não diz respeito ao processo vital, de educar a criança para a vida, mas de respeitar o novo que renasce com a criança e o velho que a educação deve necessariamente portar — protegendo a criança contra as "tiranias da intimidade", e cuidando do mundo público para que este não seja subsumido no *pathos* do novo. Como diz Hannah Arendt, "a educação é o ponto em que decidimos se amamos o mundo o bastante para assumirmos a responsabilidade por ele e, com tal gesto, salvá-lo da ruína que seria inevitável não fosse a renovação e a vinda dos novos" (1992, p.247). É também, onde se resolve o amor pelas crianças, se queremos que participem dos enredos do mundo ou se arrancaremos de suas mãos o futuro que elas, sem saber, estão a ofertar.

Uma questão apresenta-se para o educador: como manter essa relação com a autoridade, a tradição e a liberdade como fenômenos políticos em um mundo que já não se orienta por elas? Diz Hannah Arendt (1992):

- toda e qualquer responsabilidade pelos destinos do mundo está sendo rejeitada, seja para dar ordens ou recebê-las. Não há confiança, nem exigências que reponham a autoridade como aquela que confere profundidade à existência humana e durabilidade ao mundo;
- a recusa da autoridade na educação não se realiza a partir das crianças, mas sim pelos adultos, que desconfiam dela. Esse fato expressa, também, uma recusa destes de se dedicarem ao mundo que ofertam às suas crianças. Dizem: "Ninguém respeita ninguém!"; "Não sei por que o mundo está assim!"; "Que falta de compostura!"; "O que fazer?"; "O que é preciso saber?". "A autoridade não diz mais nada" e, assim, não se comprometem com os rumos do mundo. "Que a escola resolva os problemas!"

Mas a escola apenas articula a relação da criança com o mundo, ora protegendo um, ora protegendo outro, mas ela não é o próprio mundo. Ela é a instituição que se interpõe entre a família e o mundo, e é responsável pelo aprimoramento dos talentos, mas não pelo processo vital ou pela constituição política do mundo. Sua tarefa é cuidar para que essa novidade — a criança — experimente o mundo tal qual ele se apresenta, cabendo ao professor conhecer as tramas do mundo e ser capaz de dizê-las aos outros. Para isso precisa amar e saber do mundo a fim de que possa assumir a responsabilidade de narrá-lo, de protegê-lo, e amar as crianças para não expulsá-las quando estas lhe revelam o ainda não formulado pelo mundo. Como diz Hannah Arendt, "em face da criança, é como se ele fosse um representante de todos os habitantes adultos, apontando os detalhes e dizendo à criança: — Isso é o nosso mundo" (1992, p.239).

Bibliografia

ARENDT, H. (1998) *O que é política*. Rio de Janeiro: Bertrand Brasil.
_____. (1995) *A condição humana*. Rio de Janeiro: Forense.
_____. (1992) *Entre o passado e o futuro*. São Paulo: Perspectiva.
AZEVEDO, F. (1983) *Dicionário analógico da língua portuguesa*: idéias afins. Brasília: Coordenada.

BÜLOW, K. (1984) O que é o Iluminismo. In: ESCOBAR, C. H. (org.) *Michel Foucault (1926-1984) — O dossier*/Últimas entrevistas. Rio de Janeiro: Taurus, pp.103-12.

CHAUÍ, M. (1992) Público, Privado, Despotismo. In: NOVAES, A. (org.) *Ética*. São Paulo: Companhia das Letras, pp.345-90.

GIDE, A. (s.d.) *O tratado de Narciso* (teoria do símbolo). Edition Notre Bas de Laine.

KANT, I. (1974) *Textos seletos*. Petrópolis: Vozes.

Autoridade e tradição:
as imagens do velho e do novo nas relações educativas

Áurea M. Guimarães*

> *O mundo esquece tanto que nem sequer dá pela falta do que esqueceu.*
>
> José Saramago,
> *O ano da morte de Ricardo Reis*

Imagens do pensamento

Ao ser convidada para escrever sobre o tema da autoridade e da autonomia nas relações entre professor e aluno, muitas imagens desencadearam o meu pensamento. Fui "tomada" por elas, pois, como diz o velho e sábio Bachelard, não somos nós que imaginamos e, sim, as imagens que se imaginam em nós.

Seriedade, dedicação e respeito. Imagens das professoras do meu tempo. Elas sempre tinham razão e ai de nós, alunos, se colocássemos em dúvida suas atitudes. Dava tanto medo que o jeito era agradar, estudando mais, levando maçã, flor... Aquele que não conseguisse corresponder às expectativas, estava perdido. No terceiro ano do grupo, não dava mais conta de aprender e fiquei para trás, o "conselho" dado aos meus pais foi: *"Deixa ela terminar o primário, e depois*

---

* Socióloga, mestre pela PUC-CAMP e doutora pela Unicamp na área de Educação. Autora de *Vigilância, punição e depredação escolar* (Papirus, 1985), *A dinâmica da violência escolar: conflito e ambigüidade* (Autores Associados, 1996) e organizadora e co-autora do caderno (CEDES, n.47, "Na mira da violência: a escola e seus agentes" (Centro de Estudos Educação e Sociedade —1998); é professora da Faculdade de Educação da Unicamp.

encaminha para uma escola profissionalizante, não tem mais jeito". O pai, nordestino e bravo, inconformado com o destino traçado pela professora, não teve dúvida, me deu uma surra e eu "sarei".

Numa pesquisa realizada em duas escolas estaduais da cidade de Rio Claro, em 1994, constatei que um número significativo de professores explicitou uma contradição entre a realidade vivida por eles no passado e no presente, enfatizando o respeito que tinham por seus professores: "(...) *eu me espelhava muito no respeito que os antigos professores tinham, sabe, o respaldo tanto social, como econômico (...), a figura do professor era muito forte, entende? Passava para você a coisa muito boa e você se espelhava nele, e aí se espelhando nele, você ia (...) poder direcionar por aí* ".

O *espelhar-se* nos professores antigos se devia àquilo que eles podiam oferecer, isto é, ensinamentos. Hoje, o aluno: "*não valoriza isso, para ele, (...), a bem da verdade, o que é que ele vai fazer com isso? (...), a maioria não tem dinheiro para fazer nada. Ela vai concorrer à universidade pública?*".

Antes, o professor tinha um "*respaldo tanto social como econômico*", porém, de umas décadas para cá, o aluno olha para seu professor e diz: "*como é que eu vou aprender o que essa pessoa está falando, sendo o que ela é (...)? O que ela vale? O que ele sabe para ele próprio? O que ele faz com isso? Greve? E é achincalhado?*".

Nos encontros com os professores da rede pública e particular, debatendo o tema da indisciplina e da violência escolar tenho deparado freqüentemente com indagações que revelam as angústias dos docentes diante da perda total de autoridade junto aos seus alunos. Jovens armados, drogados, revoltados que vão à escola para "negociar", "matar os inimigos", ou "encontrar os amigos", simplesmente ignoram os adultos responsáveis por sua educação, apesar de todo o controle institucional e da tentativa em reprimir os abusos.

Esse sentimento de nostalgia, referindo-se a uma visão "*de um tempo atrás que a gente tinha*" e que não corresponde mais aos dias de hoje, e somado ao grau de violência que permeia as relações entre professores e alunos, me remete às reflexões de Hannah Arendt (1968), nos textos "O que é a Autoridade e "A Crise na Educação".

Analisando a força e a significação da autoridade no decorrer da História, Arendt descobre a íntima relação entre a crise da autoridade e a perda da tradição.

É no período entre o início da república romana até o fim do império que a autora aponta o passado como a raiz que sustenta os possuidores de autoridade, os *anciãos*, os *maiores*, os *velhos do Senado*. Um passado presente na vida da cidade, pois os representantes dele permaneciam aconselhando os homens sem fazer uso da coerção ou da violência para serem ouvidos.

A experiência romana, segundo Arendt, não se repetiu em lugar nenhum, uma vez que os padrões de conduta tradicionais foram sendo destruídos por novas formas de governo, entre elas o totalitarismo. Esse rompimento com o passado ocasionou a perda da autoridade e com ela a perda do fundamento do mundo que se espalhou em áreas que a autora denomina *pré-políticas*, como a criação dos filhos e a educação.

Ao contrário dos romanos que pensavam no crescimento das crianças dirigindo-se para o passado, nós, adultos e educadores de hoje, órfãos desse passado, dirigimos nossa atenção para o futuro dos educandos, acreditando poder propor um mundo novo para eles, e nos esquecemos de que *"a criança só é nova em relação a um mundo que existia antes dela (...)"* (Ibid., p.235).

O educador deve cuidar para que as crianças e os jovens conheçam o mundo novo ao qual chegaram, ou seja, tenham uma apreensão do mundo como ele é. Os adultos, sendo os representantes desse mundo, devem assumir a responsabilidade por ele. Segundo Arendt, essa é a forma de preservar o que há de *revolucionário* em cada criança *"como algo novo em um mundo velho"* (Ibid., p.243).

Nesse mundo velho, o passado se faz presente e o adulto assume a responsabilidade pelo rumo dos acontecimentos mesmo querendo que as coisas pudessem ocorrer de forma diferente. Ter autoridade é assumir essa responsabilidade por esse mundo velho. Porém, como assumi-la se o mundo em que vivemos não é mantido nem pela autoridade, nem pela tradição?

A crise da autoridade na educação está diretamente relacionada com a crise da tradição, obstruindo cada vez mais a mediação que o educador deve fazer entre o velho e o novo. À medida que o respeito pelo passado torna-se cada vez mais difícil, a responsabilidade coletiva pelo mundo vai sendo recusada, e o mundo vai sendo deixado para as novas gerações como se nós, adultos, não tivéssemos nada a ver com ele.

Arendt recupera uma noção de autoridade que não se restringe a formas autoritárias de comando. Buscou no passado fragmentos de uma civilização que tem muito a nos ensinar.

Essa reflexão sobre o passado e o presente coloca para o educador algumas questões importantes. Como reencontrar no mundo de hoje a tradição que sustenta a existência da autoridade nas relações entre os homens?; como retornar aos tempos em que era possível *espelhar-se* nos professores se esse *tempo primordial* não é mais apreensível no presente?

A memória das "origens"

Nesse momento, vou ao encontro das metáforas que o filósofo Walter Benjamin (1984) utiliza para nos situar em relação a esse tempo primeiro, original.

Em Benjamin, a noção de origem deve ser compreendida simbolicamente, no âmbito da história da Criação e da Salvação. Segundo a mística judaica, a luz divina, ao inundar o espaço primevo, criou o primeiro ser. Dele jorravam luzes. As luzes vindas dos olhos, também chamadas da *confusão* ou da *desordem*, emanavam numa forma atomizada. Porém, chegou um tempo em que Deus, ao predeterminar a criação de seres e formas finitos, julgou necessário capturar as luzes isoladas e preservá-las em *recipientes especiais*. Como as luzes jorraram todas de uma só vez, o impacto delas fez com que os vasos se quebrassem e se despedaçassem (Scholem, 1995, pp.296-7).

Os seres criados por Deus, não suportando a força da luz divina e a violência que os atingia, se esfacelaram como vasos frágeis e impotentes. Os *cacos* se pulverizaram, misturaram-se, dispersaram-se, e o que temos hoje é um *amontoado de ruínas* (Gagnebin, 1993, p.66).

Para Benjamin, o mundo está em pedaços e a História assemelha-se a esses estilhaços dispersos, sendo impossível para o homem reconquistar a unidade perdida. O que resta a ele? Segundo Benjamin, a salvação está em recolher os *cacos*, não para reencontrar o passado como ele foi e, sim, para buscarmos o que foi esquecido e abafado pela violência dos grupos no poder.

A historiografia oficial evoca o passado ativando recordações regidas por uma temporalidade única, linear, ordenando os acontecimentos de forma que as pessoas se lembrem apenas do saber já feito, dos eventos já realizados e submetam-se a um modelo que dita as normas do conhecer e do agir.

Criar uma outra memória que não a dos poderosos é rememorar (e não recordar, ou lembrar) o passado para encontrarmos nele os vestígios que o tempo sufocou, mas que o presente tenta juntar e dar sentidos, ainda que provisórios e efêmeros. Surge, aqui, uma memória imaginativa que não repete o passado como ele foi, mas que brota da descontinuidade da vida e nos ajuda a compreender quem somos.

As minhas indagações são as seguintes: o que a historiografia oficial deixou no esquecimento?; que partes da História dos professores nós não ficamos sabendo?; e, se não é possível voltar atrás para recuperar uma *harmonia ancestral*, nem recriar um mundo novo, o que nos resta?

Acredito que nos resta penetrar no passado e retomar o fio de uma história que não foi contada.

Num artigo em que analisa a violência urbana, a antropóloga Alba Zaluar (1995) apontou, no caso brasileiro, o quanto o uso da força substituiu a autoridade, fazendo-a fracassar. Somente era e é obedecido quem consegue se impor pelo medo.

O *chefe*, o *homem*, o *cabeça* não possuem as qualidades morais que antes legitimavam as figuras tradicionais. Civilidade, respeito mútuo, espírito público dão lugar à rispidez, à incapacidade de negociar diferenças e conflitos, aumentando a violência na sociedade.

Nos países do Primeiro Mundo, a moeda e a lei caminharam juntas, favorecendo a resolução de conflitos, sem eliminar a moralidade social e, conseqüentemente, criando uma ética que respeite a liberdade pessoal e o entendimento com os outros pelo diálogo. No Brasil, permanecemos dominados tiranicamente por relações sociais marcadas pelo dinheiro. Quando a lei é seduzida por este, origina-se a corrupção e com ela o fortalecimento do poder de grupos sem legitimidade social. O clientelismo, afirma Zaluar, quer na sua versão antiga ou atual, sempre se caracterizou por ser coercitivo e violento. Apesar da existência de laços morais entre o padrinho e seus protegidos, ele não excluía as relações de força toda vez que surgissem conflitos interpessoais, envolvendo o coronel e os seus seguidores.

As *otoridades* encarnam os policiais, os funcionários boçais, ignorantes que representam o Estado. Bandidos jovens e pobres baseiam sua *chefia* no poder das armas, da truculência, de um autoritarismo cruel sobre os seus seguidores. Também os jovens abastados, educados com permissividade total, não conhecem regras e limites e agem sem restrições, reforçando o caráter autoritário dessa "autonomia" perversa.

É, olhamos para trás e encontramos um passado gestado no autoritarismo estatal e em suas ramificações pelo interior da sociedade. Os professores, os pais, os idosos, aparecem ao lado dos "poderosos chefões" como os "fracotes" da sociedade.

A historiografia oficial esconde e deixa no esquecimento a incapacidade das tendências conservadoras em integrar traços essenciais das heranças culturais com as inovações da cultura urbana. O que foi feito dos nossos *conselheiros*, dos nossos *velhos sábios*? Foram tragados pela voracidade, pela pressa em se obter lucros, por uma lógica que separa a economia da atividade social, por um mecanismo que rompe as relações dos homens entre si, atomizando os indivíduos (Maffesoli, 1981, p.176)

Imagens da autoridade, da tradição e da educação

Uma alternativa para a educação talvez esteja na possibilidade de nos determos na história desse país como ele é, de modo que as coisas *invisíveis*, ou que ficaram ocultas, reprimidas, possam se dar a ver, lentamente, e não se percam na indiferença do nosso olhar.

Ao invés de continuarmos repetindo o que fomos no passado, podemos recuperar o sentido inédito, rompendo a continuidade linear da História.

O presente, sendo o local onde inscrevemos o desejo de um futuro diferente, a partir das esperanças não realizadas do passado, é o momento em que a tradição pode ser reconstruída, criando as condições para o surgimento de uma memória criativa, isto é, de uma experiência que nos devolva a prática de contar e até mesmo de inventar novas histórias capazes de constituir novas relações socioculturais e com elas trazer à tona a vida da coletividade.

Queremos nossos *conselheiros* de volta, sem esquecermos que *"aconselhar é menos responder a uma pergunta que fazer uma sugestão sobre a continuação de uma história que está sendo narrada* (...)" (Benjamin, 1987, p.200). Portanto, os conselheiros contam uma história não definitiva, que se abre a desdobramentos não conhecidos em busca de elos com os seus ouvintes.

O contato entre as pessoas, mediado pelo fazer da profissão, pode criar uma outra memória capaz de oferecer espaço a novas relações de autoridade entre estudantes e educadores, pais e filhos e, com isso, reinventar nossas tradições.

Uma longa permanência nas imagens do nosso passado tal qual nós as vemos hoje é necessária. Um país agonizante que se descolou de suas raízes sociais, desfigurando-se na corrupção, nos interesses e favores pessoais dos mais poderosos requer um aprofundamento nos episódios cruéis da nossa história para rememorarmos os seus lugares mortais e sobre os quais nossa tradição foi fundada.

Ver e viver, no presente, as tensões do passado, trazendo para a vida os protagonistas mortos mas que se encontram na base de uma cultura tradicional sempre colocada em risco.

Se nós, educadores e portadores da história desse país, fizermos a tentativa de nos aventurar nas sombras do passado, devemos fazê-lo de modo a descobrir os sinais de resistência que poderão se renovar e se reintegrar ao presente. Não evocar mais a nostalgia do que se perdeu, procurando um *espelho* a ser imitado, e sim criar imagens em busca dos sentidos da relação entre o conhecimento de si mesmo e do mundo.

Para falar da criação das imagens, particularmente nas instituições escolares, gostaria de recorrer ao cinema e à forma como suas imagens são produzidas.

Segundo Almeida (1998, p.12): "o diretor faz cortes, escolhe as cenas mais representativas do seu credo e da ideologia político-religiosa dominante, leva em consideração os desejos e pressões dos 'produtores', como também imagina o possível entendimento do espectador".

A seqüência das cenas é construída de modo a fazer o público lembrar da história linear, permanecendo nela, ou seja, ele não transcende os valores reiterados pela estrutura fílmica. A imaginação perde espaço porque a montagem é feita numa tal velocidade que não há tempo para o público colocar a sua narração. Neste caso, o que acontece entre as cenas é manipulado pelo diretor do filme que ao juntar os estilhaços, nos catequiza, nos cala. Ele recorta e interpreta as imagens a partir da perspectiva dos donos do poder, ou como diria Benjamin, da *história dos vencedores*.

Ao mesmo tempo que o cinema legitima os valores do poder que se instala e reconta à sua moda os acontecimentos passados, também carrega em si um potencial de liberdade. Nos filmes em que as cenas são mais longas (planos-seqüências demorados) e os cortes entre as cenas (montagem) mais lentos, o tempo se amplia e o espectador pode abrir sua imaginação em múltiplas imagens.

Se o entendimento das imagens ocorre não naquilo que se vê, mas nos intervalos entre uma cena e outra, a liberdade de criar sentidos aparece nesse intervalo, ou nesse *silêncio visual*.

Portanto, há filmes em que a passagem entre as cenas causa uma tensão entre a história como memória e sentimentos pessoais e a história como memória e sentimentos coletivos. Existe aí um intervalo significativo que proporciona ao público a possibilidade de criar e recriar sentidos. Logo, assistir a um filme é, como afirma Almeida, "estar envolvido num processo de recriação da memória".

O que o cinema tem a ver com escola e com crise da autoridade e da tradição?

A escola, um lugar imaginal

Assim como o cinema, a escola requer um lugar imaginal, isto é, um espaço em que possamos situar as idéias, os personagens, não apenas em contextos sociológicos e históricos, filosóficos, mas também em termos das imagens ali trabalhadas.

A sala de aula pode ser vista como uma "locação", isto é, um cenário que restaure a realidade imaginal, reconhecendo o meio em que se vive como imagético, reagindo a ele esteticamente de modo a reimaginar o mundo público no qual cada um vive.

Que imagens os alunos trazem quando lêem um texto, assistem a um filme, uma aula de física, química, biologia, ouvem uma música, admiram um objeto/obra de arte, refletem sobre uma notícia de jornal? Interessa muito mais como as imagens aparecem do que a compreensão delas, ou seja, como as imagens ampliam o mundo e desfazem conceitos rígidos, fixos, naturalizantes.

Essas imagens dão fundamento à imaginação que, por sua vez, reativa uma memória criativa, *labiríntica*, que reabre nosso passado a múltiplas possibilidades. Rememora-se o passado como um caminho a ser percorrido em seus becos, em suas sombras, em suas luzes escondidas.

A memória como rememoração desfaz relações de causa e efeito, de começo, meio e fim. Ao invés de verdades cristalizadas que paralisam o pensamento, os sentimentos, podemos trabalhar com significados dinâmicos. Abandono a gênese que me obriga a seguir uma trajetória e a encaixar a vida na fôrma do tempo linear, e salto da sucessão cronológica, utilizando *conceitos ativos* que funcionem como *metáforas vivas* e façam professores e alunos ir em busca de suas histórias.

O sentido dos filmes, dos textos, das disciplinas não está na literalidade da forma como aparecem, mas nos espaços intersticiais entendidos como lugares de folga onde as imagens percorrem livremente seus caminhos em relação às atividades que designam o lado oficial da instituição escolar.

Ser educador, hoje, é buscar o visível que se esconde nas imagens da linguagem.

Pier Paolo Pasolini (1990, p.128), cineasta italiano, diz que fazer um filme obriga a olhar as coisas do mundo na sua realidade e que essas coisas se tornam *signos vivos de si próprias*. Quem assistiu ao filme *Bagda Café*, dirigido por Percy Adlon, por exemplo, nunca mais olhará uma garrafa térmica com indiferença. Um simples objeto da nossa cultura foi se transformando no decorrer das cenas. Entre uma imagem e outra, o público vai reunindo em torno dessa garrafa os sentidos que vão se aglomerando até realizar um entendimento sobre o passado de Jasmin, personagem central, que só terá sentido no futuro, ou seja, no final do filme.

Pasolini utiliza a câmara para retirar do silêncio os objetos da cultura que permanecem mudos, devolvendo a eles seu potencial de sentido.

Para este cineasta, o "fascismo do consumo" corrompe o olhar sobre os objetos, imprimindo um sentido único de verdade para as coisas e os gestos humanos, eliminando as contradições sociais que, por sua vez, transformam em pó as ruínas da história do homem.

A escola pode estar desenvolvendo esse "olhar sensível" se apreender e compreender as imagens que imaginam o ambiente educativo. Essa compreensão não se dará dentro de uma *visão monocular*, como diria Michel Maffesoli (1985, p.9), que limita nossa análise a um único ângulo de ataque, e sim dentro de uma *visão estereoscópica*, constituída de elementos heterogêneos e paradoxais.

Que imagens trazem para nós a possibilidade de se recriar as relações entre professor e aluno? As imagens dos vencedores nós já conhecemos e sobre elas a história oficial se encarregou de nos convencer do "poder de fogo" que elas têm. Essas figuras nos paralisam pois contra elas somos frágeis e nos rendemos sem nada poder fazer.

É o traficante que invade a escola e seduz a garotada com o seu nada "suave veneno"; são os órgãos governamentais que vampirizam as pessoas da instituição, sobrecarregando-as com uma burocracia inútil e desfigurando o sentido da lei. Muitos diretores e professores envolvidos com a comunidade escolar abandonam a criatividade de seus projetos à medida que são cerceados por "leis", regulamentos que tiram a autoridade e a autonomia dos educadores e instalam o autoritarismo.

Numa das escolas pesquisadas a que já me referi, a direção se distinguia no bairro por organizar bailes, gincanas e jogos nos fins de semana. A ocorrência de uma briga, seguida de morte, nas proximidades da escola, provocou a instalação de uma sindicância em que o diretor foi envolvido, mas julgado inocente. A partir deste e de outros acontecimentos o diretor foi *"lentamente cortando tudo porque (...) começou a sobrar demais nas minhas costas, toda a responsabilidade (...), porque por melhor que seja a intenção sua, por mais que você esteja arrecadando recursos para a escola, no momento que a coisa pegar a administração superior, ninguém quer saber de você, qual a intenção, quer saber se estava previsto no regimento, quer saber se existia isso no plano (...)"*.

A descontração foi substituída pelo controle realizado por intermédio de *boletins de ocorrência* feitos por professores, direção e pais, que depois eram arquivados junto aos *processos* dos alunos. Qualquer fato, desde a solicitação de um material até os conflitos mais sérios deveriam ser registrados *para ciência*, de modo que as pessoas não alegassem ignorância.

Durante a entrevista, alegando cansaço e desânimo, ele afirmou: *"a única coisa que eu pretendo atualmente é desenvolver a arborização da escola, fazer a escola funcionar (...) Se alguém reclamar, eu falo: 'estou seguindo o regimento, se o regimento estiver errado é o regimento, não sou eu'"*.

É preciso reinventar as relações socioculturais a partir das imagens da *virtú*, no sentido que Maquiavel dá a ela, isto é, do povo que faz a dinâmica da nação, não à lei, mas às regras que se referem à coisa pública. Nem adaptação social, a espera do herói salvador, nem individualização social paga com uma assepsia generalizada da existência, sustentada sobre a imposição da "lei do mais forte" na qual cada um se torna um espectador passivo de seu próprio destino.

Quando se diz que este é um país sem memória e que a escola seria o lugar para resgatá-la, vem para mim a idéia de que a instituição escolar nunca descuidou da memória como lembrança. Aliás, a palavra "resgate", hoje tão na moda, confirma o sentido de salvação, de recuperação das datas, dos nomes de grandes heróis nacionais, dos conceitos cristalizados, dos valores conservadores.

A lembrança é utilizada na escola para que alunos e professores reduzam o presente ao que já foi pensado, dito e feito (Chauí, 1980, p.22). Entre os alunos, várias expressões permanecem ocultas em seus gestos, atos e palavras. A cada dia o mundo da escola vai ficando inexpressivo e sob a tirania de uma organização ineficaz.

Re-imaginar a educação é preciso...

Re-imaginar o mundo da escola é reconhecê-lo como imagético. Prédios, sistemas burocráticos, disciplinas, regulamentos podem ser percebidos como imagens animadas, emocionalizadas e situadas num âmbito de valor. Ter poder imaginativo é ter a habilidade de viver a vida na companhia de personagens ausentes cujas histórias não puderam ser contadas; é fazer emergir identidades diferentes, ambíguas, contraditórias, reconhecedoras da perda, mas que reinventam novas imagens, gestos e palavras.

Re-imaginar a escola é revitalizar o conhecimento explorando os *devaneios poéticos* que se manifestam nesse ambiente. Trata-se de desmanchar a literalidade dos textos, das disciplinas, das normas, das relações entre professor e aluno visualizando o potencial de sentido que todas essas situações revelam.

Essas imagens representam para nós o mundo que nos rodeia, as histórias que se fazem e se desfazem unindo minha história pessoal à história coletiva.

Em uma pesquisa realizada em maio de 1997 junto aos membros do movimento Hip-Hop em Campinas, pude perceber que a repetição dos temas, das palavras, das frases, do ritmo e da melodia na musicalidade *rap* traz imagens que fazem rememorar seus antepassados negros.

Em um CD do grupo Consciência Humana duas faixas são a esse respeito ilustrativas. Trata-se de *Mãe África* e *Navio Negreiro*.

A letra cantada é a mesma nas duas faixas, porém com ritmos diferentes:

Trazidos de Angola (...), enganados
vendidos como mercadoria (...)
Muita luta, muito sangue
para poucas vitórias
Nossa mãe África chora
Os motivos para mudar
ainda são os mesmos (...)
para a sobrevivência da população negra.

Pela repetição, abandona-se a história das humilhações, das derrotas e se a incorpora ao mundo dos antepassados. O antepassado corresponde a uma categoria de arquétipo impessoal, daí a sua função de regeneração coletiva. O arquétipo é uma série de imagens que resume a experiência ancestral do homem diante de situações que não são particulares a um só indivíduo, mas que podem se referir a todo homem (Dessoille, apud Bachelard, 1977, p.211).

Nesse sentido, o sofrimento não é considerado desprovido de sentido. Toda morte, toda derrota deve ser anulada e superada pela vitória, por uma nova criação: *"a de ser livre de não ser o que se foi"* (Eliade, 1992, p.144).

A maioria dos jovens entrevistados abandonou a escola e afirmou estar aprendendo muito mais fora dela.

Cantar, conversar com os companheiros, participar dos ensaios das bandas, ir aos bailes, ouvir as entrevistas dos líderes do movimento é *"uma forma de ter consciência (...) de ser racional"*. E, ser *racional* é *"ter cultura, educação"*.

A função do *rap,* música e canto do *hip-hop,* é manter entre seus membros uma *consciência ativa* que informe e elabore letras sobre política, fome, preconceito, racismo.

Em vez de *suspeitar* dos alunos ligados ao movimento, acredito que a escola poderia trabalhar com as imagens presentes nas letras das músicas *rappers*. Juntamente com os estudantes, os professores poderiam ver que imagens surgem das letras, escolher algumas delas e transformá-las numa idéia básica, por exemplo, a autoridade dos antepassados negros, e trazer essa idéia em forma de outras imagens, como o trabalho de pintores, cineastas, literatos, fotógrafos etc.

Esse movimento das imagens criaria o que Bachelard denomina *imaginação dinâmica,* aquela que impulsiona o pensamento e nos leva a um aprofundamento de nossa própria existência, fazendo germinar o nosso entendimento sobre o mundo ao invés de apenas confirmar o que já existe.

Se as imagens presentes na escola não fizerem pensar numa imagem ausente, se uma imagem não provocar uma explosão de outras imagens, não haverá imaginação, não haverá criação de conhecimento sobre a realidade.

Re-imaginar a educação é antes de tudo uma luta para manter a memória como rememoração e, desse modo, garantir as histórias, as palavras que ajudam os homens a se lembrarem do passado, lembrando aos vivos os sofrimentos de nossos antepassados.

Entrar nessas imagens, vivê-las é fazer com que ressurja, ao lado da *tradição formal* — monopolizada pelos grupos que deram um sentido único de verdade à História —, uma *tradição viva* e *coletiva* que, construída na arte de contar histórias, mobilize nas gerações seguintes o respeito pelo passado, não para repeti-lo, mas para arrancá-lo do conformismo e, dessa forma, tornar possível uma nova construção da autoridade e da tradição.

Re-imaginar a escola é percorrer os espaços vazios para recriá-los, recriando em nós o sentido do texto, o sentido do filme, o sentido das nossas vidas, dos nossos projetos que façam da escola um lugar criativo e rico de novas linguagens, um lugar onde se retome partes esquecidas do passado e com elas o fio de uma história inacabada.

Bibliografia

ALMEIDA, M. J. (1998) *Cinema — arte da memória e da sociedade*. Campinas: Faculdade de Educação, UNICAMP (mimeo.)

_____. (1999) *Cinema: arte da memória*. Campinas, São Paulo: Autores Associados.

ARENDT, H. (1968) *Entre o passado e o futuro*. São Paulo: Perspectiva.

BACHELARD, G. (1990) *O ar e os sonhos*: ensaio sobre a imaginação do movimento. São Paulo: Martins Fontes.

_____. (1977) *La terre et les rêveries du repos*. Paris: José Corti.

BENJAMIN, W. (1984) *A origem do drama no Barroco alemão*. São Paulo: Brasiliense.

_____. (1987) *Obras escolhidas*: magia e técnica; arte e política. São Paulo: Brasiliense.

CHAUÍ, M. (1980) "A não violência do brasileiro, um mito interessantíssimo". In: GALVÃO, W. N. e BENTO PRADO, J. R. (coords.) *Almanaque 11: Educação ou Desconversa?* São Paulo: Brasiliense.

ELIADE, M. (1992) *El mito del eterno retorno*: arquetipos y repetición. Madri: Alianza Editorial.

GAGNEBIN, J. M. (1993) *Walter Benjamin*: os cacos da História. São Paulo: Brasiliense.

_____. (1994) *História e narração em Walter Benjamin*. São Paulo: Perspectiva: FAPESP. Campinas, São Paulo: Ed. da Unicamp.

GUIMARÃES A. M. (1998) O cinema e a escola: formas imagéticas da violência. *Cadernos CEDES*, ano XIX, n.47, pp.104-15.

MATOS, O. C. F. (1989) *Os arcanos do inteiramente outro*: a Escola de Frankfurt, a melancolia e a revolução. São Paulo: Brasiliense.

MAFFESOLI, M. (1985) "Pour une sociologie relativiste II". In: *Cahiers Internationaux de Sociologie*. Paris: PUF, v.LXXVIII (78), pp.5-13.

_____. (1981) *A violência totalitária*: ensaio de antropologia política. Rio de Janeiro: Zahar.

PASOLINI, P. P. (1990) *Os jovens infelizes*. São Paulo: Brasiliense.

SCHOLEM, G. (1995) *As grandes correntes da mística judaica*. São Paulo: Perspectiva.

ZALUAR, A. (1995) "A autoridade, o chefe e o bandido: dilemas e saídas educacionais". *Educação e sociedade*, ano XVI, n.53/especial, dez., pp.694-714.

A violência escolar e o lugar da autoridade:
encontrando soluções partilhadas

Celia M. Benedicto Giglio*

Este texto pretende oferecer-se ao diálogo com outros tantos que tratam do tema da violência e do entendimento das muitas manifestações sociais e institucionais que configuram esse fenômeno no plano teórico e prático. Pretende ainda circunscrever o tema ao ambiente escolar a partir de um discurso do interior da escola, no exercício de fazer reconhecer a existência de um saber prático que responde e se desenvolve relativamente às formas de entendimento da violência escolar e do papel da autoridade por parte de seus atores.

Localizaremo-nos, portanto, nesse cruzamento que até o momento não oferece sinalização suficiente para evitar o sentimento de indecisão quanto ao rumo a ser tomado. Nosso exercício será o de observar e analisar brevemente alguns elementos que nos permitam operar de forma crítica a ligação existente: primeiro, entre o que é entendido como violência escolar e a indisciplina; segundo, entre estas e o papel da autoridade no âmbito escolar, e, finalmente, o significado das primeiras em relação a uma idéia de autonomia.

O cotidiano de nossas escolas tem produzido uma quase impossibilidade de reflexão sobre os problemas e impedido o desenvolvimento de uma visão e de uma prática estratégicas tanto por parte dos professores quanto de seus gestores. Esse cotidiano, povoado de desafios, não é entendido como espaço privilegiado de aprendizagem e de formação permanente dos educadores. Ao contrário, os educado-

---

* Diretora da EE Condessa Filomena Matarazzo. Mestre e doutoranda em História da Educação pela Faculdade de Educação da Universidade de São Paulo. Membro da Comissão Executiva do Forum de Educação da Zona Leste. E-mail: filomena@enlaces.org.br — http://filomena.enlaces.org.br.

res pedem socorro e localizam fora de si ou de suas instituições as razões dos problemas vividos. De fato, os problemas da educação escolar, incluindo aqui a violência, a indisciplina e outros, são também problemas apresentados para a sociedade. No entanto, perguntaremonos ao longo desta reflexão: quais são nossas responsabilidades quando nos encontramos no centro dos cruzamentos e qual autonomia é necessário desenvolver em nossas escolas?

Violência escolar e indisciplina

Os meios de comunicação de massa vêm construindo a visibilidade da violência escolar a partir da publicidade de casos, nos quais estudantes têm-se envolvido em brigas e atividades ilícitas, com a freqüente presença do uso de armas e episódios de mortes. Essa visibilidade, também inspirada no noticiário americano, tem o mérito de tornar praticamente irresistível ao público o debate em torno da violência e não apenas dela. Também, e talvez principalmente, em torno das características de nossa juventude, do comportamento das famílias, das responsabilidades dos gestores públicos no campo da segurança e da educação. De forma indireta, o que está em xeque no debate público é a capacidade mesma de nossas instituições desenvolverem os princípios democráticos de convívio que supõem certa igualdade entre os cidadãos. Da mesma maneira, sua capacidade de manterem a legalidade como cimento das relações sociais. Trata-se, portanto, de uma nova oportunidade para o envolvimento de acadêmicos, pesquisadores do assunto, educadores e de toda a sociedade na busca de uma compreensão mais madura em relação ao que se tem denominado violência escolar.

Não obstante a importância dos episódios que permitiram tematizar a violência no espaço escolar, torna-se necessário construir uma reflexão sobre a possibilidade de a violência estar disseminada também em outras práticas no interior da escola que sequer são percebidas como alimento cotidiano para um convívio cada vez menos povoado por valores de respeito, tolerância e solidariedade. Valores estes com os quais se poderia orientar a educação para a valorização da vida.

Neste fim de século, não apenas as leis têm solicitado a mudança da escola. Os próprios estudantes solicitam essa mudança, tentam construir um ambiente particular para guardar sua expressão, lida de modo indistinto, como indisciplina. Assim indiferenciada, a indisciplina escolar confunde-se com uma possível indisciplina social disseminada, a desagregação completa dos valores que mantêm uma sociedade pactuada em torno das leis e regulamentos.

Falar alto, correr, rir, brincar, entrar e sair de lugares sem permissão, questionar uma decisão da autoridade são os exemplares mais comuns do que chamamos indisciplina dos alunos. Parece que o modelo de controle do tempo e do espaço escolar encontra-se em crise; em resposta a ele há a resistência dos alunos. No limite, os adultos sentem-se impotentes para controlar a ociosidade dos jovens, temem a formação de redes de relações que não podem vigiar, seus deslocamentos inesperados, sua circulação difusa. Fala-se da indisciplina dos alunos como a quebra de regras ou de modelos de conduta que não foram escritos e atuam de forma naturalizada, acima de qualquer suspeita, e dispensam a revisão de nossas práticas de controle para problematizá-las.

São incontáveis as micropenalidades que se aplicam aos alunos em nossas escolas. Elas dizem respeito a punições que se encontram na ordem do cotidiano; "micropenalidades do tempo (atrasos, ausências, interrupções das tarefas), da atividade (desatenção, negligência, falta de zelo), da maneira de ser (grosseria, desobediência), dos discursos (tagarelice, insolência), do corpo (atitudes "incorretas", gestos não conformes, sujeira), da sexualidade (imodéstia, indecência)" (Foucault, 1987, p.149). Quase invisíveis, compõem uma obra ao mesmo tempo anônima e pública, cujo objetivo é disciplinar ininterruptamente o convívio; no entanto, não se institui seu significado, são simplesmente reproduzidas de maneira profética.

Buscar o sentido da organização institucional da escola poderá revelar o quanto estamos presos a estruturas que não atendem ao ideal de uma educação democrática e às necessidades dos alunos, dos professores e das comunidades. A tarefa de formar as novas gerações impõe a revisão desse modelo.

Nosso modelo escolar, calcado na transmissão de conhecimentos, em práticas que valorizam a uniformização de personalidades, que desprezam as diferenças entre os alunos, tratando-os todos como seres produzidos em série, a quem temos a oferecer um único e tedioso ensino, tem colaborado sobremaneira para que o tão afirmado valor da autonomia dos alunos ou da educação para a cidadania se esvazie, não indo além de um discurso inconseqüente pronunciado e escrito em nossos planos.[1]

A ausência de um projeto educativo, a ausência de envolvimento dos educadores com a educação de nossas crianças e jovens, as práticas de avaliação que reduzem a inteligência à mera repetição de fatos ou procedimentos; o grande absenteísmo dos professores, administradores que não favorecem as condições de trabalho de suas equipes, governos que desenvolvem planos mirabolantes para reduzir custos com educação — tudo isso conspira para um ambiente escolar violento e para práticas de desrespeito à dignidade das pessoas.

Alterar nosso modelo escolar exige conceber a escola como espaço de produção de conhecimento; não do conhecimento acadêmico e científico que nos chega por incontáveis transposições, mas a produção de saberes que dizem respeito às situações específicas de pessoas e seus problemas. Esse tipo de conhecimento tem sido sistematicamente preterido no espaço escolar e mesmo nas universidades. Historicamente nosso sistema escolar elementar transformou-se no espaço do fazer, a universidade no lugar onde se pensa e produz conhecimento e os gabinetes de governo nos lugares onde se decidem as políticas. À escola resta "obedecer", reproduzir, aceitar ou tornar-se impermeável às políticas que, apenas aparentemente, são executadas. Isso tem alimentado entre os educadores comuns — que não possuem os protocolos universitários mais importantes — uma cultura que de modo algum favorece as mudanças necessárias.

Alterar nosso modelo escolar, portanto, exige o resgate da autonomia profissional que foi roubada dos educadores, mantendo-os em completo estado de heteronomia e fazendo-os silenciar até o limite da perda de sentido de seu fazer. Essa autonomia só pode ser buscada no compromisso ético de produzir uma educação cuja qualidade atenda necessidades de aprendizagem, referenciadas nos problemas concretos dos alunos, da comunidade e dos educadores.

A violência escolar é um desses problemas concretos, ainda sem uma definição consensual, e para o qual não pode haver solução

---

1. A idéia de autonomia no espaço escolar confunde-se freqüentemente com anomia, ou seja, com a ausência da necessidade de nos conduzirmos mediante regras e acordos, bastando a escolha individual sobre o tipo de conduta que se deseja. O mesmo tem ocorrido em relação à autonomia da escola. Ver a esse respeito Araújo (1996) e Azanha (1998), referenciados ao final do texto.

única, prescrição ou método prático que garanta êxito. Ela se traduz muitas vezes em uma série de comportamentos que inicialmente é identificada como indisciplina, figurando hoje como a maior dificuldade enfrentada por professores e diretores nas escolas. Cabe sublinhar, no entanto, que essa indisciplina faz parte de uma leitura unilateral da realidade escolar, que localiza apenas nos alunos práticas de desrespeito às regras.

As causas de um comportamento indisciplinado podem ter diferentes origens. A *injustiça* entre os jovens é a mais comum. Sujeitos convencidos de terem sido tratados de forma injusta, ou submetidos a regras injustas, tendem a defender-se de modo explosivo, podendo chegar a manifestarem-se pela agressão física a outrem.

As manifestações do sentimento de injustiça na escola, do tratamento desigual diante do que é aceito como plausível ou correto, iniciam no indivíduo ou grupo uma reação em cadeia que os coloca em pleno estado de defesa de si, de suas razões; a desobediência e o comportamento apaixonado predominam, ainda que por alguns momentos, sobre qualquer conduta racional.

O respeito à autoridade não impede essas manifestações quando a noção de justiça está presente no sujeito de forma dissociada da noção de lei e autoridade. Nesses casos, ouvir os que se entendem como vítimas de injustiça tem sido a melhor providência para o resgate da razão, a instauração das condições necessárias à compreensão dos problemas e a tomada de decisão sobre as melhores maneiras para solucioná-los. Ou seja, ouvi-los é essencial para o restabelecimento do pacto de convívio. Essas manifestações, vistas como indisciplina dos alunos, podem ser indícios do desenvolvimento de sua autonomia moral. Devemos nos equipar para compreender esses momentos e nos capacitar a torná-los amplamente educativos, desenvolvendo em nossa prática os valores da tolerância e da solidariedade.[2]

Diante dessas constatações, torna-se imperativo buscar soluções que nos possibilitem reconstruir nossas relações no interior das escolas e encarar as dificuldades como ponto de partida para as mudanças necessárias ao resgate de um convívio que valorize a vida. Não podemos nos tornar reféns de nossas incapacidades para enfrentar os problemas. Ao contrário, deve-se mobilizar as qualidades de cada um

---

2. Uma discussão a respeito do desenvolvimento moral pode ser encontrada nos *Parâmetros Curriculares Nacionais*, Vol. 8, Brasília, MEC/SEF.

para a construção de planos para enfrentá-los, contando com a participação de todos: professores, administradores, alunos, pais e a comunidade.

Qual deveria ser o papel dos educadores diante da violência entre crianças e jovens no interior da escola? Quais são as responsabilidades dos educadores diante de relações sociais desagregadoras tais como as que temos vivenciado atualmente?

Certamente não se trata apenas de constatar sistematicamente os episódios de violência e lamentar, transferindo responsabilidades para outros. Os educadores têm a responsabilidade de atuar de modo estratégico, investigando as possíveis causas que transformam o ambiente escolar em local propício ao florescimento de práticas violentas, práticas que desrespeitam direitos, que não promovem a dignidade humana.

Uma das constatações mais recorrentes entre educadores é a de que não estão preparados para lidar com a violência que se manifesta em nossas escolas. Isso já é o início da solução, pois reconhecem a necessidade de transformar a prática. Nossas escolas precisam ser mais do que um lugar para aprender os conteúdos de certas disciplinas; elas devem ser espaços para a construção da cidadania de alunos, professores, administradores, pais e comunidade. Juntos, somos capazes de aprender formas para tratar com responsabilidade dos problemas e, assim, nos reformularmos como educadores, investigando nossas próprias práticas e se, com estas, estamos garantindo a valorização da dignidade e da vida de todos.

O campo de direito na escola: autoridade e justiça

A naturalização do território escolar, e a conseqüente tranqüilidade em relação ao seu papel, impediu o acúmulo de reflexão sobre o campo de direito na escola. A tradição escolar pública, fundada na centralização dos poderes de decisão, legitimou a idéia de autoridade na hierarquia administrativa. Norteados principalmente pela legislação de ensino, os administradores escolares aprenderam a aplicar um longo rol de prescrições legais e desenvolveram também grandes habilidades para prescrever tarefas e distribuir ordens a seus subordinados a partir de decisões freqüentemente unilaterais. Esse tipo de gerência, aplicado às relações interpessoais e grupais no espaço escolar, sempre implicou uma série de confrontos e desacertos. Nesse panorama, a legalidade serviu plenamente à assepsia de relações conflituosas, protegendo, inclusive, práticas de exclusão.

Conceber a escola como espaço de desenvolvimento da cidadania e de aprendizado dos princípios democráticos implica a necessidade de uma releitura da função das leis, normas e regras no âmbito escolar, uma revisão das formas de gerir a escola e a sala de aula; portanto, implica a necessidade de revisão daquilo que foi construído como o modelo de autoridade.

É comum em nossas escolas estabelecerem-se regras ou normas de conduta para que os alunos cumpram, mas é bastante incomum a construção de regras ou normas que incorporam alunos, professores, técnicos e funcionários em seu cumprimento. Poder-se-ia buscar asilo, afirmando que essas normas e regras de conduta já existem nos estatutos e contratos de trabalho e, por isso, os profissionais estariam dispensados da obediência a esta "legalidade local".

Por que é tão repugnante aos que trabalham na escola a idéia de estarem igualmente submetidos a determinadas regras? Por que é tão repugnante a idéia de serem avaliados por seus pares, por seus alunos, por seus familiares? Por que é tão constrangedor admitir os erros diante dos "subordinados"? Que lugar é esse que ocupam e de que poderes estão investidos? Que autoridade é essa que trinca ao menor sinal de questionamento?

Do dicionário, selecionamos três sentidos para a palavra autoridade: "Direito ou poder de fazer-se obedecer, de dar ordens, de tomar decisões, de agir etc.", "Aquele que tem por encargo fazer respeitar as leis...", "Influência, prestígio, crédito". O modelo de autoridade que foi construído e estabelecido é daquela que atua, basicamente, pela coação, coincidindo portanto com o primeiro sentido, da autoridade que deve ser temida para ser respeitada e deve ser temida porque tem o poder de decidir, de ameaçar, de reprimir.

A autoridade pensada como garantidora do respeito às leis, do respeito aos direitos ou, ainda, como portadora de prestígio, de crédito, ou seja, de legitimidade, parece aproximar-se de um outro modelo, que teria no valor da justiça um ideal em suas dimensões legal e ética. Talvez esse outro modelo deva nos inspirar para enfrentar nossos desafios e ao mesmo tempo construirmos um convívio social responsável.

A organização escolar impõe constantemente a presença de autoridades arbitrando sobre uma série de eventos. O conflito é um deles e exige cuidados especiais em relação à questão da justiça. Quando o conflito se estabelece no relacionamento entre professor e aluno, o primeiro árbitro é o próprio professor e espera-se dele que aja com maturidade e justiça. Não raras vezes, a contenda ultrapassa o âmbito da sala de aula e vai para o gabinete do diretor. Nesses casos, é necessário também investigar as razões do conflito antes de resolvê-lo com a aplicação de uma punição. Lembremo-nos de que as regras e leis se cumprem e que a justiça se faz. "De fato, enquanto um dever se *cumpre*, a justiça se *faz*. Os deveres costumam vir sob uma forma pronta e acabada, e como imperativos a serem obedecidos. A justiça representa mais um ideal, uma meta, portanto algo a ser conquistado, um bem a ser realizado. A cada momento, deve-se decidir *como* fazer justiça, e, no mais das vezes, não existem procedimentos precisos para que se alcance o intento: deve-se, justamente, avaliar, pesar, interpretar as diversas situações e então decidir o que fazer" (La Taille, 1992, p.53).

Há outros casos, em que a razão do conflito é externa, envolvendo interesses particulares dos alunos e estranhos às atividades da escola e, por fim, há conflitos que têm origem no convívio escolar mais geral. Típicas entre adolescentes são a disputa pelo sexo oposto, a disputa em torno de competições esportivas, de espaços, popularidade no grupo etc.

Quando a razão do conflito que ocorre no espaço escolar tem origem nos interesses próprios dos envolvidos, torna-se mais difícil lidar com a questão, sendo necessário desenvolver estratégias para mediar o conflito de modo a alcançar um acordo entre as partes envolvidas, como garantia de respeito à vida e à dignidade das pessoas no interior da escola e no convívio social.

A atuação estratégica na mediação de conflitos permanece hoje mais como desempenho individual de professores, gestores e outros educadores não-profissionais, não tendo sido até aqui considerada como objeto de investimento por parte da escola, no sentido de produzir um plano de ações intencionalmente criadas para serem executadas por todos.

Programa escolar de mediação de conflitos

Apresentamos, aqui, parte de uma experiência que poderá nos inspirar no desenvolvimento de programas próprios e adequados que nos possibilitem atuar estrategicamente em relação aos conflitos cotidianos na escola. Trata-se de uma experiência do Center for Civic

Education para o desenvolvimento de planos de prevenção à violência escolar — Violence in the Schools. Developing Prevention Plans. Exercises in Participation Series.

Um programa escolar de prevenção deve servir para preparar pessoas da escola para aprenderem a mediar conflitos. Esse programa é um plano que possui um conjunto de procedimentos preestabelecidos que podem ser acionados quando uma situação difícil ou perigosa acontecer. O objetivo principal do programa é o de prevenir episódios de violência, tratando-os antes que tomem proporções que coloquem em risco as pessoas e o ambiente escolar.

Uma maneira para resolver conflitos pacificamente é ensinar os alunos a controlarem a agressividade e manter um relacionamento social melhor com outras pessoas. Um ambiente escolar opressor não contribui para o desenvolvimento desse tipo de autocontrole; é preciso que os educadores levantem junto aos alunos sugestões sobre como tornar o espaço escolar mais agradável, sobre como possibilitar a aprendizagem de modo mais eficiente e para todos. Envolver os alunos, funcionários e pais no planejamento e acompanhamento do trabalho escolar facilita o desenvolvimento da co-responsabilidade, e exercita o relacionamento social em várias dimensões.[3]

Outro método é a mediação entre pares para solucionar conflitos. A mediação é um processo que ajuda a resolver ou reconciliar diferenças entre duas ou mais pessoas pela intervenção de um pacificador. O pacificador pode ter a mesma idade dos envolvidos no conflito. O mediador não toma partido, ele ou ela ajudam as partes oponentes a chegar a um acordo pacífico pelo diálogo ou consenso.

---

3. Nossa tradição em relação ao planejamento do trabalho que se realiza na escola indica que os únicos a terem o que dizer para o planejamento são os professores e técnicos, orientados por diretrizes exteriores à escola. Como a orientação é externa e variável, o planejamento não se constitui num processo, mas num eterno recomeço. Esse anonimato e a ausência de sentido produzem planos inconseqüentes tanto em relação à previsão de recursos quanto à distribuição das responsabilidades de cada participante da ação educativa, pois não existe intenção de interferência na realidade, apenas o cumprimento da tarefa de "planejar". As atuais orientações legais acenam para a autonomia das escolas na elaboração do projeto pedagógico da instituição. Ainda que nossos limites estejam dados pela legalidade, há um vazio de política educativa no interior das escolas que deve ser substituído por decisões que nos pertençam e façam parte de uma realidade que reconhecemos necessário alterar.

O objetivo é o de possibilitar às pessoas resolver suas diferenças umas com as outras de maneiras não-violentas. Dessa forma, as pessoas podem reduzir bastante a violência escolar, quebrando um modelo de violência em resposta ao conflito e difundindo um novo modelo de relação que implica o acordo, o consenso e a responsabilidade. A formação de pacificadores implica não apenas o treinamento de voluntários para atuarem em situações de conflito, mas a própria prática de condução de conflitos no cotidiano escolar. À medida que conseguirmos transformar o tratamento de cada conflito em uma situação educativa, estaremos formando esses pacificadores pela experiência vivida. É comum a existência natural de pacificadores entre os próprios alunos, funcionários e professores. No entanto, atuar estrategicamente exigiria o estabelecimento de uma espécie de ética no interior da escola para o tratamento dos conflitos. Muitas vezes, um conflito iniciado no interior da escola terá seu desenlace "lá fora". Presumimos que a ocorrência de soluções violentas envolvendo os alunos fora do espaço escolar é também responsabilidade da escola.

Para que se utilize essa estratégia, é necessário que os grupos ou pessoas inicialmente concordem com algumas condições; no entanto, será a presença do pacificador que construirá a possibilidade do diálogo inicial, sem o qual não existiria a possibilidade de negociação para uma solução pacífica.

1. As pessoas envolvidas na disputa querem uma solução positiva e pacífica.
2. As pessoas envolvidas na disputa estão dispostas a permitir uma terceira pessoa para ajudá-las a chegar a uma solução.
3. As pessoas envolvidas na disputa estão dispostas a enfocar o problema atual, específico, e não assuntos ou problemas passados.
4. As pessoas envolvidas na disputa estão dispostas a aplicar a solução encontrada.

Num programa escolar de mediação de conflito, as duas pessoas ou grupos em conflito potencial ou real têm de concordar com esses quatro requisitos principais para que se encontre a forma de resolução do mesmo.

Uma vez concordando com os quatro requisitos, podem escolher um mediador de conflito entre aqueles disponíveis, preparados no programa de mediação de conflito. Entre estudantes, se um(a) aluno(a) mediador(a) não consegue ajudar ambos os partidos a chegarem a um acordo, o problema pode ser transferido a um mediador adulto para mais uma tentativa de resolver o conflito pacificamente.

Passos numa sessão típica de mediação

Passo 1 — Introdução

O mediador coloca os partidos à vontade, lembrando-os sobre o consenso em aceitar os quatro requisitos básicos e explica as regras fundamentais. O papel do mediador não é de decidir, mas de ajudar os envolvidos na disputa em chegar a um acordo. O mediador explica que ele ou ela não tomará partido.

Passo 2 — Contando a história

Cada partido conta o que aconteceu. A pessoa que apresentou a queixa conta sua história primeiro. Não pode ser interrompida enquanto fala. A outra pessoa conta, depois, a sua versão da história.

Passo 3 — Identificando os fatos e as causas

O mediador tenta identificar os fatos e as causas sobre os quais ambos os partidos concordam. Isso se consegue ouvindo cada lado, resumindo os pontos de cada um e perguntando se os fatos e as causas são como cada um entende.

Passo 4 — Identificando soluções alternativas

Todos os envolvidos procuram encontrar soluções para o problema. O mediador faz uma lista e pede para que ambos os partidos dêem sua opinião sobre cada solução possível.

Passo 5 — Revisando e discutindo soluções

O mediador ajuda os partidos a revisar as soluções possíveis e os ajuda a identificar a solução que ambos consideram boa.

Passo 6 – Chegando a uma acordo

O mediador ajuda a chegar a uma solução satisfatória para ambos. O acordo deve ser registrado por escrito. Os partidos devem também discutir as conseqüências se um deles quebrar o acordo.

Algumas responsabilidades da escola

Em relação à violência escolar, devemos destacar a importância do trabalho dos professores, gestores e comunidades quanto à responsabilidade de construir um Projeto Educativo que supere o âmbito de formalismos burocráticos e, de fato, seja resultado do exame das necessidades e idéias do grupo. Sem um referencial comum, torna-se praticamente impossível à instituição ultrapassar este estado de heteronomia e, às vezes, de anomia, que se traduz na sensação de impotência para enfrentar problemas, favorecendo o isolamento e a transferência de responsabilidades. Enumeramos a seguir parte das responsabilidades da escola quanto a uma organização que contribua com o ideal de autonomia dos professores, alunos e da própria instituição.

1. Normas justas e razoáveis que todos – alunos e adultos – devem seguir.

Estas regras devem ser criadas para:

- oferecer ordem, segurança e um ambiente que promova o aprendizado;
- possibilitar iguais oportunidades de aprendizagem a todos;
- prevenir tratamento desigual contra os alunos;
- estabelecer maneiras justas para lidar com conflitos sobre as regras; e
- providenciar modos justos e razoáveis para disciplinar os alunos e os adultos que violam as regras.

2. Administração justa das regras e leis

Professores e administradores são responsáveis por executar as regras e leis para poder governar sua escola de maneira justa e razoável. Por exemplo, todos os alunos devem:

- entender as regras e as leis a que devem obedecer e a razão por que existem;

- ter oportunidades para expressar suas opiniões sobre as regras e as leis;
- ter oportunidade de ajudar na elaboração das regras quando a razão e a legalidade permitem ou exigem; e
- ser obrigados a obedecer as regras e as leis.

3. Imposição justa de regras e leis

As escolas são responsáveis pela imposição de regras de maneira justa. Professores e administradores são responsáveis por impor regras contra brigas, consumo de drogas, álcool e porte de armas:

- disciplinando alunos que desobedecem às regras;
- procurando os pais para orientá-los e exigir que cumpram suas responsabilidades; e
- denunciando casos de crimes cometidos por alunos às autoridades competentes.

4. Resolução justa de conflitos sobre regras

Os professores e administradores são responsáveis por usar procedimentos justos quando tiverem de arbitrar conflitos sobre as regras. Eles também são responsáveis por tratar com justiça os alunos infratores. Alunos suspeitos ou acusados de quebrar as regras ou leis têm direito a procedimentos justos quanto à maneira com que as informações são colhidas e quanto às decisões que são tomadas. Por exemplo, eles devem ser/ter:

- protegidos de terem sua identidade revelada se denunciarem incidentes violentos ou potencialmente violentos;
- protegidos de serem revistados ou a seus pertences sem que exista uma boa razão para tal;
- informados sobre as acusações;
- oportunidade de responder às acusações e contar seu lado da história;
- permissão de ter outras pessoas que falem e testemunhem a seu favor; e
- julgados de maneira justa e imparcial.

5. Tratamento justo para alunos culpados de quebrar as regras

Professores e administradores são responsáveis por lidar de forma justa com alunos infratores. Suas ações devem:

- corrigir a situação que provocou o prejuízo;
- prevenir que os alunos causadores dos prejuízos repitam os delitos; e
- desencorajar outros alunos de um comportamento semelhante.

6. Conservando a área pertencente à escola em segurança

A escola é responsável por conservar sua área em segurança para:

- proteger estudantes de estranhos; e
- manter pessoas estranhas ou desordeiras fora da escola.

7. Programas educacionais

A escola é responsável por desenvolver programas para ajudar os alunos e seus pais a descobrirem meios para resolver conflitos sem que terminem em violência. Elas também são responsáveis por ter planos de gerenciamento de crises no caso de problemas acontecerem.

Tais planos podem incluir:

- avisos às autoridades sobre problemas de que se tem conhecimento;
- aconselhamento aos alunos e pais;
- envolvimento dos órgãos públicos que servem à comunidade;
- envolvimento dos alunos e familiares no estudo dos problemas e na proposição de soluções viáveis; e
- envolvimento dos professores e demais equipes da escola no estudo dos problemas e na proposição de um plano de ação para o enfrentamento dos problemas na escola com a participação de alunos e seus familiares.

O plano pode incluir um esquema de segurança que envolve os próprios estudantes e professores em relação às formas de atuação em situações de risco. Pode adotar a elaboração de regras rigorosas e punição para determinados tipos de conduta, como, por exemplo, para o uso de álcool, drogas, brigas e roubo na escola. O processo de elaboração de planos constitui-se já na mudança de atitude diante dos problemas por sua própria dimensão educativa.

A escola precisa ser um ambiente em que as pessoas se sintam livres de ameaças ou danos a elas mesmas ou a seus pertences, precisa ser um espaço de respeito mútuo. Criar um plano para a prevenção da violência nas escolas é parte das responsabilidades de todos os educadores. É possível fazer mais do que constatar e lamentar a situação atual.

Reinventando a escola — o resgate da autonomia

Houve tempo em que as obras não precisavam de autoria, simplesmente circulavam, aconteciam. Parecemos ainda viver nesse tempo de anonimato, tempo de eterno recomeço, de identidades apagadas. Trabalhamos de estrela a estrela, acumulamos saberes, os construímos, os destruímos e nossa história se consome, deixando pegadas que reconstituem parte da história de exclusão de milhares de brasileiros. Não é essa história que queremos protagonizar.

Protagonizar nossa história de educadores é condição para a conquista da autonomia profissional. Ela está ao alcance das mãos, ali onde nos encontramos diariamente com nossos companheiros de trabalho, com crianças e jovens, junto dos quais realizamos nossa obra. Não seria justo com eles e conosco mesmos desistirmos de enfrentar os desafios atuais da educação e de nos desafiarmos a dar-lhe um sentido novo. Torna-se imprescindível renunciar às práticas que negam o diálogo, que impedem a formação de identidades autônomas, sob pena de reproduzirem-se as condições para o exílio da cidadania ativa. Manter essa obra no anonimato denunciaria total ausência de compromisso ético com a democracia.

Um dos estudos sobre a instituição escolar e a violência aponta o aparecimento desta última como "apenas a conduta mais visível de recusa ao conjunto de valores transmitidos pelo mundo adulto, representados simbólica e materialmente na instituição escolar, que não mais respondem ao seu universo de necessidades. [...] Assim, o esgotamento do modelo de escolaridade voltado para a mobilidade social convive com o enfraquecimento da capacidade socializadora da escola como instituição formadora de novas gerações. Por essas razões, um dos principais desafios é o exame de alternativas que possibilitem à escola a redefinição de sua presença no universo de crianças, adolescentes e jovens, de modo a alcançar algum significado efetivo no desenvolvimento desses sujeitos. Os temas centrais contidos na idéia de democracia como espaço público, direitos, tolerância e respeito às diferenças podem conter as pré-condições para a busca de novas atribuições de sentido para a instituição escolar" (Sposito, 1998, p.73).

A escola é local privilegiado para a vivência pública da democracia (ou da ausência dela). Reproduzimos nela, em outra escala, parte dos eventos que ocorrem na sociedade e governamos a escola, portanto, é possível transformá-la num espaço de aprendizado de democracia participativa. Envolver os jovens em assuntos que os afetam diretamente desenvolverá o conhecimento, as habilidades e a disposição necessários para que se tornem cidadãos efetivos. A idéia de tê-los como parceiros no governo da escola, ou seja, como co-governantes, deve ser uma meta que, além de desejável, seja viável e necessária. Mais que uma operação intelectual, educar para a cidadania na escola é possibilitar a participação em sua vida pública, é vivenciar práticas de respeito a direitos, de tolerância, de uma justiça que seja referenciada no projeto educativo da escola, no compromisso e na responsabilidade de cada um e de todos.

A chave parece estar no desenvolvimento da audácia dos educadores, na coragem de aprender a fazer diferente, de aprender a decidir juntos, a dividir responsabilidades; reinventar nossas instituições nos facultará a liberdade de influir nas políticas públicas de educação com outra competência. Se um dos objetivos da educação escolar é promover a cidadania dos alunos, assumiremos que ela é também espaço para a construção da cidadania ativa e solidária dos educadores.

Bibliografia

AQUINO, J. G. (1998) A violência escolar e a crise da autoridade docente. *Cadernos CEDES*. Campinas: n.47, pp.7-19.

ARAÚJO, U. F. (1996) Moralidade e indisciplina: uma leitura possível a partir do referencial piagetiano. In: AQUINO, J. G. (org.) *Indisciplina na escola*: alternativas teóricas e práticas. São Paulo: Summus, pp.103-15.

AZANHA, J. M. P. (1998) Proposta Pedagógica e Autonomia da Escola. *Escola de cara nova*. Planejamento 1998. São Paulo: SEE.

_____. (1987) *Educação*: alguns escritos. São Paulo: Nacional.

BENEVIDES, M. V. (1998a) O desafio da educação para a cidadania. In: AQUINO, J. G. (org.) *Diferenças e preconceito na escola*: alternativas teóricas e práticas. São Paulo: Summus, pp.153-69.

_____. (1998b) Cidadania e Direitos Humanos. *Cadernos de Pesquisa*. São Paulo: Fundação Carlos Chagas, n.104, pp.39-46.

CENTER for Civic Education. (1997) *Violence in the Schools. Developing Prevention Plans. Exercises in Participation Series*. Center for Civic Education, Calabasas, CA, USA. Tradução e adaptação Ina Ouang. São Paulo.

COMPARATO, F. K. (1987) *Educação, Estado e poder*. São Paulo: Brasiliense.

DE LA TAILLE, Y. (1992) Desenvolvimento do juízo moral e afetividade na teoria de Jean Piaget. In: DE LA TAILLE, Y.; OLIVEIRA, M. K.; DANTAS, H. *Piaget, Vygotsky, Wallon*: teorias psicogenéticas em discussão. São Paulo: Summus, pp.47-73.

FOUCAULT, M. (1999) *Em defesa da sociedade*: curso no Collège de France (1975-1976). São Paulo: Martins Fontes.

_____. (1996) *A verdade e as formas jurídicas*. Rio de Janeiro: Nau.

_____. (1987) *Vigiar e punir*: nascimento da prisão. Petrópolis: Vozes.

_____. (1979) *Microfísica do poder*. Rio de Janeiro: Graal.

MEC (1993) *Plano decenal de educação para todos*. Brasília: MEC.

MEC/SEF (1997) *Parâmetros curriculares nacionais*: apresentação dos temas transversais, ética. Brasília: MEC/SEF.

SPOSITO, M. P. (1998) A instituição escolar e a violência. *Cadernos de Pesquisa*, São Paulo: Fundação Carlos Chagas, n.104, pp.58-75.

O sentido dos desafios no cotidiano escolar:
da autonomia decretada à autonomia construída

Laurizete Ferragut Passos*

O momento de aprendizagem da vivência democrática que nós, cidadãos brasileiros, vivemos hoje, nos coloca desafios que nascem de nossas perplexidades. Exercitar a perplexidade, como anuncia Boaventura de Souza Santos (1996), a partir do contexto sociotemporal de onde elas emergem, pode ser fundamental na identificação dos desafios que merecem uma resposta imediata.

Para nós, professores e pesquisadores das práticas escolares, o desafio maior é o que se refere ao fracasso escolar. A escola apresenta-se como o espaço público por excelência, o lugar do passaporte para a cidadania para qualquer indivíduo, independentemente de raça, sexo e classe social. Entretanto, os números apresentados pelas pesquisas têm causado perplexidade aos envolvidos com a problemática educacional: dos 33 milhões de estudantes do ensino fundamental no país, cerca de 10 milhões repetem todos os anos. Com isso, a defasagem de idade apresentada pelos alunos em relação à série em que estão matriculados mostra dados preocupantes.

Só no estado de São Paulo, na análise da defasagem,[1] verificou-se que até a 4ª série do ensino fundamental os índices aproximam-se dos 30% e passam de 40% a partir da 5ª série. Some-se a isso, a perplexidade em torno da formação dos professores de 1ª à 4ª série. No

---

* Pedagoga, doutora em educação pela Faculdade de Educação da USP. Docente na Unesp/Rio Claro. Co-autora de *Indisciplina na escola: alternativas teóricas e práticas*, Summus, 1996 e *Erro e fracasso na escola: alternativas teóricas e práticas*, Summus, 1997.

1. Dados da Secretaria de Estado da Educação no documento *Reorganização da Trajetória Escolar no Ensino Fundamental — Classes de Aceleração* da Fundação para o Desenvolvimento da Educação. São Paulo, 1988.

Brasil, dos 788,9 mil docentes desse nível de ensino, 94,9 mil não completaram o ensino médio, representando 12% do total dos professores.[2]

A Lei de Diretrizes e Bases (Lei 9.394/96) tem buscado responder aos desafios apontados e, nesse sentido, as alternativas imediatas postas pela legislação ou surgidas de iniciativas das próprias escolas têm-se direcionado para um dos princípios em que a atual reforma se fundamenta — a gestão da autonomia. O ponto que nos interessa reforçar diz respeito às alterações e repercussões das decisões centrais ou reformas educacionais nos contextos locais, lugar onde elas, de fato, ganham sentido, pois "(...) é no interior das salas de aula que se decide o destino de políticas e reformas educacionais" (Azanha, 1987).

É com base no exercício da autonomia como condição de liberdade e responsabilidade para as escolas construírem seu projeto pedagógico e possibilitarem mudanças na qualidade dos resultados educacionais, que pretendemos analisar duas experiências que repercutiram positivamente no cotidiano escolar e nas práticas dos professores. A primeira, como resultado da intervenção de um projeto elaborado pelos órgãos centrais que favoreceu a autonomia da escola e do trabalho do professor, e a segunda enfatizando os caminhos de autonomia pedagógica conquistada por um grupo de professores a partir da construção de um projeto pedagógico como expressão de um trabalho de formação e estudos ocorridos na própria escola.

De qual autonomia estamos falando?

Os discursos sobre autonomia da escola, seja no âmbito administrativo ou pedagógico, ou, ainda, no âmbito da profissionalização dos professores, vêm ganhando importância crescente e reivindicações, o que tem implicado um rompimento com uma concepção mais tradicional de atuação na realidade das escolas, voltadas, até então, para questões meramente administrativas. Como nos lembra Souza (1999, p.57), o que antes era considerado uma proposta político-pedagógica de gestão de autonomia tornou-se agora um dispositivo legal.

---

2. Fonte: MEC/INEP.

Isso traz um questionamento para as formas de gestão que se pretendem menos centralizadoras e mais democráticas: a ação do poder público garantiria a autonomia da escola via leis, decretos e regulamentações? A legislação tem contribuído para transformar, na prática, o ideal da autonomia em sua vinculação com os princípios de liberdade, democracia e pluralismo?

Alguns autores entendem que a idéia de autonomia decretada ou outorgada às escolas se contrapõe à idéia de autonomia construída ou conquistada. Para Barroso (1997), a ação do poder público pode, mediante suas normas e decretos, favorecer a autonomia da escola, porém não é capaz de criá-la ou destruí-la. Ele defende a perspectiva de uma autonomia construída, já que ela é "(...) o resultado do equilíbrio de forças numa determinada escola, entre diferentes detentores de influências (externa e interna), dos quais se destacam: o governo e os seus representantes, os professores, os alunos, os pais e outros membros da sociedade local" (p.186).

Embora reconhecendo que a legislação é uma condição importante mas não suficiente para o exercício da autonomia, Neves (1998, p.115) defende que ela pode ser outorgada e conquistada, desde que haja vontade e decisão política dos dirigentes maiores dos sistemas e competência dos agentes pedagógicos da escola em consolidá-la. Quando outorgada pela legislação, cria-se um facilitador para a instituição e, segundo a autora, os seus agentes são vistos como atores institucionais, conferindo uma legitimidade maior e fundamentos legais para negociar mecanismos como as próprias normas, recursos humanos e financeiros, infra-estrutura material etc.

O significado da autonomia, entretanto, não pode prescindir do princípio de liberdade, já que ambos fazem parte da própria natureza do ato pedagógico. Nesse sentido, as medidas externas só encontram respaldo se os sujeitos da ação educativa reconhecerem que os projetos que nasceram de uma decisão externa têm a ver com a identidade e com o projeto pedagógico da escola. É do diálogo frutífero e produtivo com a realidade das escolas que tais decisões podem ser consolidadas.

Não nos resta dúvida, entretanto, de que propostas concebidas fora das escolas podem reduzir a intervenção autônoma dos professores se eles se sentem obrigados a participar somente de sua concretização. No entanto, quando tais iniciativas vêm valorizar uma preocupação já existente na escola, reforçando e mobilizando condições e recursos para aquilo em que toda a equipe escolar já está empenhada, pode-se minimizar o efeito controlador das reformas.

Quando o projeto não é definido pela escola: a análise de um caso

Tomo aqui alguns dados de uma pesquisa sobre o Projeto das Classes de Aceleração implantado pela Secretaria de Educação do Estado de São Paulo[3] buscando analisar como uma escola tenta ser co-autora de um projeto que só ganhou relevância junto à equipe interna da instituição quando professores, coordenador pedagógico, supervisor de ensino, dirigente regional, pais e funcionários se comprometeram com a mudança do quadro de exclusão vivido por grande parte dos alunos das séries iniciais, e aí representado pelo número de repetências, pelos abandonos e interrupções.

A proposta político-pedagógica das Classes de Aceleração[4] destina-se aos alunos do sistema público de ensino fundamental que foram excluídos do fluxo regular de estudos por sucessivas repetências e continuam a freqüentar a escola, apesar dos repetidos fracassos. Nesse contexto, a exclusão continua presente entre os alunos que persistem e ficam na escola, mesmo que ela os deixe para trás.

Dessa forma, um dos pilares do projeto indica a necessidade de a escola e seus professores tomarem para si a definição e a luta pelo compromisso com uma sociedade mais justa. A aposta nos princípios teórico-metodológicos do projeto aponta para essa luta: a visão positiva das possibilidades dos alunos e a aposta no crescimento da competência da escola.

Esses dois pontos merecem uma reflexão mais densa, pois são elementos imprescindíveis de uma proposta que deixa brechas para a escola se exprimir e condições para os professores efetivarem um

---

3. Participei como integrante da equipe da pesquisa "Avaliação das Classes de Aceleração: desempenho de egressos e fatores de sucesso do Projeto", coordenado pelas profas. Laurinda R. de Almeida, Marli André e Vera N. S. Placco no segundo semestre de 1998.

4. Conforme o Documento "Avaliação — Ensinar pra valer, aprender pra valer". SEE/SP e FDE/SP. São Paulo, 1998.

trabalho apoiado no reconhecimento do aluno que se tem e nas possibilidades de cada um deles avançar em seus conhecimentos.

Autores como Perrenoud (1998) e Gather Thurler (1998) têm enfatizado a necessidade de voltar o olhar para o interior da escola com o objetivo de ela se interrogar sobre suas finalidades e a forma como as persegue, sobre seu funcionamento e suas práticas.

Nesse sentido, a implantação de projetos voltados para práticas diferenciadas como os da Classe de Aceleração, não pode ignorar a perspectiva da dimensão cultural da escola como aspecto vital para o sucesso de qualquer projeto que envolva mudanças.

Segundo Gather Thurler (1998) a cultura da escola tem sido negligenciada na maioria dos projetos de inovação e isso é apontado pelos defensores da perspectiva cultural como um dos motivos do fracasso de muitos deles. A superação do processo de exclusão dos alunos não depende somente da prática do professor sozinho na sala de aula. Para a autora, é fundamental levar em conta a cultura do estabelecimento escolar.

Isso significa que todos os atores da escola devem pensar juntos sobre os valores e as normas, sobre a realidade que se tem na escola e como todos a captam e lhes dão sentido, sobre como cada um reage às formas de organização decorrentes de novos projetos no interior da escola e sobre as soluções para os problemas surgidos.

Dessa forma, os projetos que são implantados pelos órgãos centrais encontram sustentação quando não negam o instituído: o currículo, os programas, as normas internas, a história da escola etc., e quando as escolas conseguem construir uma cultura que favoreça a comunicação e a cooperação, o entendimento e a negociação e uma cultura que crie forte identidade profissional a partir do envolvimento de todos no atendimento de objetivos comuns.

Dados extraídos do estudo de caso da escola pesquisada revelam alguns fatores que fortaleceram a construção de uma cultura escolar que denotava a preocupação e o investimento da equipe de dentro da escola, mas também de fora dela, como os assistentes técnicos da Delegacia de Ensino e a própria Dirigente Regional de Ensino.

O posicionamento e incentivo dos agentes externos provocou alterações no movimento interno e na organização do trabalho pedagógico. Para a Dirigente Regional "(...) o projeto mexe com a cabeça de todo mundo e está resgatando a condição profissional do professor, e os pais têm agradecido a escola por tratar de modo adequado seus filhos, incorporando-os novamente ao processo educacional, demonstrando que os filhos podem aprender e estão aprendendo".

As assistentes técnicas da Delegacia de Ensino, responsáveis pela capacitação dos professores das Classes de Aceleração, acompanharam de perto o trabalho da professora. Diferentemente de outros projetos, permaneciam um tempo longo na escola e foram alterando o modo de pensar de toda a equipe interna da escola. A possibilidade de uma convivência constante e uma aproximação direta com a prática da professora sinalizavam para o grupo os aspectos positivos do trabalho com esses alunos, tanto para as crianças como para a organização do trabalho na escola.

O apoio externo dessas profissionais expressa uma crença de que é possível desenvolver ações que valorizem alunos e professores, o que vai abrindo caminhos para a autonomia da professora. A clareza da assistente técnica da Delegacia de Ensino em relação à filosofia que orienta o projeto é assim expressada: "(...) diferentemente de momentos anteriores, não veio somente para diagnosticar a legião de repetentes e evadidos do sistema escolar; veio, sobretudo, para dar resposta ao que fazer com esses alunos. O sucesso do projeto não está ligado ao material, necessariamente. O material é um suporte. Independente do material, o importante é a nova filosofia que está sendo implantada: a progressão continuada".

A supervisora de ensino em seu depoimento expressa seu entusiasmo dizendo que "(...) há muito tempo não via uma ação tão direta junto às crianças que apresentam defasagem de idade e com um acompanhamento de perto do trabalho do professor e com material de qualidade". Assim, nas entrevistas realizadas com os agentes externos, fica expressa a adesão ao Projeto por um discurso, por vezes diferente, mas que contém muitos ingredientes comuns: o resgate do aluno, do professor, a valorização de modos alternativos de trabalho, o respeito pelo ritmo de aprendizagem do aluno, e o papel do material didático e da capacitação, entre outros.

A responsabilidade compartilhada do projeto com os agentes externos provocou na professora a necessidade de buscar novos caminhos, novas formas de atuação e novos conhecimentos para desenvolver o seu trabalho. É nesse espaço de busca de saberes para o desenvolvimento do projeto na sala de aula, que a co-autoria do projeto se evidenciava e concretizava.

A participação e incentivo dos agentes internos

Os estudos de Gather Thurler (1998) têm apontado também a relação estreita entre a cultura da escola e sua organização interna. O estilo de gestão, a relação dos professores, a organização dos horários e espaços, os procedimentos de promoção etc. são alguns desses fatores que, segundo a pesquisadora, têm sido ignorados e se constituem no principal alvo das reformas, encarados muitas vezes como os únicos facilitadores ou dificultadores do sucesso de qualquer projeto.

A coordenadora pedagógica e a diretora são as maiores incentivadoras do projeto junto à equipe dos professores da escola. Elas já haviam tentado em anos anteriores experiências isoladas para resolver a questão da repetência e evasão, porém sem envolver todos os professores das séries iniciais, e quase sempre sem sucesso. A diretora afirmou que "(...) no início eu pensei que o projeto se tratava de um supletivo disfarçado. Vi as professoras todas falando: 'isso é uma maneira de jogar todas as crianças para o ginásio'. À medida que o projeto foi andando fui ficando encantada. A base dele tem sido o material, os projetos. O projeto com a caixa de remédios, por exemplo, integrou muitos conteúdos".

O depoimento de outras professoras que não trabalham com Classes de Aceleração também é revelador do conhecimento e envolvimento decorrentes do compartilhar uma ação que, mesmo definida fora da escola, revelou um equilíbrio com as necessidades reais dos professores. Uma delas assim falou: "Gostaria, no ano que vem, para falar a verdade, de ter oportunidade de trabalhar com a Classe de Aceleração. O Projeto dá muita liberdade, diferente do trabalho normal, aqui se abre o leque".

As observações feitas na escola objeto do estudo de caso e os depoimentos de todos os entrevistados permitem afirmar que um dos fatores-chave do sucesso do projeto é a presença de um professor dedicado, disposto a aprender e também que possa contar com material didático e apoio adequados.

A professora responsável pela Classe de Aceleração apresentava tais condições e aceitou o desafio proposto pela diretora. O seu depoimento ilustra bem a necessidade do envolvimento no trabalho: "A aceleração já traz o planejamento pronto, mas o meu é diário. Pego uma coisa aqui e outra ali. O professor para pegar a aceleração tem de estar a fim de trabalhar mesmo, trabalho extraclasse. Tem de ter tempo mesmo. Todo dia tem de ficar registrando, planejando. Nem de longe isso é uma prática comum dos professores".

A concretização do projeto: imagens do trabalho na sala de aula

A expectativa positiva quanto às possibilidades do aluno ao lado do aumento da competência da escola[5] têm constituído a espinha dorsal do Projeto. O desenvolvimento da auto-estima passa a ser condição para que o aluno aprenda. Zeichner (1993) indica, a partir de algumas pesquisas a que faz referência em seus textos, a expectativa elevada como um dos aspectos que caracterizariam um ensino bem-sucedido entre as crianças pobres. O autor descreve como expectativa elevada a preocupação com a criação de um ambiente em sala de aula em que as crianças se sintam valorizadas e capazes de obter sucesso nos estudos, além da aplicação de tarefas cada vez mais exigentes e o reforço dos laços de sincero afeto entre professores e alunos.

A imagem que o aluno faz de si mesmo, sua auto-avaliação, está relacionada à percepção e interpretação que dá às experiências cognitivas e sociais. Quando percebe que as atividades ligadas ao conhecimento passam a ter sua marca, aumenta sua autoconfiança e sua iniciativa para aprender e, conseqüentemente, melhorar seu rendimento.

As influências exercidas pelo professor, pelos colegas e pelo ambiente da escola no desenvolvimento da auto-estima dos alunos interferem diretamente no processo de superação dos estigmas e rótulos que estes alunos carregam. Um dado que parece reforçar a preocupação da professora com esse aspecto é o reconhecimento de que os alunos foram deixados de lado durante muitos anos em suas classes e agora, não adiantaria trabalhar com eles de uma forma convencional: "Os alunos são pessoas cansadas de ficar na sala de aula sem aprender. Foi ignorada sua bagagem. Sem auto-estima, pensavam, 'Sou burro mesmo', 'Não consigo aprender mesmo'. O Vicente, por exemplo, entrou na 1ª série aos doze anos. Ele não queria vir para a

---

5. Conforme Documento Proposta Pedagógica Curricular Classes de Aceleração "Ensinar Pra Valer". SEE/SP — FDE. 1997, p.10.

escola. A mãe somente trouxe quando quis. A maioria foi de gente que foi ficando, ficando no Ciclo Básico. Foi trabalhando diferente que eles começaram a produzir. Continuando com o tradicional não produziriam mesmo".

O trabalho da professora na sala de aula volta-se para o conhecimento e valorização do aluno. Ela reconhece que "(...) os problemas com os alunos da aceleração é que a escola não fala a mesma língua deles. Mesmo as atividades de aceleração eu penso se estão dentro da realidade de meus alunos. É claro que não vou deixá-los só na sua realidade. Tenho de fazê-los avançar".

A clareza que a professora tem da necessidade de criar um clima de confiança, de respeito, que considere a participação do aluno junta-se à sua preocupação com o futuro escolar do aluno nas 5ªs séries, um dos limites do Projeto. Ela indaga: "Como vai ficar essa criança na 5ª série? A realidade lá é diferente, fico aqui com eles das 7 da manhã ao meio-dia direto. A gente faz todo um trabalho de levantar o moral deles, de agir sobre a auto-estima. Conheço os alunos, a história de cada um. E na 5ª série? Minha preocupação é que trabalhamos dando um melzinho na boca deles o ano todo para chegar na 5ª e eles ficarem sujeitos àquela frieza, com aulas de 50 minutos, vários professores que não os conhecem e muitos alunos em cada sala. O ginásio tem de mudar muito".

Os testes de auto-estima aplicados junto aos alunos da Classe de Aceleração confirmaram o trabalho desenvolvido pela professora, especialmente no que se refere às questões voltadas para o gostar de si mesmo, considerar-se inteligente, ser reconhecido pela família como alguém importante e reconhecer que é querido pela professora. Os alunos revelam em suas respostas que são cuidadosos, que se empenham nas tarefas escolares e são capazes de tirar boas notas se quiserem.

As conquistas afetivas e a confiança em si mesmo são dados decorrentes da forma como se relacionam com a professora. Nas diversas observações do seu trabalho percebeu-se o retorno e incentivo dados para o aluno falar de si mesmo e contar os seus problemas. A preocupação com a utilização do material e com o desenvolvimento dos módulos é uma constante no trabalho da professora. Um destaque deve ser dado ao material didático do projeto: ele está orientado para desenvolver habilidades de aprendizagem e possibilitar o atendimento às diferenças no processo de aprendizagem. A professora parece entender isso: "Eu ensino porque tenho objetivos e não para vencer conteúdos. É preciso dar ao aluno o aprendizado do saber buscar o que precisa".

Pode-se supor que o fato de o material didático ser organizado em módulos limitaria a liberdade de criação da professora, o que não ocorreu. Como os módulos se voltam para projetos temáticos, o espaço de planejamento, organização e formas de desenvolvimento estava garantido.

Os trabalhos dos alunos mostram alguns indicadores dos avanços no percurso de cada um. Os dados sobre a vida e trajetória escolar acabam constituindo-se num referencial para a avaliação do seu progresso, pois são alunos com defasagens não só de idade, vêm de uma trajetória de dificuldades familiares e reprovações escolares.

A sensibilidade de toda a equipe escolar diante do número de alunos repetentes já se fazia presente antes da implantação do Projeto das Classes de Aceleração pela Secretaria de Educação. Dessa forma, quando a alternativa para a solução da questão foi apresentada, a escola foi integrando as contribuições vindas de fora aos caminhos já trilhados pela escola e pela professora responsável pela classe.

Autonomia construída: um caminho para a construção de saberes e mudanças das práticas na sala de aula

A autoria do Projeto Pedagógico e um processo de formação realizado na própria escola foram os elementos definidores da conquista da autonomia para um grupo de professoras das séries iniciais do ensino fundamental de uma escola pública.[6] Conquistar autonomia para essas profissionais significou ampliar o espaço de troca de experiências, de partilha e reflexão sobre suas práticas e de decisões e estudos sobre um projeto definido por elas como o orientador de todas as ações na sala de aula: o Projeto de Literatura.

A cumplicidade estabelecida pelas professoras em torno de um projeto pedagógico criado pelo próprio grupo fez com que fossem desafiadas a discutir suas ações da sala de aula, a rever posições,

---

6. Acompanhei o grupo de professoras durante dois anos na Hora de Trabalho Pedagógico Coletivo — HTPC. Mais dados são encontrados no Relatório de Pesquisa "A colaboração professor-pesquisador no processo de formação em serviço dos professores da escola básica". Tese de Doutorado em Educação defendida em 1997 na Universidade de São Paulo.

mobilizar resistências, (des)construir formas de ensinar e superar saberes da prática a partir da reflexão sobre ela.

Foi no espaço das reuniões pedagógicas que se efetivou junto ao grupo um processo de formação em serviço. A contribuição de uma coordenadora pedagógica atuante e compromissada garantiu o horário de trabalho pedagógico para a análise e reflexão conjunta da prática escolar.

O projeto foi construído lentamente com a participação de todas. Somente depois de dois anos de troca se obteve uma estrutura e sistematização mais claras. Ele se apresentava, então, como o resultado de um caminho que foi sendo alterado e reconstruído a partir das experiências vividas pelas professoras em suas salas de aula nas quatro primeiras séries.

E o que foi determinando o envolvimento total do grupo em torno do projeto? Como tudo começou?

O fato de algumas professoras se apresentarem para as reuniões pedagógicas somente para cumprir um horário, sem o hábito de falar sobre o seu trabalho, sobre a escola, e no máximo, trocando receitas ou recados, foi provocando preocupações na diretora e na coordenadora, que perceberam que a questão que se colocava diante desse quadro era: para que se quer a escola? Qual o significado que a escola deve ter para o professor e a criança? Para que a criança quer a escola?

De acordo com essas questões, que não poderiam ser respondidas nem pela diretora nem pela coordenadora, teve origem o projeto "Escola, pra que te quero?". A pergunta norteadora do projeto seria essa e deveria ser refletida e respondida por toda a equipe da escola, ficando explicitado para o grupo como cada profissional via a escola para poder trabalhar nela com prazer, realizar um bom trabalho e, sobretudo, ter clareza do por que a criança quer a escola.

Foram meses de muita dificuldade para a coordenadora pois, segundo ela, cada professora tinha uma idéia de escola, de ensino e de aprendizagem, das relações que se estabelecem entre os pares e entre estes e as crianças. A diversidade, porém, tornou o diálogo mais rico e possibilitou ao grupo buscar uma integração maior para tornar os alunos das séries iniciais sujeitos da criação cultural e consumidores críticos de cultura.

A partir dessas idéias, o grupo foi trabalhando com o objetivo de formar um aluno leitor e construtor do seu próprio texto. Não estava claro para todos como organizar isso. O incentivo à atualização da biblioteca da escola, à biblioteca de classe, aos cantinhos de leitura deram início à organização. Da convivência direta com os livros de literatura infantil e da reflexão sobre o trabalho com eles, as professoras foram selecionando quatro núcleos temáticos que seriam trabalhados nas quatro séries de formas diversas: a identidade, as fases da vida, a cidadania e a transformação.

As reuniões pedagógicas desenrolaram-se, então, para se reconhecer quais os desejos de mudanças de cada ator em particular a partir dos temas, ou seja, esse era o território onde cada professora poderia se manifestar e explicitar o quanto queria mergulhar num projeto que levasse em conta a realização de novas formas de ação na sala de aula. O desafio estava posto: núcleos temáticos, literatura e formação de um aluno leitor e produtor do seu próprio texto seriam os eixos do projeto que foi pensado e já estava sendo concretizado pelo grupo.

Sem pretender descrever os episódios que envolveram as ações na concretização do projeto, considero importante assinalar que foi iniciado pelo grupo de professoras um processo de partilha e reflexão sobre o trabalho desenvolvido na sala de aula. Pode-se constatar que, ao vivenciarem uma situação propícia à emergência de um processo de criação, descoberta e reflexão da prática, foi ganhando força a dimensão coletiva do trabalho e formas mais democrática nas relações de poder foram se instaurando.

Assim, ficou demonstrado durante o acompanhamento do trabalho dessas professoras, que a escola pode ser um espaço privilegiado da formação continuada do professor e que as reuniões pedagógicas podem se constituir em momentos de se trocar sucessos e erros, momentos do exercício da crítica, do estudo e da reflexão, mas, sobretudo, um espaço singular para a construção da autonomia do profissional professor.

Não se pode concluir esse trabalho sem considerar que qualquer projeto pedagógico a ser desenvolvido na escola deve ser a expressão do seu cotidiano. Para isso, a escola precisa rever a forma de organização do trabalho pedagógico, do encaminhamento das ações e das decisões, e, principalmente, buscar compartilhar responsabilidades na implementação de projetos pedagógicos que concretizem a autonomia da escola e de seus profissionais: esse é o grande desafio.

Bibliografia

AZANHA, J. M. (1995) Parâmetros Curriculares Nacionais e autonomia da escola. São Paulo: SEE (mimeo.)

BARROSO, J. (1996) O estudo da autonomia da escola: da autonomia decretada à autonomia construída. In: BARROSO, J. O estudo da escola. Porto: Porto Ed.

GATHER THURLER, M. (1998) A eficácia das escolas não se mede: Ela se constrói, negocia-se, pratica-se e se vive. *Revista Idéias*. São Paulo: FDE, n.30.

NEVES, C. M. C. (1995) Autonomia da escola pública: um enfoque operacional. In: VEIGA, I. P. A. *Projeto político-pedagógico da escola — uma construção possível*. Campinas: Papirus.

PASSOS, L. F. (1997) *A colaboração professor-pesquisador no processo de formação em serviço dos professores da escola básica*. São Paulo: FE-USP (Tese de doutorado).

PERRENOUD, P. (1998) Formação Contínua e Obrigatoriedade de Competências na Profissão de Professor. *Revista Idéias*. São Paulo: FDE, n.30.

SANTOS, B. S. (1996) *Pela mão de Alice — O social e o político na pós-modernidade*. São Paulo: Cortez.

SOUZA, R. F. Proposta Pedagógica: autonomia e participação docente na construção do currículo do Ensino Médio: *Revista de educação — Apeoesp* n.10. São Paulo: maio/1999.

SPÓSITO, M. P. A Instituição Escolar e a Violência: *Cadernos de Pesquisa*. São Paulo: Fundação Carlos Chagas, n.104, jul./98.

ZEICHNER, K. M. (1993) Formar os futuros professores para a diversidade cultural. In: *A formação reflexiva de professores: idéias e práticas*. Lisboa: Educa.

Língua-da-mãe *versus* "língua-mãe":
autonomia e autoridades

Claudemir Belintane*

> *No achamento do chão também foram descobertas as origens do vôo.*
>
> Manoel de Barros

Um candidato a prefeito de uma cidadezinha do interior (não é Sucupira de *O Bem Amado*, mas parece), sobre o palanque da pracinha, vai iniciar sua fala. Pega o microfone e se ajeita na cena típica de quem vai proferir um discurso político: arruma a gravata, faz sua pantomina de dominador benevolente e solta, em áspera voz, as seguintes palavras: "Otoridades civir, militar e ecresástica...". Enquanto o futuro prefeito prossegue, ao lado, um grupelho de advogados da oposição desata em risos. Já lá embaixo, o povo parece aceitar com tranqüilidade a vibrante entonação do candidato, do mesmo modo, e até com a mesma emoção que o povo de Sucupira ouvia Odorico Paraguaçu com seus "entrementes" e "de repentementes" para o deleite de uma platéia televisiva.

A empáfia desse meu prefeito (e, a seu modo, a de Odorico) demonstra a eficiência de um certo *script* social, de uma certa entonação que parece desdenhar da codificação preconizada pelas autoridades gramaticais da língua. Ainda que arranquem risos de alguns,

---

* Ex-coordenador pedagógico do Colégio Giordano Bruno, atualmente professor doutor da Faculdade de Educação da USP, na área de Metodologia do Ensino de Linguagem. Tem alguns artigos publicados e está na fase final de gestação do livro *Oficinas de criatividade no ensino de linguagens*.

esses nossos abusados falantes ocupam um importante espaço no cenário da gramática brasileira. Como falantes, como sujeitos, atrevem-se a atualizar um gênero — o discurso político — fazendo com que essa entonação se sobreponha a outros aspectos da língua, tais como a precisão do léxico, a correção, o uso normativo do código etc., e provoque uma ruptura com um certo consenso estilístico mediano.

A história desse prefeito e de outros falantes "abusados" da nossa língua brasileira[1] pode ser um bom caminho para enredar a discussão proposta (autonomia e autoridade) e tentar fazer com que esse tema encontre um contexto: o uso da língua.

Vamos imaginar que a linguagem — como fazem muitas autoridades cujos nomes citarei mais adiante — também funcione como a indumentária, como a moda. Ao falar, o indivíduo faz desfilar, aos olhos e aos ouvidos do interlocutor, um sujeito todo engalanado, todo enfeitado, com seu estilo verbal, sua entonação e sua teatralidade. Talvez, o personagem Narciso, em alguma perdida versão do mito, em vez de ser engolido pelo plano espelho d'água, tenha sido arrastado por algum curso, por alguma torrente de palavras e renascido em outras paragens, outros remansos, para outros(as) Ecos.

Claro que não podemos imaginar um falante diante do espelho a escolher "com que adjetivos sairei hoje?". Sabemos que o espelho da linguagem é outro, ou, melhor, o Outro, e que nem sempre permite livres escolhas. Voltando ao nosso prefeito: foi de sua experiência de vida e de linguagem que ele sacou esses enfeites para esse sujeito-politiqueiro que sua verve atualiza na pracinha da cidade. Ao sair dali, nosso alcaide, indaga a seus correligionários: "Falei bem ou falei mal?". O estrondoso aplauso que ecoa às suas costas, alimenta e reforça a confirmação de todos: "Falou bem!". Ao grupelho de advogados da oposição resta apenas recolher os risos e deixar a praça maldizendo "o baixo nível educacional deste país".

O que ainda intriga e deve continuar intrigando pesquisadores das diversas disciplinas da linguagem é essa modelagem da entonação, do gesto, da encenação lingüística. O falante parece entrar num *script*, num jogo cênico, atualizando tipos que, se olharmos bem, não são tão originais assim — a sensação do *déjá vu*, para um ouvinte (ou

---

1. Brasileira, sim! Por favor, aguarde meus argumentos e citações de algumas autoridades.

leitor) atento, é sempre iminente. Nisso concordam Barthes, Bakthin, Castoriadis, Foucault, Freud, Lacan e muitas outras autoridades que os parafraseiam e os disseminam pelo mundo afora: no jogo cênico da linguagem, muitas camadas de texto se superpõem de forma fantasmagórica sobre cada fragmento de atuação de todo ator-personagem.

No uso cotidiano da língua, intuímos sem dificuldades essa zona fantasmática que se esboça sobre o falante. Na imagem do nosso sujeito-prefeito, por exemplo, vemos com facilidade o pré-feito da tradição interiorana: o agenciamento do sujeito rural dominador, que vai do timbre grave da voz à abrupta curva melódica dos finais de frase que revela a decisão autoritária, o discurso que funda o imaginário do pai severo, do pai fálico que se quer preenchedor das necessidades não-necessárias do povo humilde.

Diz Kristeva (1988, p.19): "falar é falar-se". Por meio de minha fala, evidencio aos outros muito mais do que gostaria de revelar sobre mim. Apesar dos enfeites, de meu narcisismo, minha linguagem expõe o pesado tributo que assumo com meu passado, com outros que falam usando a intimidade da minha voz. Sendo assim, como podemos pensar a autonomia se estamos submetidos ao poder da linguagem, ao poder do outro?

As crianças sabem disso. Desde muito cedo, comprazem-se em inventar linguagens, códigos secretos, para driblar a autoridade dos adultos. A linguagem do revestrés (cêvo lafa ed stra ra pa a te fren? — tradução: "você fala de trás para frente?"); a linguagem do *p* (pevo pecê pefa pela pna pelín pegua pedo pepê? — tradução: "você fala na língua do pê?") são exemplos de códigos que, apesar de criptológicos (*cripto* — secreto, escondido), são sociais por excelência, já que pressupõem um grupo afiado em seu domínio e uso. Os adolescentes assumem a gíria e a entonação morosa, manhosa, cheia de querer dizer que não se está "nem aí, cara" para o falar como os adultos. Os poetas também retiram boa parte de suas seivas desse drible na severidade do código, desses ludismos lingüísticos infantis que, ao serem revisitados, enchem-nos de surpresa e emoção.

Retomemos nossas dúvidas: E na escola? No ensino de linguagem? Como fica a autonomia na linguagem, se temos como pressuposto esse poder do outro? E a autoridade, na aprendizagem da língua, como funciona? É preciso driblá-la? É possível um ensino que favoreça a emergência de sujeitos autônomos? Antes de entrarmos na escola, convém discutir um pouco o conceito de autonomia.

Autonomia, heteronomia

Sempre que pensamos em autonomia, vem logo à mente a idéia de conceder liberdade de movimento, liberdade de ação e mesmo de fala. Nem sempre nos damos conta de que há também uma dimensão interna, de que há um outro interno que tolhe, que impede, que obstrui a liberdade de movimento do sujeito — e de que ele é parte do próprio sujeito. Augusto dos Anjos renomeia esse outro secreto, vê nele "O morcego" que "Na bruta ardência orgânica da sede, Morde-me a goela ígneo e escaldante molho".

Sabemos que há também o peso concreto, o chumbo do outro presente: pessoas, vozes, instituições, leis, cercas e grades concretas que cerceiam o indivíduo. No entanto, diante dessa parafernália toda, há sujeitos que lutam, que conseguem dinamizar, conflitar, esse outro interior com os exteriores. Uma usina de força, um dínamo, faz com que esses sujeitos passem, com certa facilidade, da palavra à ação, do mundo interior onipotente às decisões diante dos limites do mundo exterior. Por outro lado, há um grande número de pessoas que sempre atualizam uma impotência diante de qualquer limite, qualquer imposição do mundo exterior: "Num dá!"; "É assim mesmo!"; "Num é pra mim!"; "Esse aluno num tem jeito!"; "Essa classe é impossível!". Sucumbem exauridas pelo insaciável "morcego".

Quando usei o exemplo do prefeito, fui radical, já que pretendia mostrar que mesmo a entonação, a voz áspera e grave estavam impregnadas de outras vozes, de outros caciques políticos. O outro interior está ali no centro das energias do candidato insuflando ânimo para que ele assim se atualize. Esse outro não se ruboriza com a expressão "otoridades" em vez de "autoridades", muito ao contrário, se regala. O que faz com que esse prefeito seja, na essência, pouco diferente de outros não é sua apropriação do vernáculo nem tampouco apenas sua linha de ação política. É sobretudo não perceber que, em sua voz, em sua *performance*, quase nada lhe pertence; é não saber que os fantasmas do discurso do outro o vampirizam — seu "morcego" quer sangue também para toda uma elite defunta. Daí que o povo não se deve iludir, a futura administração nada trará de novo.

Vamos introduzir uma autoridade nesse discurso para ajudar a clarear nossas precárias noções de autonomia: *A autonomia torna-se então: meu discurso deve tomar o lugar do discurso do outro, de um*

218

*discurso estranho que está em mim e me domina: fala por mim. **Esta** elucidação indica de imediato a dimensão social do problema (**pouco** importa que o outro de que se trata no início seja o outro "**estreito**", parental, por uma série de articulações evidentes, o par **parental** remete, finalmente, à sociedade inteira e à sua história).*

(Castoriadis, 1982, p.124)

O discurso que "fala por mim" pode aparentemente não me incomodar, ao contrário, pode inclusive ser bem instrumentalizado para a ação, como é o caso dos Odoricos deste país. A "indústria dos discursos" parece conhecer isso muito bem: quando um industrial manda despejar algumas toneladas de poluente em área de mananciais, na hora da fala pública, de explicar o "acidente" na entrevista ao *Jornal Nacional*, não é o chefão que aparece, põe lá um outro que "fala por mim", "meu porta-voz". Parece que o industrial tem medo de que o inusitado da TV provoque uma fala a mais, que venha revelar seu sujeito-culpa. A diferença entre esse industrial e o meu prefeito é que o porta-voz deste é embutido, é sistema "três em um": o obediente corpo presente com seu aparelho fonador predisposto ao torneio, o outro insuflando a vontade de seus ancestrais e o inconsciente com suas grutas e morcegos.

Bom, se a autonomia é uma questão de discurso, ela seria bastante adequada para a balela da Programação Neurolingüística, não?! Se, de acordo com esse trecho de Castoriadis, a questão é fazer com que "meu discurso" tome o lugar do "discurso do outro", restaria apenas saber qual é o "meu discurso". Se eu localizasse esse centro, esse "eu falante", não seria tão difícil programá-lo para sugar a medula do discurso do outro e jogar as sobras no lixo. No entanto, como Camões já o sabia, sabemos que o amador transforma-se na coisa amada, "por virtude do muito imaginar". Assim, muitas vezes, além da essência, ficam "as sobras" marcando presença em nome do outro.

Castoriadis sabe disso: *A autonomia não é pois elucidação sem resíduo e eliminação total do discurso do Outro não reconhecido como tal. Ela é instauração de uma outra relação entre o discurso do Outro e o discurso do sujeito. A total eliminação do Discurso do Outro não reconhecido como tal é um estado não-histórico* (p.127). Sabe também que esse seu discurso está sendo enredado a partir do discurso de Freud e Lacan e de toda uma tradição filosófica, que seu esforço é acrescentar um *plus* nessa discussão com o objetivo de trazer o saber psicanalítico para o campo da política. Assim, sua tarefa é dissipar um pouco o determinismo psicanalítico que, muitas vezes, insiste que só o divã salva. Castoriadis dá tratos à bola, nesse seu discurso, para que a teoria do Discurso do Outro não esteja aí apenas para esmagar a idéia de autonomia. Aqui o amador assume a coisa amada, mas sobrepõe ao "muito imaginar" sua capacidade de dialetizar discursos, de contrapô-los, de ressituá-los no campo do desejo.

É nesse campo do muito imaginar que se funda o Imaginário, necessário campo dos espelhos, em que facilmente tudo o que é provisório se torna definitivo, em que a verdade fálica, o membro preenchedor, se instala como inamovíveis princípios: "as coisas são assim", "o mundo assim se reflete", "o que parece é".

No mesmo artigo de Castoriadis (p.125) temos mais um importante comentário: *O essencial da heteronomia — ou da alienação, no sentido mais amplo do termo — no nível individual, é o domínio por um imaginário autonomizado que se arrojou a função de definir para o sujeito tanto a realidade quanto seu desejo.* O *hetero*, o lugar do outro dominador, que é o contrário do utópico "auto", está em função de uma definição, que é um precipitado de nossa vivência, sobretudo, de nossa vivência parental: "eu sou esse isso", "eu funciono assim". E tudo isso não dito ou dito nas entrelinhas ou por meio de bordões, de jargões que sugam as forças, que impede a emergência de um sujeito mais autêntico. Como estamos no campo da linguagem, podemos imaginar um locutor fantasma insistindo nessa *definição* e na negação das possibilidades desejantes de um novo sujeito.

Em que pese esse quase determinismo, sabemos que a realidade, o real lá fora, compõe o seu jogo mesmo a partir da heteronomia. O nosso prefeito, por exemplo, preso aos seus fantasmas, está diante de uma platéia que também se situa nessa zona fantasmática. Há ali um povo habituado ao mando, um povo preso ao imaginário do "é assim mesmo", "que é que posso fazer!?", "O messias há de vir!". O triunfo do alcaide se dá no campo de um velho jogo político em grande parte já jogado. O próprio grupelho de advogados da oposição possivelmente faça parte desse jogo, prisioneiro de um imaginário empobrecido por outros tipos de submissão intelectual, não consegue combater o herdeiro dos caciques, não vai além da apreciação sarcástica dos supostos erros gramaticais, da constatação de que, graças à falta de educação do povo, nada muda. Ação política nem sempre

220

quer dizer autonomia, muitas vezes as personagens em jogo estão lá por inércia. Um discurso parece ter o poder de, por meio do espelho da repetição, implementar a si mesmo, como os vírus, que se apropriam de células sadias e as reprogramam com a finalidade de reproduzir somente sua prole.

Se o discurso é fundamental nisso tudo, se no final das contas descobrimos que, na heteronomia, ocorre a autonomia de um tipo de discurso — então seria o caso de propormos o estudo aprofundado do discurso, não?! Ou, no mínimo, procurarmos entender quais "restos" discursivos engendram o ensino de linguagem na escola? O que se repete no cotidiano escolar, além do aluno? Que espelho é esse que dá as coordenadas desses fracassos? Que autoridades são essas que respaldam ou exigem que o ensino assim seja nos currículos de linguagem?

Autoridades e *otoridades*

É preciso fazer cantar os pontos de apoio.
Villanova Artigas

Do mesmo modo que os advogados riram de "otoridades" e outros deslizes gramaticais do prefeito, na escola o ensino de linguagem também põe em primeiro plano esses sarcasmos. Sabemos que a origem disso está nas autoridades da língua. A língua tem autoridades para todos os gostos, da Norma Gramatical sancionada pelo poder dominante até as autoridades de autoria indiscutível, incluindo, nesse espectro, até mesmo o malandro-líder que reconhece seus asseclas pela ginga e pela gíria professada.

Do mesmo modo, no ensino, há leis, diretrizes e parâmetros nacionais, estaduais e municipais para nortear os currículos de ensino de língua. A lei e a língua, a palavra e o sistema de limites, nascem juntas, estão imbricadas desde a origem. Ambas almejam impor o social à onipotência narcísica. Nesse jogo, as autoridades preservam suas castas, impõem padrões, esforçam-se para que o dominado não assuma outros códigos.

A implantação da Língua Portuguesa no Brasil, por exemplo, não foi nada pacífica, muitos foram os focos de resistência que, tratados a ferro, fogo e lei pela administração pombalina do século XVIII, sucumbiram. Desde o início da colonização, Pero de Magalhães Gândavo já constatava que a língua dos tupinambás não tinha nem F, nem R, nem L, portanto não haveria entre eles "nem Fé, nem Rei e nem Lei"; tratava-se portanto de suprimir a língua e introduzir uma outra com FLR. Na administração escravista cuidavam, para se manterem dispersas as línguas, de promover a babel entre os grupos, como forma de não permitir a emergência de grupos autônomos predispostos a resistências.

No ensino, nos séculos anteriores, predominou a elite oriunda de Portugal já que os intelectuais brasileiros, uma minúscula elite, esforçavam-se para buscar a normatização lusa, inclusive do português falado. Essa influência está presente até hoje nas gramáticas e livros escolares que insistem — mesmo sem critérios claros — em registrar o pronome "você" como pronome exceção e o TU como norma; além de outros absurdos que negam autonomia ao vernáculo brasileiro, por exemplo: os tempos verbais compostos, tão utilizados pelos brasileiros ("eu vou fazer" em vez de "farei") sequer são citados nos manuais; a colocação pronominal portuguesa que é inclusive marca do pedantismo janista (o famoso "fi-lo porque qui-lo") é ponto de honra nas gramáticas e livros escolares. Esses exemplos e uma série de outros compromissos com a tradição lusitana fazem com que o ensino de linguagem seja visto como o estudo de um português impossível, distante, marcado pela regra que exclui "minha fala" e "minhas possibilidades de escrita".

Nesse ensino, a sintaxe, o morfologismo e o normativismo tomam conta do cotidiano das escolas, possuem poderosa força inercial. Poucos são os intelectuais que perceberam a submissão de toda uma cultura lingüística nacional ao normativismo de origem lusa. Mesmo com a grita toda do Modernismo, mesmo com as insistências de Manoel Bandeira, Mário de Andrade, Carlos Drummond, Guimarães Rosa e tantos outros, a escola não se deteve em sua inércia. Desde o início da popularização do ensino, a escola persistiu em fazer ouvidos moucos para a fala do brasileiro, assumindo-a como fala sem prestígio.

Quando um "falante abusado", como um Lula, atreve-se a discursar via Embratel, quando um líder sem-terra consegue fazer bulha com suas palavras, com sua entonação, com seus gestos, haverá sempre um contraponto elitista pugnando em favor da pureza vernacular. Lembro-me de editoriais da *Folha de S.Paulo* condenando a fala de Lula e, num deles, Caio Túlio, *ombudsman* do jornal, garimpando nas bem traçadas linhas do próprio editorial, da própria peça condenatória, grotescos erros de gramática — e o que é mais grave para quem corrige erros de fala — os erros eram de escrita.

Como diria o arquiteto Villanova Artigas, "é preciso fazer cantar os pontos de apoio" e não apenas os acabamentos. Na nossa arquitetura sociolingüística, para valorizar os pontos de apoio, seria necessário — como fez Artigas em suas belas e sólidas obras — trazê-los à evidência. No ensino de língua, valoriza-se o pormenor, a lógica de um enunciado morto, e pouco, ou quase nada, se discute sobre a fala em seu funcionamento, em sua dinâmica social. Ora, a fala é matricial, é ponto de apoio da essência do ser. Vimos, na primeira parte desse artigo, o que é o discurso do outro. Como é difícil a construção da autonomia se estamos já, desde o nascimento, assujeitados à nossa dicção, à nossa entonação. E muito mais difícil ainda, quando, na escola, as autoridades nos impingem uma estranha dicção, uma entonação sem graça e com a má intenção de que essas formas emprestadas venham substituir as nossas. Não é por acaso que muitas crianças deixam a escola ou se recusam a expandir sua capacidade lingüística já que sua fala, sua origem, a produtividade de sua língua materna não constituem moedas fortes nesse câmbio com o discurso escolar.

Como falantes de uma língua que até hoje paga pesados e autoritários tributos à sua pátria de origem, precisamos ouvir as nossas próprias vozes, voltar nossa atenção à produtividade da língua brasileira (é isso mesmo, brasileira! Por que não!?).

É necessário fazer distinção entre código notacional (língua escrita) e língua falada (o vernáculo-mãe). Ao nascer neste país, desde as primeiras palavras, começamos a fazer nossa imersão social na língua-mãe (diz Lacan, língua da mãe). Minha cultura, meu meio, os modos como a língua demarca minhas emoções primárias, meus jogos lingüísticos, meu poetar infantil etc. não são os mesmos que ocorrem com um cidadão português — em sua experiência de vida "desde puto" (tradução: desde a infância). Minhas palavras estão emprenhadas de significados e sentimentos genuinamente brasileiros: ao dizer a palavra "infância", no Brasil, além de minhas imagens pessoais de meninice (a molecada de pé no chão, solta no mato, "campeando" jatobás e gabirobas...), vêm também imagens que me emputecem, por exemplo, da infância brasileira abandonada pelas ruas deste país.

Se entendemos que a língua, sobretudo a fala, é mais que código, que não se trata de um mero sistema de nomes e regras, se entendemos que — por meio da língua — as singularidades culturais e pessoais ganham forma e entram em ação instituindo grupos e sujeitos, então esses quase quinhentos anos de cultura devem ter dado alguma autonomia à fala do brasileiro, não?!

Nas obras de Graciliano Ramos, Mário de Andrade, Guimarães Rosa, Dalton Trevisan, Manoel de Barros e tantos outros contemporâneos, uma entonação, uma fala brasileira, dá a singularidade fundamental. *Grande Sertão: Veredas*, nesse sentido, pode ser considerada uma obra de arte radical, já que não faz concessão ao leitor, ou este assume a entonação de Riobaldo ou a narrativa se trunca. É como se a obra assim dissesse "caro leitor, antes de ler, entone como um brasileiro do sertão mineiro entona!". Outro exemplo interessante é o *Macunaíma* de Mário de Andrade e sua rica coleção de adágios e expressões populares — ali se vê a "Gramatiquinha" da Língua Brasileira que Mário infelizmente não pôde concluir.

Perini (1997) é um lingüista deste país que insiste na necessidade de se fazer diferenças entre o *vernáculo brasileiro* (língua falada) e a *língua de civilização* (língua regida pelas normas da escrita) e, sobretudo, de reconhecer a singularidade de nossa língua materna: *Pessoalmente não tenho grandes objeções quanto a se escrever português; mas acho importante que se entenda que ele é (pelo menos no Brasil) apenas uma língua escrita. Nossa língua materna não é o português, é o vernáculo brasileiro — isto não é slogan, nem uma posição política; é o simples reconhecimento de um fato* (p.38).

A língua materna é o *ponto de apoio* fundamental. A literatura, o cinema, a televisão e o teatro contemporâneo já descobriram esses cantos, recantos e recônditos onde se escondem nossos morcegos e fantasmas mais autênticos. Veja o narrador em conivência com a marginalidade absoluta de um Rubens Fonseca, em *Feliz Ano Novo*:

"Onde você afanou a TV?", Pereba perguntou.

Afanei porra nenhuma. O recibo está bem em cima dela. Ô pereba! Você acha que eu sou algum babaquara para ter coisa estarrada no meu cafofo? (p.13)

E a escola? Reconhece a Língua-da-Mãe? Assume-a? Tem coragem de abrir espaços para os inusitados da fala?

Língua-da-mãe, discursos e autonomia na escola contemporânea

Os Parâmetros Curriculares do Ensino Fundamental (os dois: dos primeiros ciclos e de 5ª à 8ª série) atualmente assumem a importância do ensino da oralidade. Até então predominava o truísmo de que, na escola, deve predominar absolutamente a escrita, já que a língua oral se aprenderia espontaneamente. Esse atual relevo dado à oralidade é bastante oportuno; no entanto; coloca-nos uma série de questões sobre a passagem desse conteúdo inefável, que é a fala, para um conteúdo escolar, que, em geral, é estruturado, rígido, normativo. Não se corre o risco, mais uma vez, de instituir padrões discriminatórios? De se estimular ainda mais o preconceito lingüístico? De reeditar-se a teoria da "mãe inadequada" dos anos 60 e 70 que via, no fracasso escolar da criança pobre, um *déficit* de linguagem a ser compensado já que, em seu contato com a mãe, o desenvolvimento das competências lingüísticas desta criança teria sido precário?

Que estratégias se pode adotar para que a linguagem oral possa ser assumida no ensino da língua? Talvez o conceito de autonomia e de língua materna, como língua-da-mãe, possam efetivamente nos ajudar.

Vimos, com os exemplos do prefeito, do mito de Narciso, com as citações e comentários sobre a concepção de autonomia reformulada por Castoriadis, que a fala é sempre um feixe de outras falas, que a pessoa ao assumir um discurso, ao entrar num gênero discursivo, ensaia um jogo entre suas singularidades, suas energias pessoais e o precipitado de outras falas fantasmáticas que pesam sobre seu aparelho fonador. Dessa forma, a criança da periferia, ao iniciar seus primeiros anos escolares, deveria ser estimulada a encontrar a pragmática de sua linguagem materna, ou seja, que lhe fosse dada a oportunidade de ampliar, em primeiro plano, esse potencial de uso da língua em seu meio. Se durante o processo de aprendizagem da escrita, algum sujeito desejante está prestes a emergir, está prestes a engajar suas energias na busca de novos conhecimentos, esse sujeito só poderá emergir por meio de uma entonação, com a *performance* lingüística do vernáculo materno. Se a linguagem é também um sistema de enfeite, é massa para a modelagem narcísica, é preciso que a criança, nesse momento inicial de sua aprendizagem escolar, faça seus jogos especulares, experimentando as entonações próprias de seu meio e de sua tradição. Não se trata apenas do pernóstico "respeitar a linguagem do aluno", trata-se de reconhecer sua produtividade, de colocá-la em ação em suas possibilidades de "indumentária". O "respeitar" é parte do imaginário avaro da pedagogia, é o mesmo "respeitar" denegatório que se aplica ao deficiente físico, ao louco, aos desvalidos em geral.

Atualmente, com a promoção automática nas escolas públicas e as reclasssificações para evitar a defasagem, temos um número razoável de crianças que ainda não consegue ler (decodificar minimamente) mesmo com três, quatro e até cinco anos de escolarização — e, por quê? Problemas psicológicos? Fonoaudiológicos? "Mães inadequadas"?, "Déficits lingüísticos"?

Não será possível que tais crianças estejam denunciando, em suas recusas, esse discurso do outro, essa heteronomia que se impõe no processo de ensino das primeiras letras, que subestima o potencial da linguagem materna? Em nome da mãe, não estaria havendo aí um protesto? Se não há uma mãe procriando, não há pai, não há cultura, não há lei, não há aprendizagem?

Como sabemos, temos uma riquíssima tradição da linguagem oral. Narrativas, contos folclóricos, ludismos lingüísticos (adivinhas, trava-línguas, parlendas, adagiários etc.), poesias de origem oral (desafios, trovinhas etc.), músicas (cantigas de roda, cantigas de ninar, desafios de cantadores etc.), uma infinidade de mitos indígenas, espetáculos e jogos populares (o fantoche, a marionete, as folias, as danças e festividades populares etc.). Ao inventariarmos todas as possibilidades de nossa cultura popular, é possível perceber que o *déficit* não é oriundo da "mãe inadequada", mas de a escola ter assumido cruéis madrastas para dar o tom dessas primeiras letras. Uma das características dessa madrasta é a negação do caráter festivo e corporal da cultura popular brasileira e, sobretudo, de suas potencialidades criativas, sua capacidade de parafrasear, de fazer com que os gêneros se desdobrem em infinitas possibilidades de novas produções. Boa parte das produções modernistas e muitas produções contemporâneas beberam e bebem nesses mananciais. Grande parte dos poetas, escritores e artistas também confessam seus encantamentos primários com as histórias, brincadeiras e cantigas de ninar ouvidas das mães, avós, tias, mucamas, das babás — enfim, dos nichos maternos.

Na escola, vez por outra, os livros didáticos põem lá, de esguelha, alguma produção popular, descontextualizada, figurando como enunciado-pretexto para a realização de atividades insípidas e insi-

226

pientes. Muitas vezes, utilizam um enunciado oral para que sobre ele se façam descabidas e preconceituosas correções vernaculares. Acreditam tais autores que a autonomia da criança vai surgir a partir de uma assepsia textual, de produções descontextualizadas, de uma escrita desvinculada da entonação, do ritmo e dos matizes da fala. Um exemplo curioso de preconceito oficializado é o exame de Língua Portuguesa do Saresp de 1998, que apresenta, para a sua questão dois, a seguinte alternativa (dada como a correta) sobre a fala do personagem de Maurício de Sousa, Chico Bento: "Vive na zona rural e não sabe falar corretamente" — questão que suscitou um justo protesto da Associação Brasileira de Leitura.

Nesse momento, em que, apesar dos deslizes, os documentos oficiais, as autoridades, estão sinalizando para que se recupere a fala na educação, seria o caso de se começar a pensar uma concepção de ensino que consiga não apenas plasmar a produção popular, transformá-la em enunciados, em material para lições de leitura e interpretação de texto, mas utilizar sua força pragmática, sua dinâmica de enunciação. Assim, uma narrativa, uma anedota, uma fábula devem ser concebidas como peças para serem narradas, ouvidas e parafraseadas (a produção do texto oral precede ao texto escrito, é o contar que está em jogo); do mesmo modo, outros gêneros do oral devem exigir o corpo-presente da atuação, a *performance* da criança em primeiro plano. Um curso primário deveria ser, em boa parte, um curso escavado para o fluxo dessa energia primitiva, como diria Ortega y Gasset (1993), a nossa pedagogia deve se ocupar mais dos entusiasmos juvenis, da força mítica que alimenta a imaginação e o sonho das crianças e não apenas utilizá-los como pretextos para lições de moral e utilitarismos de toda sorte.

Além da retomada da tradição popular, é interessante repensar o potencial discursivo de nosso tempo: na mídia, na política, no cotidiano das profissões, no lazer, enfim no jogo real das interlocuções. Retomemos o exemplo da instituição do porta-voz, do industrial que esconde seu crime usando o expediente da substituição, ou seja, a estratégia que manipula não o enunciado em si, mas o próprio agenciamento do discurso. Ou, ainda, o meu prefeito que antes de sentir medo do veredicto dos advogados sobre sua fala, assume-se como alguém que pode falar, que tem o poder de fazer funcionar um gênero num determinado contexto. Do mesmo modo, mas guardando as significativas diferenças, retome-se também o exemplo de um Lula que, com sua coragem, driblou os preconceitos e instituiu sua figura como um dos maiores líderes populares deste país. Creio também que são bons exemplos as gerações de 60 e 70 quando punham seu entusiasmo nas participações em assembléias, com seus discursos inflamados nos comícios e manifestações, com os clamores contra a ditadura militar — aí a aprendizagem se dava na própria ação.

Nesse sentido, "repensar o potencial discursivo" não é tratar de abordar esse ou aquele discurso em sala de aula, mas resgatar esse "poder de fazer funcionar um gênero", de animar um *script* social para que se possa dar início a um processo de deriva do discurso do Outro. Estamos falando em conhecer as diversas máscaras, os diversos tons, os diversos *scripts* humanos: do amor, do ódio, da alegria, do desprezo etc.

Levamos em conta, desde o início, o conceito de autonomia como um jogo intertextual durante o qual um sujeito se engendra e se torna ativo, mesmo manipulando textos que a tradição despeja em seus miolos. O sujeito autônomo se faz desmanchando/refazendo um permanente e infinito discurso do outro e, ao mesmo tempo, ganhando forças a partir das próprias energias despendidas nesse ato. Lembro-me de um poema de Cabral "água congelada / por chumbo, seu verbo /", ou seja, o que está paralisado no espelho, no imaginário, precisa receber sua dose de ação. No ensino de linguagem, a autonomia do vernáculo materno permite-nos fazer cantar os pontos de apoio da nossa tradição oral e também colocar em relevo as instituições discursivas do mundo contemporâneo como forma de criar uma ambiência propícia a emergências de sujeitos com propensão à autonomia.

Freud (1927/1988), numa notinha de rodapé de *O futuro de uma ilusão*, assim expõe seu ceticismo em relação à educação: "...*a educação se comporta como se devesse equipar pessoas que partem para uma expedição polar com trajes de verão e mapas dos lagos italianos*" (p.137, nota 1). E aqui o mestre da psicanálise não está conclamando a educação para tarefas práticas, para um utilitarismo, o que se questiona é o falso moralismo escolar, a instituição de uma tonalidade moralista emitida somente para crianças em idade escolar, do mesmo modo que também temos a linguagem escolar, a língua portuguesa escolar com a qual algumas crianças aprendem a ler e a produzir o texto escolar e da qual algumas crianças radicais fogem.

Para buscarmos possibilidades de emergência de sujeitos autônomos na prática escolar, o poder da voz ao vivo, do gesto e da ação devem ser mobilizados. É a partir deles que poderão surgir linguagens inusitadas, trocas intensas e variações de tonalidades para resignificar constantemente o Outro e diminuir assim a sede do morcego. A fala, como arrepio da carne, tem esse poder de soprar seu hálito quente sobre as cristalizações moralistas da linguagem escolar — quase sempre cunhadas em jargões lusófonos — e, quem sabe, promover a emergência de sujeitos autênticos no eixo de autoria do vernáculo brasileiro.

Bibliografia

GÂNDAVO, P, M. (1981) *Tratado da terra do brasil: história da província de Santa Cruz*. Belo Horizonte: Itatiaia; São Paulo: EDUSP.

CASTORIADIS, C. (1982) *A instituição imaginária da sociedade*. Rio de Janeiro: Paz e Terra.

FREUD, S. (1927/1988) O futuro de uma ilusão. *In: Obras Psicológicas Completas*. Rio de Janeiro: Imago, v.XXII, pp.15-80.

KRISTEVA, J. (1988) *História da linguagem*, Lisboa: Edições 70.

ORTEGA Y GASSET, J. (1997) *El quijote en la escuela*. São Paulo: Revista da Faculdade de Educação da USP, v.19, n.1.

PERINI, M. (1997) As duas línguas do Brasil. In: _____. *Sofrendo a gramática*. São Paulo: Ática, pp.31-8.